中国船舶研发史

中国船舶及海洋工程设计研究院
上海市船舶与海洋工程学会
组编

中国集装箱船研发史

陈 英 张海瑛 邱伟强
编著

HISTORY OF CHINESE
CONTAINER VESSEL RESEARCH
AND DEVELOPMENT

上海交通大学出版社
SHANGHAI JIAO TONG UNIVERSITY PRESS

内容提要

本书是“中国船舶研发史”丛书之一。

集装箱船系现代船舶三大主力船型中高附加值和高技术的船型之一。

本书共分九章介绍了中国集装箱船的研发过程及取得的巨大成绩。第一、二章简要介绍了集装箱船的由来、发展和种类。第三章主要介绍了集装箱船的构成、关键系统及建造技术，帮助人们对集装箱船进行全面的了解；第四、五、六章介绍了我国集装箱船的设计与建造从无到有、从小到大、从“中国制造”到“中国创造”的发展过程。第七章主要介绍了支线集装箱船的发展。第八章介绍了集装箱船的研发设计团队，不畏艰难、勇攀高峰，为发展我国集装箱船所做出的贡献。第九章从船型、智能、绿色环保等方面展望了集装箱船的未来与发展。

图书在版编目(CIP)数据

中国集装箱船研发史／陈英，张海瑛，邱伟强编著
.—上海：上海交通大学出版社，2023.1
（中国船舶研发史）
ISBN 978-7-313-26769-6

Ⅰ.①中… Ⅱ.①陈… ②张… ③邱… Ⅲ.①集装箱船-研制-技术史-中国 Ⅳ.①U674.13

中国版本图书馆CIP数据核字(2022)第200684号

中国集装箱船研发史
ZHONGGUO JIZHUANGXIANGCHUAN YANFASHI

编　　著：陈　英　张海瑛　邱伟强
出版发行：上海交通大学出版社
地　　址：上海市番禺路951号
邮政编码：200030
电　　话：021-64071208
印　　制：上海颛辉印刷厂有限公司
经　　销：全国新华书店
开　　本：710 mm×1000 mm　1/16
印　　张：20
字　　数：274千字
版　　次：2023年1月第1版
印　　次：2023年1月第1次印刷
书　　号：ISBN 978-7-313-26769-6
定　　价：118.00元

中国船舶研发史

编辑部

主　　编　张　毅

编写人员　丁　勇　于再红　韦　强　王丙祥　孙家鹏　田　欣
史恭乾　曲宁宁　刘积骅　刘秉穗　牟朝纲　牟蕾频
李刚强　李　佳　李银涛　李晓峰　张志军　林　洁
卢　晨　桂满海　顾海军　匡　岩　吴　英　吴贻欣
邱伟强　张富明　张太佶　张海瑛　陈　英　张宗科
张淇鑫　明　通　尚保国　单铁兵　陆　晟　俞　赟
姚　亮　郭彦良　贺慧琼　段雪琼　周兰辛　曹大秋
曹才轶　虞民毅　韩　龙　唐　尧　杨　添　陶新华
郭满洲　黄小燕　梁东伟　秦　琦　魏跃峰

序

“中国船舶研发史”丛书是对中国船舶，主要是民船、工程船和海洋开发装备研发史的一次归纳和梳理，是一套展现新中国成立以来民船、工程船、海洋开发装备研发所走过的历程和取得的辉煌成就的丛书。

我国是最早发明舟舢舫舸的造船古国。早在唐朝，中国的造船技术就已经有了长足的进步，出现了水密隔舱、平衡舵、开孔舵等先进技术。在船型方面，宋、元朝时期，中国已有海船的船型，其中以江南沿海一带的福船、沙船、广船最为著名，被认为是中国古代的三大船型。至明朝郑和下西洋，以 14 个月时间建造 64 艘大船显示了中国古代在船舶研发和建造中的卓越成就。到了近代，众所周知，中国的造船业虽然也曾仿效西方，甚至造出了铁甲船和万吨级船，但终究不能摆脱衰落的命运，开始落后于西方强国，以至于在列强的坚船利炮下，丧失国家尊严，蒙受民族耻辱。真正使中国造船工业出现复兴生机，是新中国诞生之后。1949 年 5 月上海刚解放，上海市军事管制委员会筹建了华东区船舶建造委员会。1949 年 9 月统管全国船舶工业的中央人民政府重工业部船舶工业局宣告成立。船舶工业局统筹全国船舶工业发展，聚集造船人才，同时扩、改、新建造船厂，调整和新建全国船舶专业院校，研究设计和建造两翼齐飞，唤醒了沉睡了近 500 年的古老造船强国！本丛书从新中国诞生这一时刻开始，特别是改革开放以来，以油船、液化气船、工程船、科考船等 10 种民船船型为主题，阐述了新中国的船舶研发历程，并从这一侧面展示新中国“造船人”艰苦奋斗、砥砺前行、锐意创新、攀登高峰，重现造船强国的史实。

70 多年中国船舶研究发展过程，各型船舶发展尽管不尽相同，但大致可分为三个阶段：

第一阶段，夯实基础稳步发展(1949—1977 年)。这一阶段，国家把交通运输业作为优先发展的基础，为船舶工业发展提供了广阔的空间。新中国成立之初，我国贫穷落后，百业待兴，尽管如此，国家仍将发展造船工业放在十分重要的地位，经过新中国成立初期的整合发展，到1965年船舶科研机构已整体成制，仅中国船舶工业总公司第七研究院(中国舰船研究院)就有十几个包括总体设计和专项设备的研究所，研究的领域涵盖舰船设计涉及的各个方面。扩建新建中央及地方大、中型造船厂，增添设施，改进工艺，为尽快恢复发展水上交通运输，提供适应国民经济建设发展所急需的多型民用船舶，力争不买或少买船，设计并建造了中型沿海油船、客货船、长江豪华客船、航道疏浚船、港口起重工程船、科学调查船“实践”号、自升式钻井平台“渤海1”号和气垫船等追踪当时世界船舶航运界发展动向的船舶。自主设计建造了新中国十大名船之首的万吨级远洋货船“东风”号，结束了我国不能设计建造万吨货船的历史，开创了我国造船史的新纪元。

第二阶段，改革开放快速发展(1978—2010年)。1978年以前，由于西方工业强国对我国实行技术封锁政策，我国船舶科技极少对外交流，信息不通致使发展受限，各类大型运输船舶、疏浚装备、海洋开发船舶多依赖进口。1978年后，在改革开放春风的沐浴下，中国船舶工业如同骏马，奔驰向前。1982年设计建造的27 000吨散货船“长城”号，是第一艘按照国际公约、规则和国外船级社规范设计和建造的出口船。从那时起，我国各类工程船、海洋开发装备等设计和建造开始融入世界船舶科技发展行列。研究设计技术经过引进、消化、创新，不断跨越式发展。各大船厂的造船能力大幅度提升。至20世纪末期，我国已大步迈向世界第一造船大国，不但结束了主要依靠进口船舶的历史，而且大量、多品种船舶出口许多国家。这一时期，各种船型均有相当规模的发展：集装箱船从无到有，从出口 700 TEU 全集装箱船到 4 700 吨多用途集装箱船；设计和建造了5 万吨大舱口多用途散装货船、15 万吨双壳体苏伊士型原油船、半冷半压式 16 500 立方米液化石油气（liquefied petroleum gas，LPG）船、布缆船、中型挖泥船、海峡火车渡船等；科考船已进军南极；为适应海洋油气开发，我国形成了从物探船、自升式、半潜式、坐底式钻井平台和半潜式生产平台到浮式生产储油船的全产业链的设计和建造能力。

第三阶段，自主创新跨越发展（2011 年—至今），新世纪尤其是党的十八大以来，以习近平同志为核心的党中央，站在实现中华民族伟大复兴的战略高度，准确把握时代发展大势，作出了建设海洋强国的重大战略决策，指引着船舶工业砥砺前行。

这一时期，中国造船的速度在世界造船史上是罕见的。在这迅猛发展的过程中，我国造船工业攻克了多项关键技术，研发和建造能力大幅提升。一批世界级高精尖的船型在中国诞生。科考装备实现了跨越式发展：3 000 米深水半潜式钻井平台“海洋石油 981”号进驻南海正式开钻，标志着我国海洋石油工业深水战略迈出实质性的步伐；亚洲首艘 12 缆地球物理勘探船“海洋石油 720”号、全球首艘 3 000 米深水工程勘探船“海洋石油 708”号交付使用，标志着我国深水作业“联合舰队”逐步成形；我国自行设计、自主集成研制的“蛟龙”号载人潜水器在马里亚纳海沟创造了下潜 7 062 米的中国载人深潜世界纪录，使我国成为世界第五个掌握大深度载人深潜技术的国家；2019 年 7 月，我国第一艘自主建造的极地科学考察破冰船“雪龙 2”号顺利交付。相比“雪龙”号，“身宽体胖”的“雪龙 2”号的破冰能力和科考能力更强，标志着我国南、北极考察基地的现场保障和支撑能力取得了新突破。

70多年的船舶研发史，是我国船舶工业由弱到强、不断发展壮大的历史，展现了中国特色社会主义制度的优势。

70多年的船舶研发史，是我国船舶研发水平和造船能力不断提高、不断创新的历史，是我国在船舶研发领域由跟跑者向并跑者乃至领跑者转变的进步史。

70多年的船舶研发史，是我国广大船舶研发、建造人员不畏艰难、积极开拓、勇于攀登、勇于奉献的真实见证，是我国船舶创业人员不忘初心、牢记使命，追梦深造的奋斗史。

科技是国家强盛之基，创新是民族进步之魂。正如习近平总书记在2021年5月28日召开的两院院士大会和中国科学技术协会第十次全国代表大会上指出的："当今世界百年未有之大变局加速演进，国际环境错综复杂，世界经济陷入低迷期，全球产业链供应链面临重塑，不稳定性、不确定性明显增加。""科技创新成为国际战略博弈的主要战场，围绕科技制高点的竞争空前激烈。"在此背景下，船舶工业无疑面临着新的发展机遇和挑战。

回顾历史既是为了总结经验激励前往，更是为了创造未来。如今全面建设社会主义现代化强国迈入新征程，向第二个百年奋斗目标进军的号角已经吹响。让我们以史为鉴，勇于创新、顽强拼搏，努力为把我国建成海洋强国、实现中华民族伟大复兴的中国梦不断作出新的更大的贡献！

中国工程院院士 曾恒一

前　言

集装箱船，广义系指用于装载国际标准集装箱的船舶；狭义系指全部货舱及甲板上专用于装载集装箱的全集装箱船舶。

集装箱运输快速、安全、价廉、货损少，可与公路、铁路、水上联运，实现“门到门”的服务。这种先进的运输方式，是海上运输史上一次重大的变革。20世纪80年代，集装箱运输发展成为一个全球规模、高度自动化和标准化的产业，世界各主要国际航线均实现了杂件货物运输集装箱化。随着集装箱船运输的快速发展，集装箱船已成为现代航运三大主力船型中高附加值和高技术的船型之一。集装箱船的设计与建造已成为造船强国的重要标志。

本书简述了集装箱和集装箱船的由来、发展和种类，集装箱船的构成、系统、建造和未来，列举典型船型，详尽描述了我国集装箱船发展的三个阶段的特点。

本书抒写了党和国家把交通运输业作为优先发展的基础产业的决策，这些重大决策促进了船舶工业的发展。国家多次将集装箱船的研制列为国家科学技术攻关项目，组织船舶科研设计院所、造船企业和船舶设备制造厂商，对集装箱船设计建造的关键技术和相关设备制造展开研究，使集装箱船在发展的各个阶段中目标明确、任务落实、措施得力。在研制过程中，船舶科研设计院所和造船企业，把创新发展视为生命，心系国家，视振兴我国船舶工业为己任，立志科技兴船，紧盯世界集装箱船设计建造的前沿技术，攻坚克难，形成了一支支勇于探索、创新成果显著的集装箱船研发团队，造就了一位位既有理论知识又有丰富实践经验的集装箱船研发专家和领军人物。造船企业通过加强科学管理，更新设备，改进工艺流程，提高全员素质，培养能工巧匠，共同抓住改革开放、国际经贸繁荣、世界造船产业结构调整和船舶科学技术快速发展的机遇，自立自强，不断地完善现代集装箱船科学基础理论与工程技术，使我国从一个只能设计建造中、小型集装箱船的国家，发展到掌握超大型集装箱船的设计建造关键核心技术，创新跨越发展，成功设计建造了全球首艘23 000TEU双燃料超大型集装箱船和一系列智能型超大型集装箱船，迈入世界超大型集装箱船研制的前列。

期盼本书的出版能引领读者领略我国集装箱船的研发史，为我们国家集装箱船的研究设计建造所取得的令人瞩目的成就感到自豪，为奋战在造船工业战线上的人们所作出的贡献点赞。

目　录

第一章
集装箱和集装箱船概述

一、集装箱的发明

在人类历史长河中，船舶运输已经出现了几千年，但直到20世纪中叶前水上货运仍然是一个复杂的工程，数以百万计的工人依靠人力，把货物分成小份装进货车或火车车厢，运到码头，再由码头工人将其装载到船上，运抵目的港后再卸到码头上，通过货车或火车运到收货人的仓库。有些码头虽然安装了传送带用来装卸货物，但最终还得依靠人力，运输效率低下，货物运费价格昂贵。为改变落后的海上货运状况，1801年，英国人安德森提出了集装箱运输的设想。

1845年，英国铁路开始出现全封闭的货运车厢，箱体采用铁木结构，这种车厢酷似现在的集装箱。

到19世纪下半叶，英国兰开夏郡使用一种带有活动框架的铁路托盘，用来运输棉纱和棉布，俗称“兰开夏托盘”，它可以被看作是最早使用的集装箱的雏形。

集装箱最大的成功之处就在于其产品的标准化以及由此建立起来的一整套运输体系，能够让一个载重几十吨的箱子实现标准化，并且以此为基础逐步实现全球范围内的多式联运相配套的物流系统，这堪称人类有史以来创造的伟大奇迹之一。这种其貌不扬的箱子加速了全球范围内的产业结构调整，促进了世界贸易，大大降低了运输和生产成本，改善了人们的生活，改变了世界。

图 1－1 所示为当前常见的全封闭式侧开门货运列车车厢。

图 1－1　全封闭式侧开门货运列车车厢

二、集装箱的种类

集装箱在运输途中常常受到各种外力的作用和环境影响，因此集装箱的制造材料要有足够的刚度和强度。目前，集装箱由钢、铝合金、玻璃钢等材料制成。

随着集装箱运输的发展，为适应装载不同种类货物的需要，出现了不同种类的集装箱，集装箱家族真可谓“人丁兴旺”。这些集装箱的外观、功能、结构和强度也都各不相同。

1. 干货集装箱

干货集装箱（图 1－2）是一种通用型集装箱，除液货、需要调节温度的货物及特种货物外，一般性杂货件都可以装载。其结构特点常为封闭式，一般在一端或侧面设有箱门。这种集装箱使用范围非常广，常用的有 20 英尺×40 英尺和 45 英尺×53 英尺两种规格。

2. 开顶式集装箱

开顶式集装箱（图 1－3）箱顶可以方便地将货物取出和装上。箱顶又有硬

图 1-2　干货集装箱

顶和软顶两种。硬顶用薄钢板制成，利用起重机械进行装卸作业。软顶一般用帆布、塑料布或涂塑布制成，开顶时只要向一端卷起则可。这种集装箱适用于装载大型货物和重货，如钢铁、木材、机械，特别是像玻璃板等易碎的重货，利用吊机从顶部将货物吊入箱内，不易损坏货物，而且也便于在箱内将其固定。

图 1-3　开顶式集装箱

3. 台架式及平台式集装箱

台架式集装箱(图 1－4)是没有箱顶和侧壁的,甚至有的连端壁也没有,只有底板和四个角柱。

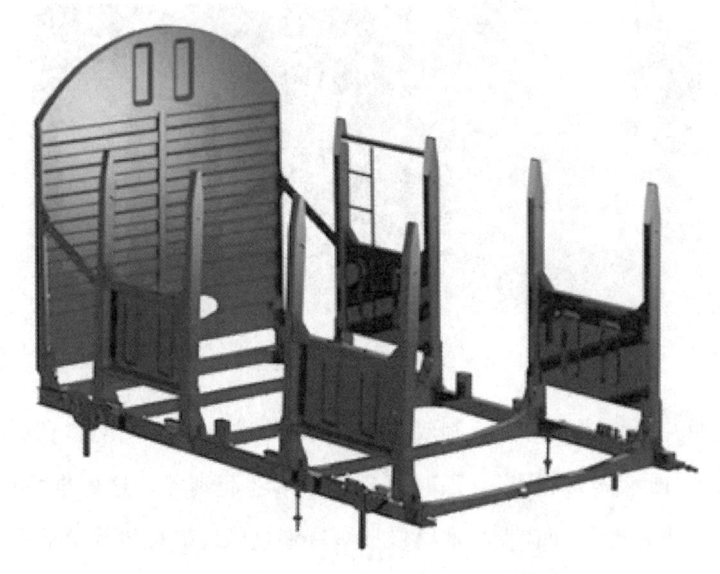

图 1－4　台架式集装箱

台架式集装箱有很多类型,可分为：敞侧台架式、全骨架台架式、有完整固定端壁的台架式、无端壁仅有固定角柱和底板的台架式集装箱等。其主要的特点是：为保持纵向强度,箱底较厚,箱底强度比普通集装箱大,而其内部高度比一般集装箱低;在下侧梁和角柱上设有系环,可把货物系固。台架式集装箱水密性较差,不能装运怕湿的货物,适合装载形状不一的货物。

平台式集装箱(图 1－5)是仅有底板而无上部结构的一种集装箱。该集装箱装卸作业方便,适于装载长、重大货件。

4. 通风集装箱

通风集装箱(图 1－6)一般在侧壁或端壁上设有通风孔,适于装载不需要冷冻而需要通风、防止汗湿的货物,如水果、蔬菜等。如将通风孔关闭,可作为杂货集装箱使用。

图1-5　平台式集装箱

图1-6　通风集装箱

5. 冷藏集装箱

冷藏集装箱(图 1－7)专为运输要求保持一定温度的冷冻货或低温货而设计的一种集装箱。冷藏集装箱大多是自冷式的，即自带制冷机组，船舶只需在预定的位置上就近设置插座则可。还有一种冷藏集装箱，箱内没有冷冻机而只有隔热设备，端壁上设有进气孔和出气孔，集装箱装舱后，由船舶的冷冻装置供应冷气，故叫作离合式冷藏集装箱(又称外置式冷藏集装箱)。

图 1－7　冷藏集装箱

6. 散货集装箱

散货集装箱(图 1－8)除设有箱门外，在箱顶还设有 2～3 个装货口，箱门的下部设有卸货口。这种集装箱适用于装载粉状或粒状货物，如大豆、大米、各种饲料等。使用这种集装箱装运散货，既可以提高装卸效率，又可以提高货运质量，减轻粉尘对人体和环境的侵害。

图 1-8　散货集装箱

7. 动物集装箱

动物集装箱(图 1-9)是专供装运牲畜的集装箱。为了避免阳光直接照射,箱顶和侧壁都是用玻璃纤维加强塑料制成的,箱壁用金属丝网制造,侧壁下方设有清扫口和排水口,并设有喂食装置。动物集装箱一般放置在甲板上,因为甲板上空气流通,也便于清扫和照料。

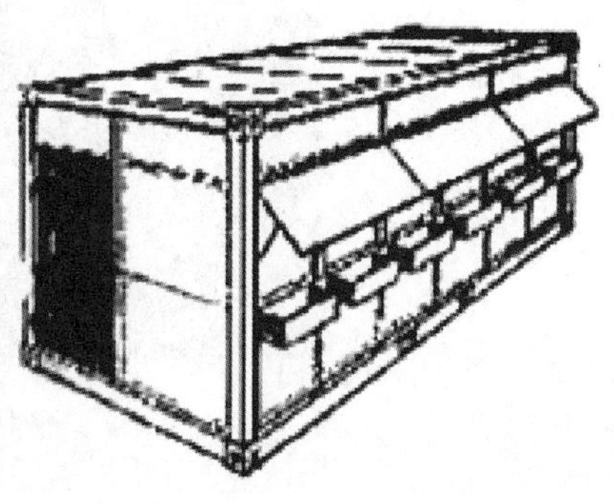

图 1-9　动物集装箱

8. 罐式集装箱

罐式集装箱(图 1－10)是专供装运液货而设置的集装箱，其装载的货物有酒类、油类及低温液状化工品、LNG[1]、LPG[2] 等。它由罐体和箱体框架两部分组成，货物由罐顶部装货孔进入，卸货时则由排货孔流出或从顶部装货孔吸出。

图 1－10　罐式集装箱

9. 汽车集装箱

汽车集装箱(图 1－11)是专为运送小型轿车而设计制造的集装箱。其结构

图 1－11　汽车集装箱

① 液化天然气，liquefied natural gas。
② 液化石油气，liquefied petroleum gas。

特点是没有侧壁，仅有框架和箱底，为了防止汽车在箱内滑动，箱底专门设有绑扎设备和防滑钢板。大部分汽车集装箱设计成上、下两层，可装载多辆小汽车。

10. 挂衣集装箱

挂衣集装箱(图 1－12)又称服装集装箱，箱内上侧梁上装有许多根横杆，每根横杆上垂下若干条皮带扣、尼龙带扣或绳索，将成衣衣架上的钩直接挂在带扣或绳索上，专为吊挂一些易皱不宜折叠的高档服装，如西装、衬衫等。

图 1－12　挂衣集装箱

三、集装箱运输由陆运到陆海联运

集装箱出现之前，都是由人工将单件或用机械把货物装进车厢，到了目的地后，又一件件地卸下来，如需转运到其他目的地，还得经过一次或多次这样的装卸作业，既费力又费时，还容易造成货损和差错。

陆上的公路运输率先将同一目的地的小的单件货物用箱子装在一起运输，不仅提高了运输效率，还减少了货损和差错，于是这种运输方式推广到了铁路。

1814年，英国的铁路车厢是敞口的，以方木做框架，木条做围板，顶上无盖。1830年，在英国铁路上首先出现了一种装煤的容器，接着开始使用容器来装运百杂货。1845年，英国铁路上出现全封闭的货运车厢，箱体采用铁木结构。

20世纪初，英国铁路运输中首先出现了较为简单的集装箱，尝试着把家具装在木制集装箱里，用铁路平板车运输，到站后用起重机把箱子转移到马车上，马车再将货物运至目的地。这种新型运输方式得到了推广。1920年前后，美国纽约中央铁路公司和宾夕法尼亚铁路公司，引入了9英尺①的钢制集装箱，每节铁路货车里，可以装6只集装箱，每只载重量为5吨。有了这些集装箱，铁路在沿途转运货物时，效率大为提高，成本大幅度降低，随后这种方式传到了德国和法国等国家。

直到20世纪50年代中叶，美国现代集装箱运输之父——马尔科姆·麦克莱恩提出集装箱“海陆联运”，从此开始了真正意义上的集装箱运输，而这种运输方式的优势随之展现。

1956年4月26日，美国泛大西洋船公司将一艘T-2型油船“马科斯顿”号改装为集装箱船“IDEAL-X”号(图1-13)在纽约港装货，它是世界上第一

图1-13　世界第一艘用油轮改装的集装箱船“IDEAL-X”号

① 1英尺=0.304米。

艘利用油船改装的集装箱船，将58个集装箱装到甲板上，运至华盛顿。当时，如果采用中型干散货船运输这批货物，运费为5.83美元/吨，而使用集装箱运输运费仅为15.8美分/吨，3个月的试运行取得了巨大的经济效益，显现了集装箱运输的巨大优越性。

麦克莱恩的贡献不仅仅是发明了集装箱本身，还开创了整个集装箱物流体系。集装箱运输是一项系统工程，首先，巨大的集装箱不可能像过去一样依靠人力搬运，所以必须有塔吊等吊装设备；另外，要高效、流畅地运输大批量货物还需要港口、仓库等一系列环节相互配合。麦克莱恩通过不断摸索和调整，逐渐建立起了一整套集装箱运输方案。

四、世界第一艘全集装箱船“盖脱威城”号

继“IDEAL－X”号集装箱船之后，麦克莱恩等人设想在C－2型船的船舱中建造很多蜂巢一样的金属导轨，以便放下35英尺的集装箱，并将五六个集装箱堆成一垛。与泛大西洋公司的T2型油船不同，C－2型货船设有5个货舱，可以运载大量的散货，船的甲板从63英尺加宽到了72英尺，舱口扩大，起重机的操作人员把集装箱吊进舱内，为防止集装箱受海上颠簸滑移，舱内设置了像蜂巢一样的导轨槽，当这些导轨槽造好并安装到舱内后，C－2型货船就具有了运载226个集装箱的能力，装载量几乎是“IDEAL－X”号集装箱船的4倍。为了更快地装卸，坦特林格发明了一种新型卡车底盘，其边缘是向内倾斜的，这样，当一个集装箱被起重机吊到底盘上之后，便自动下滑就位。另外一种新型锁定系统只需一个码头工人抬起或放下底盘各个角上的一个把手，就可以锁紧或放开集装箱，这意味着一辆卡车在接送集装箱后，能迅速驶离码头，让后续的卡车衔接作业。集装箱也被重新设计，新型集装箱各个角上都装有一个特殊的钢铸件。这个铸件包含了一个椭圆形的孔，用来容纳钮锁。钮锁有两个圆锥形的部件，一个尖朝下，另一个尖朝上；当集装箱摆放在一起时，钮锁可以插入箱角铸件的小孔中。当一个集装箱被放到另一

个集装箱上面时，码头工人可以很快地搬动把手将两个集装箱紧紧地锁在一起。卸船时，只要朝着相反的方向搬动把手，一个工人就可以在几秒钟内让两个集装箱分离。

斯卡吉特钢铁厂的麦金泰尔制造出了一台巨型的龙门式起重机，它的四条支腿有两条支撑在码头轨道上，另外两条支腿搭在船的外侧，吊机可以沿码头轨道横向移动，起吊行车可以在船体与码头之间移动，将到港集装箱吊装上岸或将离港集装箱装船。C－2 型货船的驾驶舱布置在船的舯部，所以每艘船就需要两台起重机，船首和船尾各一台，导轨与龙门起重机配合，使得集装箱的装卸速度成倍提高。一台起重机的装卸速度是每小时 15 个集装箱，两台起重机同时工作，只要用 8 个小时就能完成卸船并重新将船装满。

1957 年 10 月 4 日，经过改装的世界第一艘全集装箱船——“盖脱威城(GRATEWAY CITY)”号(图 1－14)问世，麦克莱恩的泛大西洋轮船公司将此

图 1－14　世界第一艘全集装箱船——“盖脱威城”号

船投入休斯敦—迈阿密—纽瓦克航线营运，由此开创了集装箱船运输的新纪元。到1957年底，泛大西洋公司的6艘全集装箱船已经有4艘投入使用，另外2艘经过改造的C-2型货船在1958年也加入集装箱船船队。

从此，海上集装箱运输成了国际贸易中通用的运输方式，许多大型的航运公司纷纷仿效上述海陆联运公司的做法，此后现代物流活动基本上离不开集装箱船了。

第二章
集装箱船的发展与种类

第一节 集装箱船的发展

一、从兴起到兴旺

1956年4月26日，装载着58个铝制卡车车厢的“IDEAL－X”号的油船启航，标志着集装箱运输时代的到来。

1966年前，仅欧美一些先进国家，在铁路、公路和国内沿海进行集装箱运输，集装箱船型都以改装的半集装箱船为主，载箱量不超过500TEU（20英尺标准箱），航速较慢。

随着集装箱船运输规模的扩大，其优越性越来越被人们所认识，各大航运公司纷纷订造集装箱船，开展海上集装箱运输业务。

1967年已有12家美国航运企业开始订造全集装箱船，在建集装箱船多达64艘。第二年就有18艘集装箱船交付使用，其中10艘在当时属大型集装箱船，载箱量达到1 000TEU①。1968年10月25日，德国赫伯罗特轮船公司的“威悉河快车”号集装箱船在不来梅下水，该船船长170米，装箱量为736TEU，后续又有3艘同型船相继下水。该公司成为欧洲最早开展集装箱船运输的航

---

① 国际标准箱单位。

运公司。同年，英国 OCL 航运公司的一艘 1 200TEU 的集装箱船投入使用，该船为当时世界上最大的集装箱船。

1970 年，全球拥有约 23 万个标准集装箱，1983 年达到 208 万个。集装箱船舶的行踪遍布世界各大港口。为此，各港口纷纷建造集装箱船专用码头，并配备了装卸设备。在鹿特丹港集装箱码头堆场上到处可见轮胎式龙门起重机、跨运车等在忙碌，第二代集装箱装卸设备以每小时 50TEU 的速度装卸作业。

在此期间，传统的包装货运输管理方法被逐渐淘汰，计算机管理体系逐步形成，并得到广泛的应用。同时，不断涌现出许多造船新技术、新工艺、新机械、新箱型、新船型，世界集装箱运输也向多式联运模式发展。

除大宗散货外，世界贸易的货物主要依靠集装箱船运输，货运量从 1989 年的 2.24 亿吨，迅速增长至 1999 年的 5.44 亿吨，再到 2009 年的 11.34 亿吨，2019 年约为 20.35 亿吨，每 10 年几乎增一倍。世界集装箱船船队从 1991 年的 2 830 万吨增长至 1999 年的 6 230 万吨，然后到 2009 年的 1.62 亿吨，再到 2018 年的 2.53 亿吨。集装箱船运输已遍及全球所有的海运国家，世界海运货物的集装箱化已成为海运的发展主体。

在集装箱船中，大型集装箱船发展最快。1989 年建造的巴拿马型集装箱船，船长为 284.72 米，载箱量为 4 000TEU；1992 年建造的集装箱船，船长为 281.6 米，载箱量为 4 407TEU；1997 年建造的集装箱船，船长为 283 米，载箱量为 4 786TEU；2010 年建造的集装箱船，船长 400 米，载箱量为 16 000TEU；2018 年建造的集装箱船，船长 400 米，载箱量为 23 000TEU。

短短几年内，巴拿马型集装箱船在同一长度下载箱量增加了 600～800TEU。载箱量的增加是由于船舶线型设计的突破，单元货舱布置和总布置的紧凑、结构设计水平、绑扎系统和舱盖堆装能力的提高，以及甲板上货箱层数的增加等，表明世界上大型集装箱船的研发、设计和建造水平已跨上了一个新台阶。

随着集装箱船航运市场的迅速发展，巴拿马型集装箱船已不能适应市场竞

争的需要,20世纪90年代中期,世界上各大航运公司订购的热点已集中到超巴拿马型集装箱船上来了。15 313TEU超大型集装箱船通过巴拿马运河船闸如图2-1所示。

图2-1　15 313TEU超大型集装箱船通过巴拿马运河船闸

对航速相同的一艘8 000TEU集装箱船和两艘4 000TEU集装箱船进行比较,发现采用一艘8 000TEU集装箱船比采用2艘4 000TEU集装箱船可节省10%的船员费用和20%的燃油费,船型规模的经济性在集装箱运输中发挥了重要的作用。

随着全球货运集装箱多式联运的展开,集装箱船超大型化的势头不减,集装箱船从9 000TEU到10 000TEU、12 000TEU、16 000TEU、18 000TEU,23 000TEU及以上的超大型集装箱船不断出现。

二、从第一代到第八代集装箱船

第一代集装箱船(图2-2)为20世纪60年代由货船和油船改装而成,长度为135～200米，吃水约9米，为载重量在17 000～20 000吨的远洋集装箱船，可装载700～1 000TEU集装箱，航速约18.9节[①]。其装卸效率比常规杂货船大10倍，停港时间大为缩短，并减少了运货装卸中的货损量。从此，集装箱船得到迅速发展，到20世纪70年代已成熟定型。

图2-2　第一代集装箱船(700～1 000TEU)

第二代集装箱船(图2-3)为20世纪70年代建造，载重量为40 000～50 000吨的1 800～2 000TEU集装箱船舶，航速也由第一代的18.9节提高到26～27节。

第三代集装箱船(图2-4)，始建于1972年，但直到1984年才开始批量建造。1973年，石油危机爆发，第二代集装箱船被视为不经济船型的代表，故而被第三代集装箱船所取代，第三代集装箱船的航速降低至20～22节，但由于增大了船体尺寸，提高了运输效率，使集装箱的装载数达到了3 000TEU，因此，第三代巴拿马型集装箱船是高效节能型船。

① 1节=0.514 4米/秒。

图 2-3　第二代集装箱船(1 800～2 000TEU)

图 2-4　第三代集装箱船(3 000TEU)

第四代集装箱船(图 2-5)始建于 20 世纪 80 年代后期。集装箱船大型化以通过巴拿马运河为准绳,可分为两类:一类为巴拿马型船舶,主尺度(船长、船宽、吃水)都达到巴拿马运河通航所允许的极限值;另一类为早期的超巴拿马型船,世界上第一艘典型的第四代集装箱船始建于 1988 年。第四代集装箱船载箱量增加到 4 400TEU,由于其船体采用了高强度钢和大功率柴油机,船舶重量减轻了 25%,燃料费也降低了不少,由于船舶自动化程度的提高,减少了船员人数,集装箱船的经济性进一步提高。

图 2-5　第四代集装箱船(4 000TEU)

第五代集装箱船(图 2-6)始建于 1995 年。德国船厂建造的 5 艘 APLC-10 型集装箱船,每艘可装载 4 800TEU,此乃第五代集装箱船。这种集装箱船的设计船长/船宽比为 7～8,后又对型宽略微加宽以及对集装箱排列进行了优化,增加了集装箱的摞列层,装载能力提升到 5 000TEU。

第六代集装箱船(图 2-7)的问世拉开了集装箱船大型化的序幕。1996 年,马士基航运公司的 6 000TEU“REGINA MAERSK”号集装箱船投入使用;1997 年 8 月,载箱量为 6 000～8 000TEU 的“SOVEREIGN MAERSK”号集装箱船问世,该型船建造了 6 艘。随后,可装载 10 000 个集装箱的巨船首先在韩

图 2-6　第五代集装箱船(4 800TEU)

图 2-7　第六代集装箱船(6 000~8 000TEU)

国问世。之后，10 000TEU 以上的集装箱船在中、韩两国中相继建造成功，标志着集装箱船进入了 10 000TEU 时代！

第七代集装箱船(图 2－8)以 21 世纪初欧登赛船厂建成的 13 640TEU 集装箱船投入营运为代表。

图 2－8　第七代集装箱船

第八代集装箱船(图 2－9)以 2012 年三星重工为法国“达飞”公司建造的 16 000TEU“达飞·马可波罗(CMA CGM MARCO POLO)”号集装箱船为代表。在 18 000TEU 马士基 3E 级集装箱船出现之前，“达飞·马可波罗”号短暂夺得世界最大集装箱船的桂冠。2013 年，马士基航运公司向大宇船厂订造了 10 艘 18 000TEU“3E”级集装箱船。该类集装箱船具有规模经济、能源效率和环保绩效三大优点，属于集装箱船航运业的革新产品。该类船船长约 400 米，型宽约 59 米，高(约空气吃水)73 米，采用双机、双桨推进以及艏楼与机舱分开的双岛布置型式。“3E”级集装箱船放弃了此前超大型集装箱船固守

图 2-9　第八代集装箱船

的单机、单桨设计，使用两台 MAN B&W S 系列超长冲程柴油机，并设置废热回收系统，双桨设计使得单个桨叶的直径得以减小，同时也使船尾线形更为饱满，可以堆放更多的集装箱。船体采用 U 形线型，舱内可装载更多的集装箱。因此，与马士基航运公司第一艘配载 15 500TEU 集装箱的万箱船"艾玛・马士基(EMMA MAERSK)"号相比，船长增加了 4 米，型宽增加了 3 米，运力增加了 16%，载箱量增加了2 500TEU，有害气体排放量却减少了 20%。第一艘马士基 3E 级集装箱船和改进型马士基 3E 级集装箱船分别如图 2-10 和图 2-11 所示。

18 000TEU3E 级集装箱船的出现标志着集装箱船大型化进入新的发展阶段，使港口面临新的挑战。

船舶技术进步从来没有停歇过，铁壳船替代木质船，螺旋桨替代风帆，内燃机替代蒸汽机，人们对技术的追求一直没有停歇过。集装箱船随着码头设施的不断改进，码头尺度增加显著，载箱量在过去 50 年增长近 30 倍。从 700TEU

图 2-10　第一艘马士基 3E 级集装箱船

图 2-11　改进型马士基 3E 级集装箱船

到 8 000TEU，到 10 000TEU，再到 18 000TEU，甚至达到 23 000TEU 及以上的超大型规模，集装箱船大型化发展不断突破，据说，未来集装箱船将向 30 000TEU 级的规模发展。集装箱船大型化发展演变过程中典型船型基本参数见表 2-1。

表 2-1 集装箱船大型化发展演变过程中典型船型基本参数

演　变	载箱量/TEU	总长/米	吃水/米
第一代	750	180	9
第二代	1 500	225	11.5
第三代	3 000	275	12.5
第四代	4 500	275	13.5
第五代	5 500	325	14.1
第六代	8 000	345	14.5
第七代	13 640	398	16
第八代 （三星重工）	≥16 000	400	/

2020 年 9 月 22 日，由中国船舶集团有限公司为世界著名航运公司——法国达飞集团建造的世界首艘 23 000TEU 双燃料动力集装箱船“达飞雅克·萨德(CMA CGM JACQUES SAADE)”号命名交付。该船具有高端化、智能化、绿色化三大特点，代表了目前集装箱船建造的最高水准和发展趋势，它的成功交付，标志着我国集装箱船发展由跟跑到领跑，实现了从“中国制造”到“中国智造”的历史性跨越。

第二节　集装箱船的种类划分

随着各行各业的不断发展，集装箱船的种类、装卸方式也不断增多，如吊装式、滚装式、载驳式。船型有全集装箱船、半集装箱船、可变换集装箱船等。还有按有无舱盖进行划分的，以及按特殊用途划分的，包括适合冰区航行的具有破冰功能的集装箱船等。

一、普通集装箱船的种类

集装箱船按装载型式划分可分为：

1. 多用途集装箱船

多用途集装箱船通用性强，使用范围广，一般是以载运某一类干货为主，兼运集装箱。

现代多用途集装箱船通常设置一层或两层舱口盖，来代替传统干杂货船的多层甲板。舱口盖通常设计成可吊离的型式，通过货舱内的多层支承结构与船体连接。舱口盖的安放高度可方便地进行调节，以适应不同种类的货物。为确保货物安全，货舱内舱口盖与支承位置都会根据货物的特点进行针对性的结构加强，一些船舶还在货舱内的舱口盖上设置绑扎设备，以便在货舱内载运集装箱或大件货物。

配备大型起重设备也是现代多用途集装箱船的特点之一。与传统干杂货船所配备的吊杆装置相比，专业起重机的工作效率更高，在实际使用时也更为方便、安全。为确保重大件货物的装卸，多用途集装箱船通常会配备起重能力较强的大型起重机，多用途集装箱船上最大的起重机起重能力已超过200 吨。当船上配备多台起重机时，通常会通过配备两台起重机同时操作时所需要的吊梁，以提高船舶总体起重能力，这样，可以减少集装箱码头投资，所以近年来多用途集装箱船得到较快的发展。4 700 吨多用途集装箱船如图 2－12 所示。

2. 可变换集装箱船

可变换集装箱船货舱内装载集装箱的结构为可拆装式的。因此，它既可载运集装箱，必要时也可载运普通货物。

图 2-12　4 700 吨多用途集装箱船

3. 无舱盖集装箱船

无舱盖集装箱船(图 2-13)首次出现于 20 世纪 90 年代初,这类船的舯部有多个舱设计成无舱盖型式,并将舱内集装箱导轨延伸到舱面,这样不但可以省去舱面集装箱的系固作业,也不必吊装舱盖板,提高了装卸效率。

图 2-13　无舱盖集装箱船

4. 冷藏集装箱船

冷藏集装箱船(图 2-14)是运输途中要求对货物进行冷藏的集装箱船，船上设置多个专供装载保鲜鱼、肉、蔬菜等货物的货舱，按货物对冷藏温度的不同要求，设置不同冷冻货舱和冷藏货舱。为保持舱内低温，防止外界热量的渗入，舱内除设有制冷系统外，四周所有金属板壁均敷设绝缘层。货舱口一般较小，设有具有绝缘层的舱口盖，既保证水密，又保证气密。船体结构和舱面甲板按集装箱船设计，以便装载一定数量的集装箱，提高船舶的经济性。相对传统冷藏船，冷藏集装箱船所具备的一大优势是其规模经济效应，此外，从纯海上运输角度来看，冷藏集装箱船更加环保。

图 2-14 冷藏集装箱船

5. 滚装式集装箱船

滚装式集装箱船(图 2-15)是一种在船首、船尾或船侧开有门的船舶，集装箱牵引拖挂车、叉车等流动装卸搬运机械可通过船与门铰接的跳板进出船舱，将集装箱装入船舱内或从船舱内搬运到货场的集装箱运输船舶上。

图 2 - 15　滚装式集装箱船

6. 内河集装箱船

内河集装箱船(图 2 - 16)的运输特点是充分发挥水运节能、环保和经济的优势,有助于形成现代化的江海联运体系和多式联运体系。

集装箱船按照是否专门运输集装箱来分又可以分为半集装箱船和全集装箱船。

半集装箱船系指把船体中部最适于装载集装箱的货舱安装导轨后,作为集装箱专用舱使用,其余货舱因形状不规则,故用作杂货舱。

由于集装箱与杂货混装于一船,有时既需停靠集装箱码头又需停靠杂货码头进行装卸作业,因此与全集装箱船相比,半集装箱船营运效率较低,也增加了港口装卸的费用。但是,对于那些货源不足而有大批钢材等重件货物的航线,或因沿途港口设施不能接待全集装箱船的航线,半集装箱船有其独特的优势。

在世界船队中,半集装箱船的比重逐年下降,仅在某些特殊航线上采用。

图 2-16　“华航 808”号内河集装箱船

二、全集装箱船的种类

全集装箱船(图 2-17)又称专用集装箱船。它不仅舱内装载集装箱，而且甲板上也可堆放集装箱，是一种专门用于载运集装箱的船舶。全集装箱船一般为大开口单甲板船、宽货舱、宽舱口，一般货舱开口达船宽的 70%～90%，采用艉机型或双艉机型设计，船体通常采用双层舷侧和双层底的结构，以增强船舶的总纵强度、横向强度和抗扭刚度。双层船壳结构为船舶提供了大量的液舱，除可用作淡水舱外，空舱还可兼作压载水舱(约占船舶夏季总载重量的 30%)，以适应船舶空载或舱面装载大量集装箱时调整船舶重心高度的需要。

中型及大型、超大型全集装箱船因船上无装卸设备，必须依靠码头岸边的装卸桥进行装卸作业，此类集装箱船不能靠泊无装卸桥的码头，但部分中、小型全集装箱船因甲板上面设置吊机，可对船上的集装箱进行装卸，极大提高了船舶的适用性。

图 2-17　全集装箱船

全集装箱船按载箱量可分为：

小型集装箱船：<1 000TEU；

中型集装箱船：1 000～6 000TEU；

大型集装箱船：6 000～9 000TEU；

超大型集装箱船：>9 000TEU。

按船型特征分，全集装箱船可分为：

小型支线集装箱船：通常用于短途海上集装箱运输，其型宽一般不超过23米，载箱量为1 000～1 800TEU。

支线型集装箱船：其载箱量为1 800～3 000TEU。这种支线型集装箱船作为大型集装箱船与港口之间的联系工具，既可为大船“转运”集装箱，也可为港口接运集装箱。

巴拿马型集装箱船：对这种集装箱船，老船闸最大通航船舶尺度为船长294.13米，型宽32.31米，吃水12.04米；该型船以型宽32.2米为典型特征，最大载箱量约为5 000TEU。图2-18所示为老船闸：电动小火车牵引船舶通行。

(a)

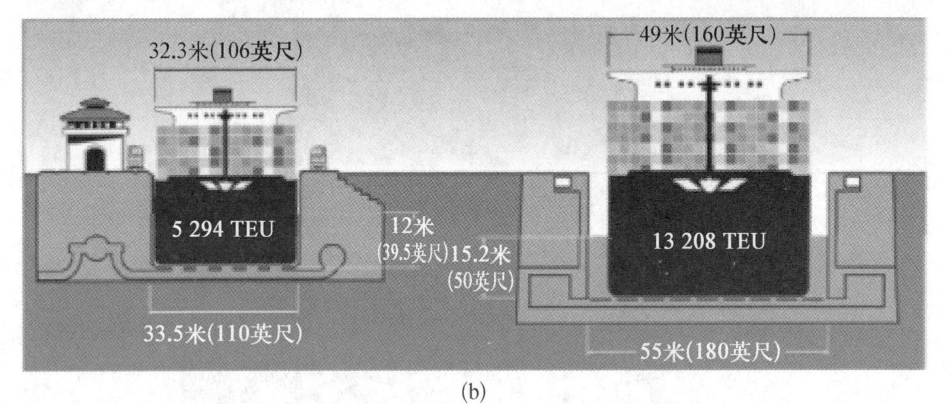
32.3米(106英尺)
49米(160英尺)
5 294 TEU
12米
(39.5英尺)
15.2米
(50英尺)
13 208 TEU
33.5米(110英尺)
55米(180英尺)

(b)

(c)

图 2-18　老船闸：电动小火车牵引船舶通行

新巴拿马型集装箱船：新船闸(图 2-19)对其最大通航船舶尺度为船长 367.0 米，船宽 51.25 米(包括外板厚度)，吃水 15.24 米。该型船受新巴拿马运

图 2-19　新船闸：拖船辅助船舶通行

河船闸的限制，船宽以 51.0 米为典型特征，最大载箱量约为 16 000TEU 级。

苏伊士型集装箱船：苏伊士型集装箱船主要基于目前苏伊士运河可通行的船体尺度。该运河允许船舶最大吃水 18.89 米，最大船宽 77.55 米，其中船宽 64.05～77.55 米的船舶只允许在好天气下通行，允许通行的船舶吃水与船宽相关。前述的船体尺度是目前可以通行的最大的集装箱船尺度。

马六甲型集装箱船：马六甲型集装箱船的船宽为 60 米左右，最大载箱量可达到 20 000TEU，吃水可达 21 米，正好可以满足马六甲海峡最大吃水限度。20 000TEU 级集装箱船的最大吃水不超过 18 米，正好满足马六甲海峡的吃水要求。

第三章
集装箱船的构成、系统与建造

第一节　总 体 布 局

集装箱船是设计难度高、建造难度大的高附加值船舶，一艘超大型集装箱船造价超过 1 亿美元。按照集装箱运输标准，增加货舱内的载箱量，船舶货舱开口必须超过甲板宽度的 80%，超大型集装箱船甚至超过 90%，这给船舶结构设计带来极大的挑战。集装箱船由于运输的货品是标准集装箱，对货舱建造精度要求高，使建造难度增加。另外，集装箱船多为定期班船，货运时间要求短，开航前期船舶航速大多超过 20 节，部分船舶甚至达到 24 节及以上，这对船舶的设备配置等提出了更高的要求，因此集装箱船设计、建造附加值高。

集装箱船主要技术指标有排水量、主尺度、载箱量、服务航速、总吨位和净吨位等。集装箱船的构成可分为总体布局、船体结构、货物系统和船舶系统等四大部分。

集装箱船从船首到船尾依次为：船首部区域、货舱区域、上层建筑区域、机舱区域和艉部区域；船首区域包含球鼻艏、艏尖舱、艏部甲板、舷墙、挡浪墙；在艏部舱内主要设置了艏侧推装置、计程仪及测深仪。单岛式集装箱船式意图及总布置示意图如图 3－1 和图 3－2 所示。艏部甲板上设置锚泊系统及前桅杆。全船设置了装载集装箱的货舱、压载水舱、舷侧通道和底部管弄。当货舱内装载冷藏集装箱时，货舱内需要设置足够的通风系统及供电系统。在货舱甲板上，设置有集装箱堆装及绑扎设备，方便甲板上的集装箱固定。上层建筑区域是船员工作及生活的处所，主要有船员居住舱室、功能舱室和工作舱室（包含驾驶室）。驾驶室是全船的控制及操纵中心，在其顶部设置了通信导航设备，为船舶驾驶服务。上层建筑可布置在艏部、舯部，也可以布置在艉部，通过两舷侧的

图 3-1　单岛式集装箱船示意图

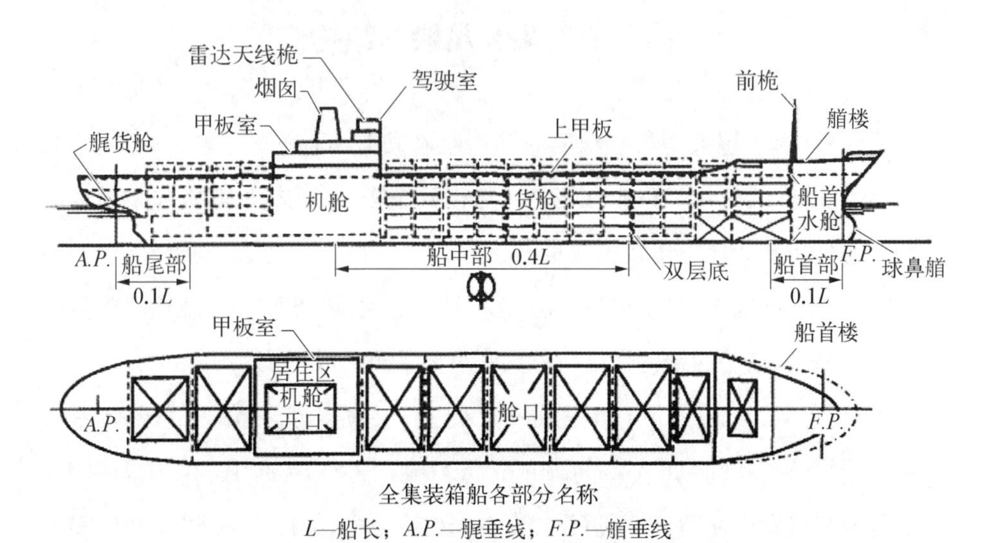

全集装箱船各部分名称

L—船长；$A.P.$—艉垂线；$F.P.$—艏垂线

图 3-2　单岛式集装箱船总布置示意图

上甲板与其下部的通道连通。机舱区域是设置主、辅机及其附属设备的区域，布置有各类油舱、水舱、轴隧、集控室和一些功能性舱室。在主甲板上面设置了机舱棚，主要用于容纳主、辅机的进、排气的烟囱和脱硫塔等设备。艉部区域设置艉货舱、艉尖舱、舵和螺旋桨等。中、小型集装箱船多将机舱棚和上层建筑布置在一起；大型及超大型集装箱船多采用双岛式布置，上层建筑设置在舯部，机舱和机舱棚设置在艉部。双岛式集装箱船示意图如图 3 - 3 所示。

图 3 - 3　双岛式集装箱船示意图

第二节　集装箱船的结构

近几年，由于超大型集装箱船的单箱运输成本及能效成本较中、小型集装箱船显著降低，因此集装箱船巨型化趋势得到进一步加强，目前世界上最大的集装箱船可装载的标准集装箱数量已超过 24 000TEU。超大型集装箱船的货舱区域大开口比例较中、小型集装箱船进一步增大，再叠加上集装箱船本身的尺度效应，集装箱船的结构强度设计和安全要求进一步提高。

2013 年 6 月 17 日，由日本三菱重工建造、三井公司营运的一艘超巴拿马型集装箱船(8 100TEU)“MOL Comfort”号(建于 2008 年)(图 3 - 4)，在印度洋航行时突然发生断裂，随后沉没，当时船体断为两截，船上 4 382 个集装箱全部丢失，累计索赔金额总计已经达到 600 亿日元(约合 5.01 亿美元)。安联保险公司预计，“MOL Comfort”号的保险损失约为5.23亿美元，其中4.4亿美元来自货物损失，而剩余的8 300万美元来自该船船体的价值。

图3-4　断裂的“MOL Comfort”号集装箱船

“MOL Comfort”号集装箱船是世界上迄今为止唯一的一艘自行断成两截的集装箱船，断裂时船龄才5年，事发海域当天没有海洋风暴。

2013年底，安全委员会发布了“MOL Comfort”号集装箱船断裂事故的中期调查报告，报告确认了该船的断裂位置，认定该船船体的断裂来自船舶中部6号货舱底部的双层船壳底板的屈曲损伤。

2014年9月底，历经一年多的调查和取证，安全委员会发布了“MOL Comfort”号集装箱船的事故最终报告，最终确认“MOL Comfort”号集装箱船的断裂主要原因是由于船舶设计存在缺陷，在船体结构载荷计算中忽略了两种载荷的联合作用，造成船体底板结构强度不足，导致断裂。由此可见，结构设计在集装箱船设计中占有非常重要的地位。

集装箱船在结构设计方面存在许多困难。首先，货舱区域需要大开口，因为集装箱船上装载的集装箱一般都是用岸上或船上的吊机进行装卸的，而为了

加快装卸速度，要求在装卸时集装箱在舱内只作垂直运动而不宜作水平方向的移动，这就使得集装箱在舱内的装载局限于货舱开口范围之内。为了充分利用船的舱容，在同样主尺度的集装箱船中为了尽可能多地装载集装箱，需要集装箱船的货舱开口尽可能大，所以一般集装箱船的货舱开口宽度要达到船宽的80%以上，其长度则要达到舱长的90%左右。此外，为了增加载箱量，货舱顶部需设置舱口盖，以便在舱口盖上继续堆放多层集装箱。为了保证有足够的稳性，在装载集装箱时就考虑装载一定数量的压载水，一般利用货舱内甲板下无法装载集装箱的一部分空间作为压载舱。另外，在结构设计时，需要兼顾装载灵活性的隔舱装载，比如一个货舱装满集装箱，相邻的一个货舱不装载集装箱。

集装箱船首先面对的问题是抗扭刚度。当船舶在斜浪中航行时，由于波浪载荷的分布左右不对称，以及货物的重量左右分布不对称均会产生一个扭矩使船体产生扭转变形。集装箱船由于其货舱开口宽度大而货舱之间的横向甲板的宽度较小，整个货舱区域的甲板就形成了大开口，这就使得扭转问题变得更加突出。为了确保船体有足够的抗扭刚度，一般将船舶的上甲板边板、舷顶列板和纵舱壁的顶部以及下甲板的纵向构件设计得比较强，使之制造时形成一个强力的箱型结构，通常称之为抗扭箱。另外，因船体的横剖面在扭转之后不再保持为平面而产生了称为翘曲变形的纵向变形，在大开口的两端，船体梁的横剖面形状由开口变为封闭，因此在这个区域的横剖面上的翘曲变形受到了约束，从而产生了一个相当大的称为翘曲正应力的应力。这个翘曲正应力与船的总纵弯曲正应力相叠加，使船体内的高应力区由原来的舯部0.4升的范围内向两端延伸到大开口区域的端部，这就要求舯部构件的尺度在整个货舱开口范围之内保持不变。再则，由于增加开口端部翘曲约束的程度，对提高船体抗扭刚度有较大的作用，所以在设计中对大开口端部区域结构必须给予充分的关注，使其既能对开口部分起到有效的翘曲约束作用，又能保证其具有足够的刚度。

其次，集装箱船由于上甲板的有效宽度较小，为了得到足够的甲板截面积，以保证必要的总纵弯曲强度，必然要增加甲板的厚度，这给用材和施工都提出了较高的要求。另外，必须严格控制货舱开口线以外的甲板上的任何其他开口，以保证有限宽度的甲板充分有效并避开开口引起的任何应力集中。

第三，由于甲板的有效宽度较小，甲板在其平面内的刚性较差，因此其对舷侧肋骨加持作用也就不十分有效，但由于采用双层壳结构和抗扭箱结构，因此在一定程度上缓解了这个问题。

第四，集装箱装载对船的底部结构也有其独特的要求。集装箱在堆放时，其所有的载荷将通过四个角上的刚性结构来传递，所以舱内堆放集装箱时，货舱底部在集装箱的角隅处受到集中力的作用。通常将船底旁桁材或实肋板强力构件布置在集装箱的角隅处以保证该区域结构的局部强度，并对底部板架的局部强度进行校核。

此外，集装箱船由于舱内设置导轨，需要对船体结构上的相应部位进行加固；集装箱船航速较高、艏部线型外飘较大等常引起较严重的艏部砰击，从而产生较大的颤振应力，对这些问题，结构设计中都需要加以认真考虑。

集装箱船的结构分为：

一、船首结构

集装箱船的船首包括防撞舱壁、测深仪计程仪舱、艏尖舱、水手长储藏室、锚链舱、上甲板、艏部舷墙和少量功能性舱室等。这些组成部分与一般船舶在构成上没有多大区别。但是集装箱船首部一般设计成外飘的形状，为防止甲板上浪损坏装载的货物，故在船首部设有挡浪墙，或者将挡浪墙设计成由整个罩壳包覆的防浪罩。船首结构如图 3 - 5 所示。

防撞舱壁（图 3 - 6）是船舶最前一道水密舱壁，当船首结构破损时，防撞舱壁就是保护船舶货舱区域的第一道防线。

球鼻艏（图 3 - 7）是船舶经过水动力性能设计的流线型结构物，它处于船的最前方，用于破浪，以降低兴波阻力，近年来也有些船舶将其设计成直立式隐形球鼻艏，在改善船舶正常航行时的阻力性能的同时，优化了船舶在波浪中的阻力性能。

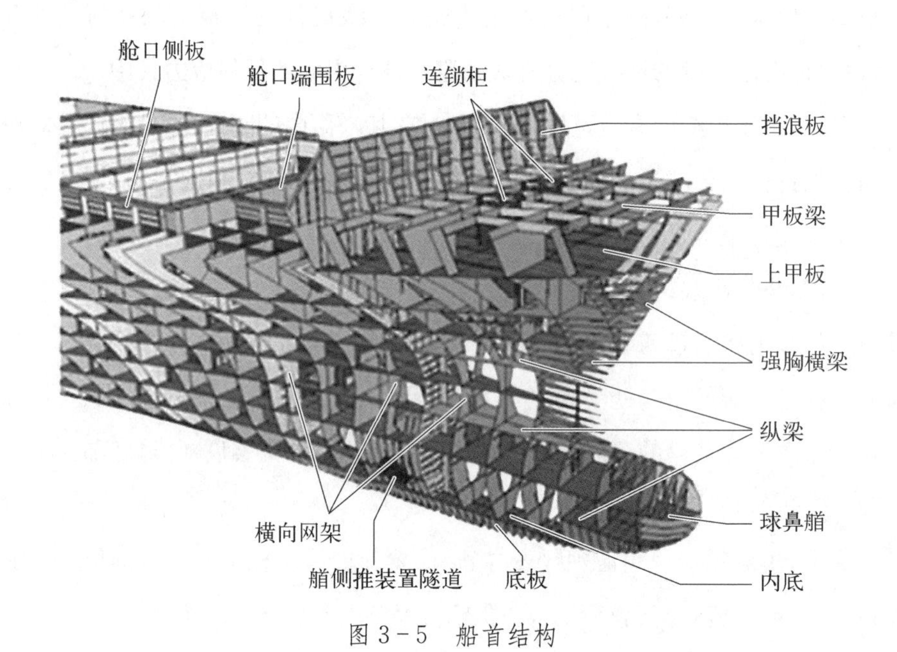

图 3-5　船首结构

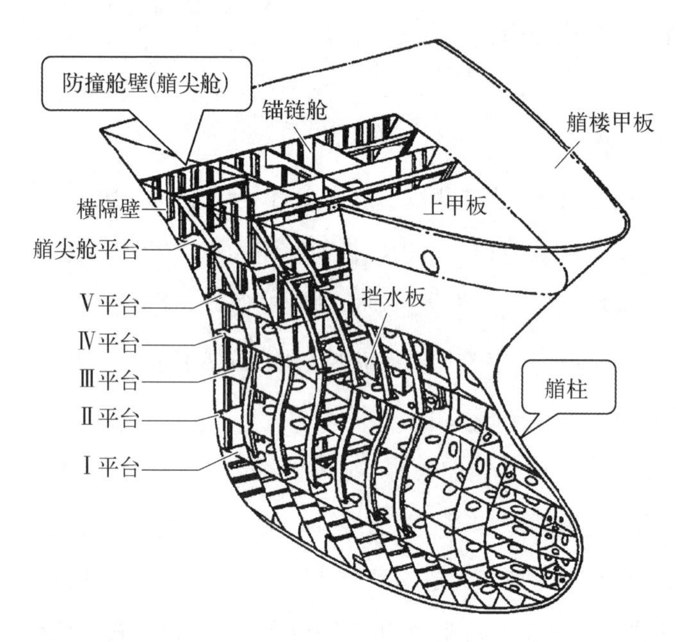

图 3-6　防撞舱壁结构

图 3－7　球鼻艏

测深仪计程仪舱布置在艏部最低位置处，靠近防撞舱壁，测深仪计程仪布置在船底的船壳板上，里面设置有排水系统。艏楼甲板面积较大，主要用于容纳锚泊、前桅杆等设备。艏部甲板及挡浪墙如图 3－8 和图 3－9 所示。

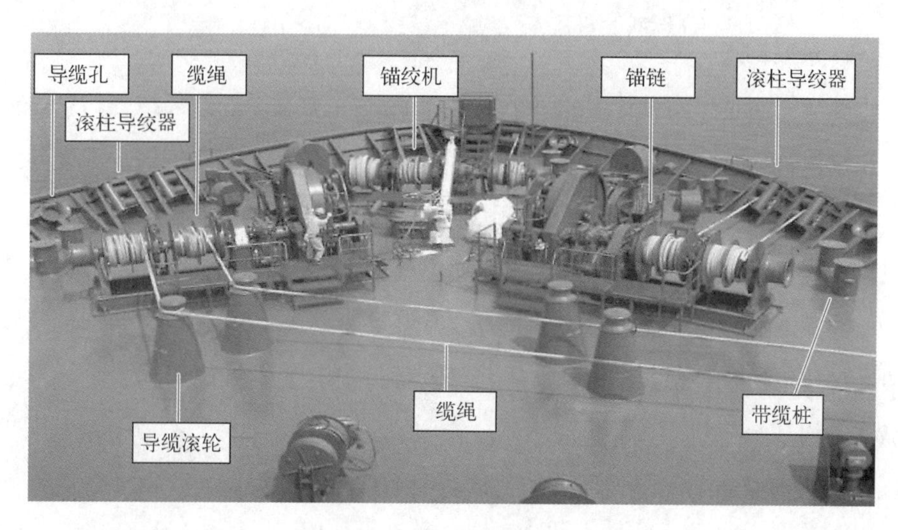

图 3－8　艏部甲板

图 3-9 艏部挡浪墙

当船舶在恶劣的气象条件下航行时，巨浪将翻上船首，拍击到集装箱。为了保护艏部堆装的集装箱不会因受海浪的破坏而发生货损，艏部甲板上通常设置有挡浪墙。为迅速排出翻上甲板的海水及减少海水拍击载荷，挡浪墙都设计成具有一定角度向船首倾斜而不垂直于甲板平面，并左右对称地与中线面成锐角的人字形布置。

二、货舱结构

1. 舯横剖面

舯横剖面是结构设计中的一个重要环节，它主要显示船舯部结构的总体框架和构件，也是评估船舶结构强度和后续船体结构设计的主要依据。舯横剖面一般由船的双层底、舷侧、横舱壁、舭龙骨等结构构成，对于集装箱船的舷侧来说，主要包括抗扭箱、纵舱壁和二甲板通道(图 3-10)。

舯横剖面为了保证总纵强度和有效减轻空船重量，除了在抗扭箱部位及双层底部位采用纵骨架式结构外，还将货舱区域的艏、艉端做成层列的阶梯形的纵壁结构。

2. 底部结构

集装箱船的底部一般是双层底结构，两层钢结构构成了底部压载水舱，压

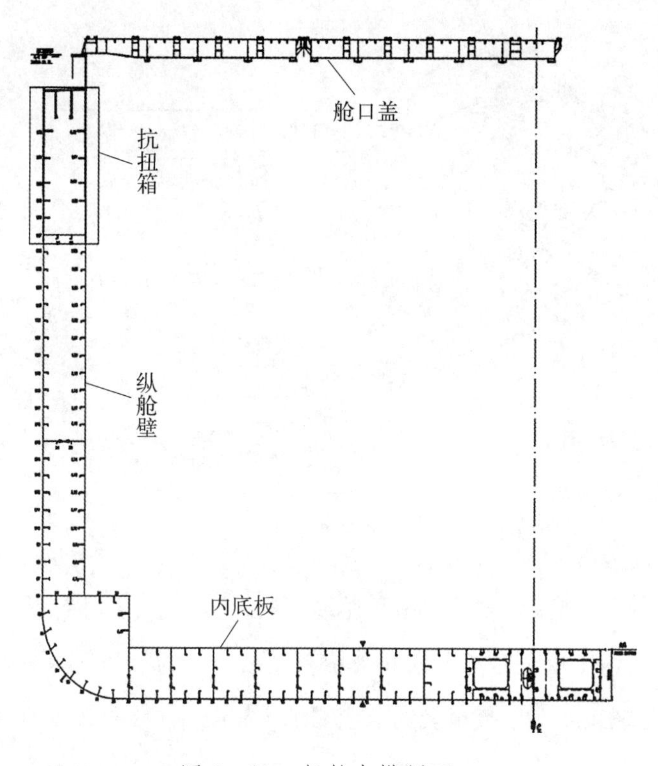

图 3-10　船舶中横剖面

载水主要用来调节船舶在水中的漂浮状态。在双层底的沿船中线的左右设置了旁桁材，构成一个水密的并与底部压载舱隔离开的空间，这个空间称为管弄。管弄是从船舶的艏部货舱联通到机舱双层底的。管弄中主要布置从船首到船尾的管路和电缆。船舶底部结构如图 3-11 所示。

3. 舷侧结构

舷侧结构连接着船底和甲板的侧壁部分，这是保证船体的纵向强度、横向强度，保持船体几何形状和侧壁水密的重要结构。舷侧结构有横骨架式和纵骨架式两大类，加上单舷侧、双舷侧共有 4 种结构。集装箱船货舱区域的舷侧都具有双层壳板，内舷侧纵壁对甲板大开口给总纵强度带来的削弱作了补偿。此外，舷顶边舱还需要设置压载水舱，以降低船舶重心高度，提高船舶的稳性。舷顶边舱内一般设置平台甲板，以增加总纵强度和刚度。同时，平台甲板还可用

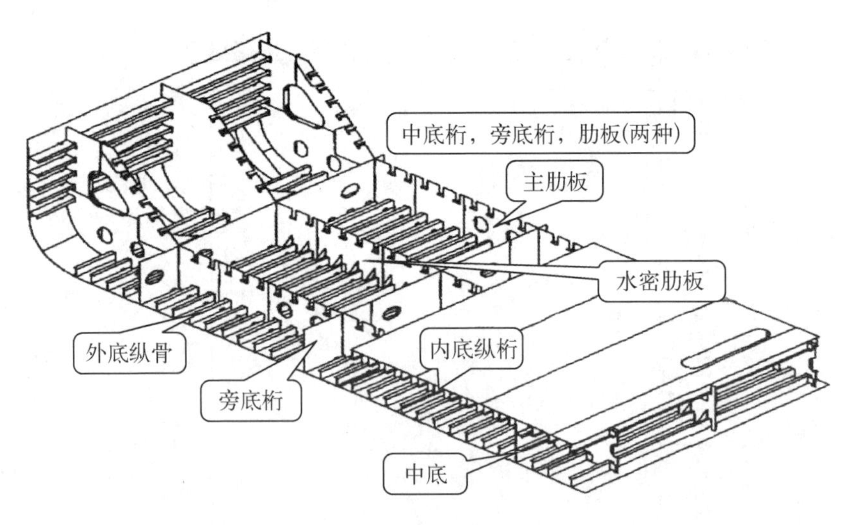

图 3-11　船舶底部结构

作人员通道。集装箱船侧结构多采用纵骨架式,有些船舶对上层平台甲板以下采用横骨架式,上层平台与甲板间采用箱型结构作为抗扭箱,以提高船舶的抗扭刚度和总纵强度。集装箱船的双舷侧结构如图 3-12 所示。

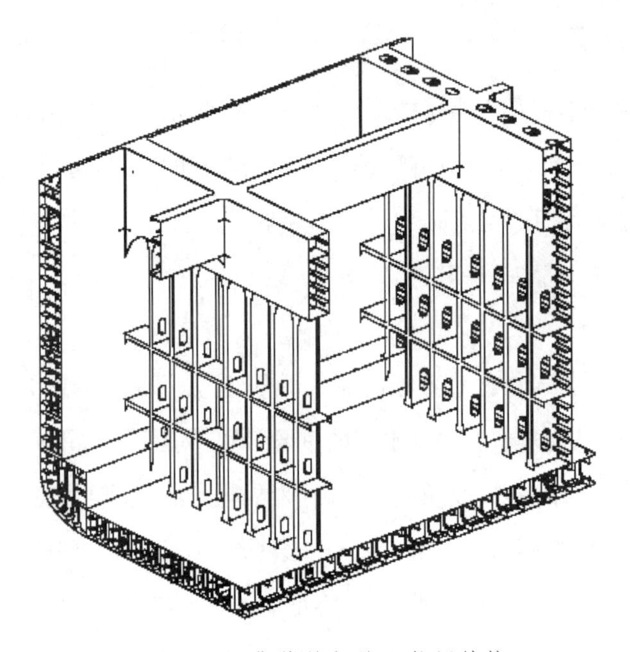

图 3-12　集装箱船的双舷侧结构

主甲板与中间甲板之间为抗扭箱，采用纵骨架式结构，抗扭箱下横向隔板是人行通道。实船双舷侧如图 3-13 所示。

图 3-13　实船双舷侧

4. 横舱壁结构

横舱壁不仅将船舶空间分隔成多个货舱，同时又保证了船体的横向强度和刚度，因此横舱壁是保证船体横向强度和刚性的重要构件，是船底、舷侧和甲板等结构的支撑构件，可使船体各构件之间的作用力相互传递。

横舱壁按其结构可分为 3 种：

平面舱壁：平面舱壁由平的舱壁板和扶强材料组成。

槽型舱壁：槽型舱壁是将舱壁板加工成若干个平行的槽体。

箱型舱壁：由前后两层舱壁板及其内部平台、骨架或一面舱壁板一面框架加平台或两面框架加平台组成。

集装箱船基本都是箱型舱壁，又称双层舱壁。其内部设有通道和通风、电气等设备，在舱壁外侧，靠近货舱内设置导轨，用于集装箱装卸。超大型集装箱

船，有着异于其他船型的鲜明特点，货舱开口较宽而且很长，整船的横向强度主要依靠横舱壁。对船体扭转刚度的影响，尤其是对货舱段变形的影响也因有横舱壁而得到有效的控制。横舱壁结构纵剖面如图 3－14 所示。实船横舱壁如图 3－15 所示。

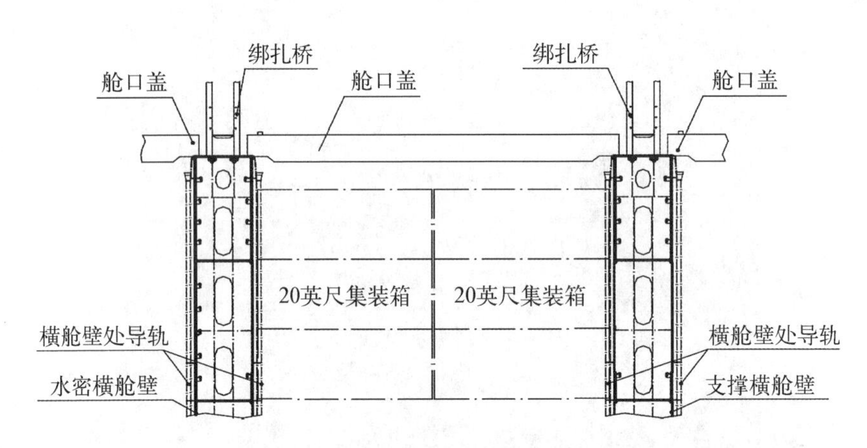

图 3－14　横舱壁结构纵剖面

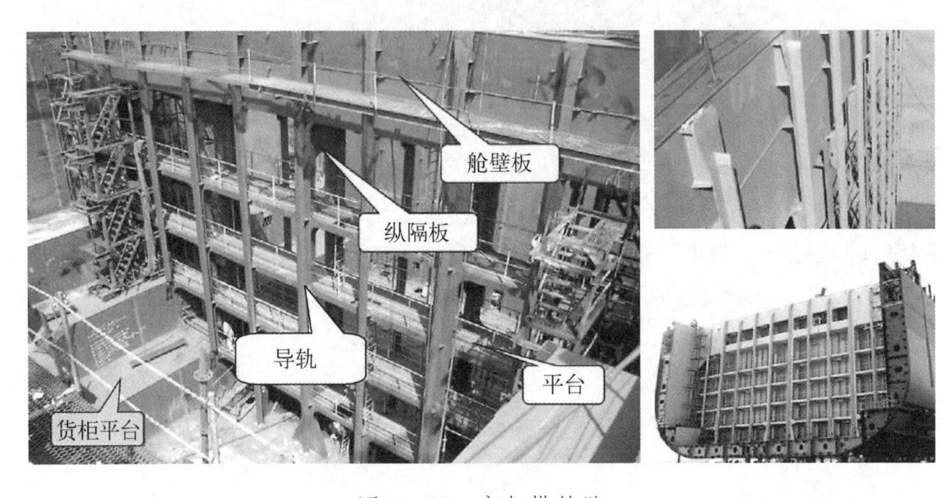

图 3－15　实船横舱壁

5. 甲板结构

甲板(图 3－16)是铺在船骨架上的钢板，将船体分隔成上、中、下层。大型集装箱船的连续甲板一般有两层，一层是上甲板，另一层是舷侧箱体里的二甲板。上甲板(也称强力甲板)在各层甲板中板厚最厚,是自艏至艉的有效的纵向连续构件,承受总纵弯曲应力,因此上甲板的厚度厚于其他板列。通常,上甲板就是强力甲板,即船舶总纵弯曲时起最大抵抗作用的一层甲板。它作为船体梁的上翼板组成部分,与船体梁的其他上翼板一起承受总纵载荷。由于上甲板同时是货舱集装箱的进出通道,上甲板又有大开口,因此每个开口需要进行特殊加强。大型集装箱船的二甲板一般为干舷甲板,兼作连通船首和机舱船尾的通道。为了让人员、机器及装载物等出入船舱,在甲板上设有各种大小不同的开口,如机舱吊口、货舱口、人孔、楼梯道口等。

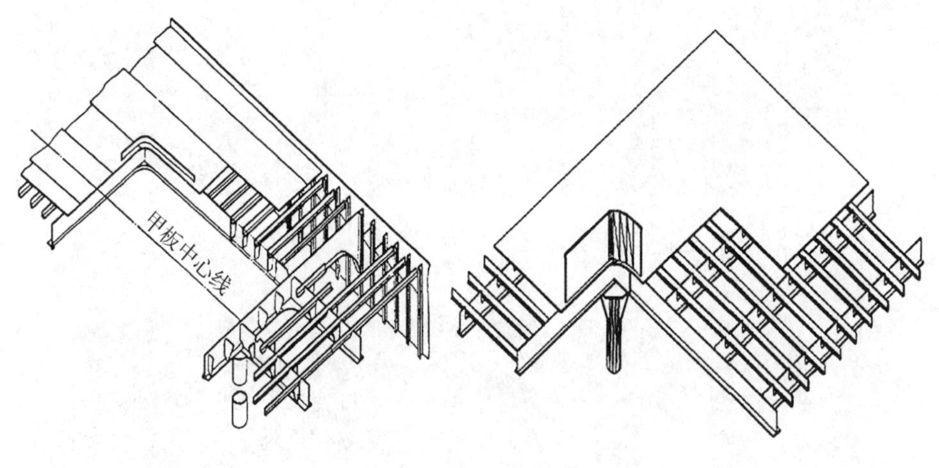

图 3-16　甲板结构

三、上层建筑结构

上甲板以上的建筑习惯称为上层建筑,主要用于布置各种用途的舱室,如工作舱室、生活舱室、储藏室、仪器设备舱等舱室。上层建筑部分还有艏楼、桥楼、艉楼及各种围蔽建筑。这些上层建筑主要是为船员提供工作和居住处所,按照使用需求,将其划分为多层,还容纳一些功能性舱室,驾驶室布置在上层建筑的顶层。集装箱船上层建筑结构实物照片如图 3-17 所示。

上层建筑(图 3-18)与船舶的航行功能及居住条件密切相关,其内设有客

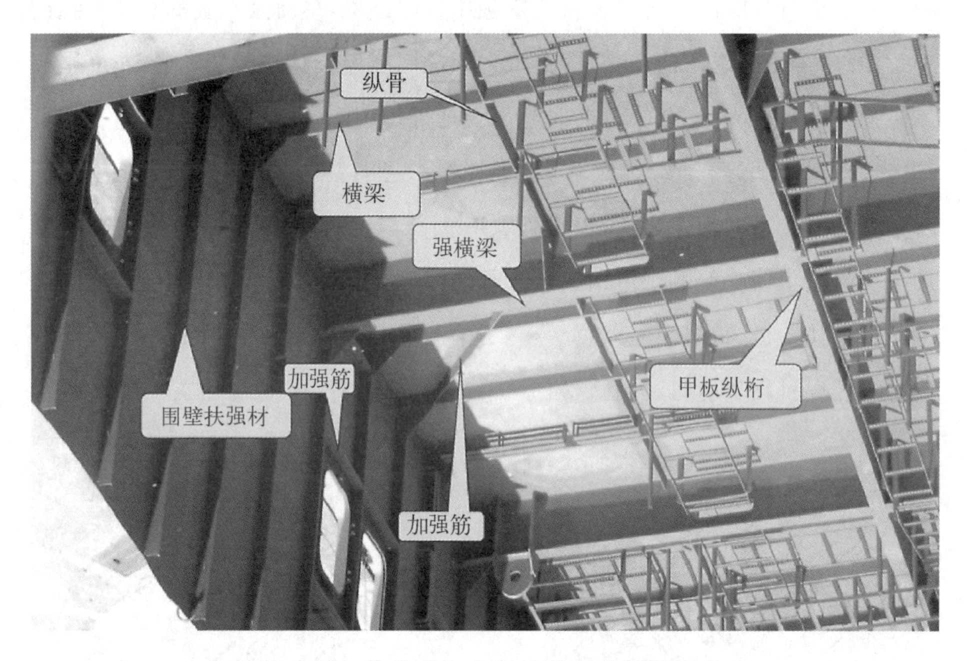

图 3-17　集装箱船上层建筑结构实物照片

图 3-18　集装箱船的上层建筑

舱及船员的生活舱室(如娱乐活动室、电影院等),有的处所(如艏楼的甲板间)还可以作为货舱,存放缆绳、灯具和油漆等用途。对于 9 000TEU 级以上的集装箱船,为了提高主甲板上的载箱量,往往采用双岛式设计,同时为了减少占用甲板面积,上层建筑的特点可以归纳为“短、宽、高”三个字。

四、机舱结构

机舱是容纳船用动力装置的主要处所,从结构来说,主要由各类油舱、水舱、机舱双层底、轴隧、集控室(图 3－19)和一些功能性舱室等组成。集装箱船的机舱位置靠近艉部,机舱内主甲板一般设置多层中间甲板,甲板的中间有一个比较大的开口,用于布置主机,每层甲板上都布置了不同的机电设备,甲板之间利用斜梯连接作为上下的通道。船舶机舱三维模型、船舶机舱下部结构、船舶机舱底层结构图分别如图 3－20～图 3－22 所示。

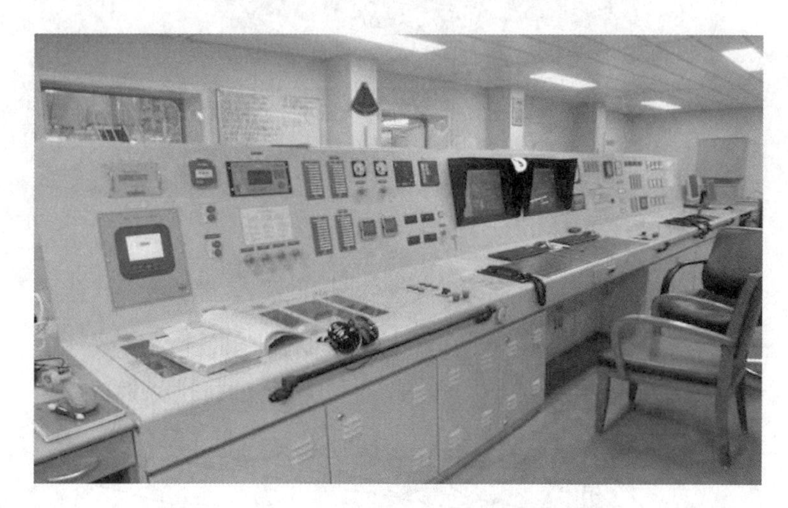

图 3－19　集装箱的集控室

对于较长的机舱,一般会设置轴隧,推进器轴从机舱通过轴隧(图 3－23)至艉端,中间要经过机舱后部的舱室,中机型船的艉轴较长,要通过几个货舱。从机舱至艉端,艉轴分成几部分用法兰盘或连轴节连接起来,中间设置若干轴承支座来支承艉轴。

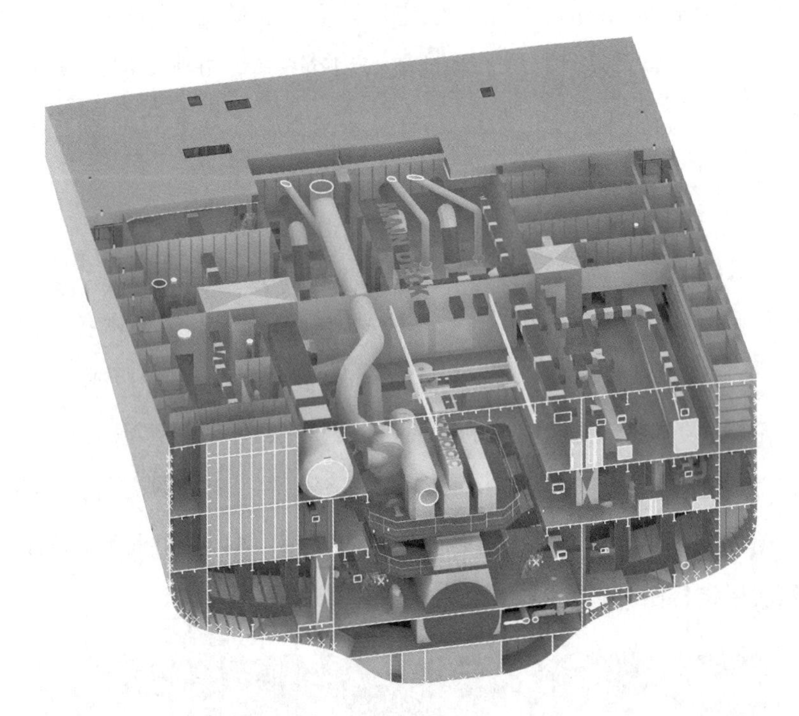

图 3-20 船舶机舱三维模型

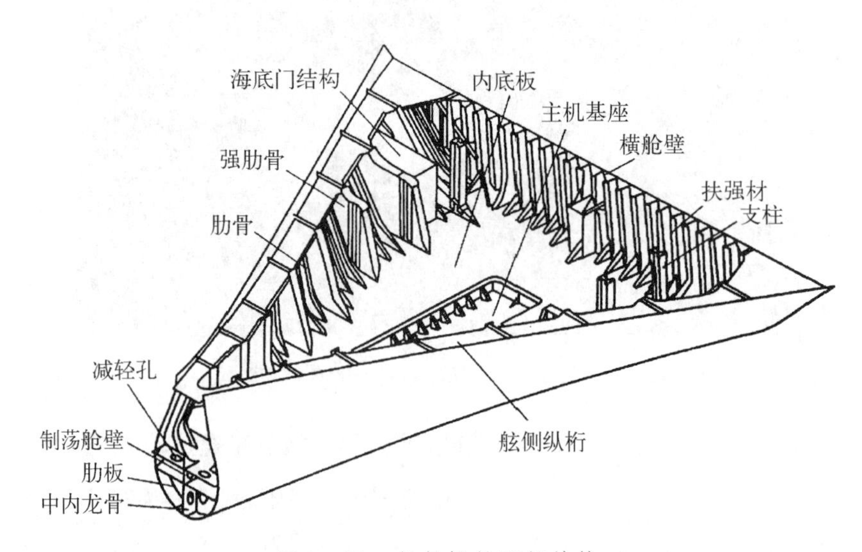

图 3-21 船舶机舱下部结构

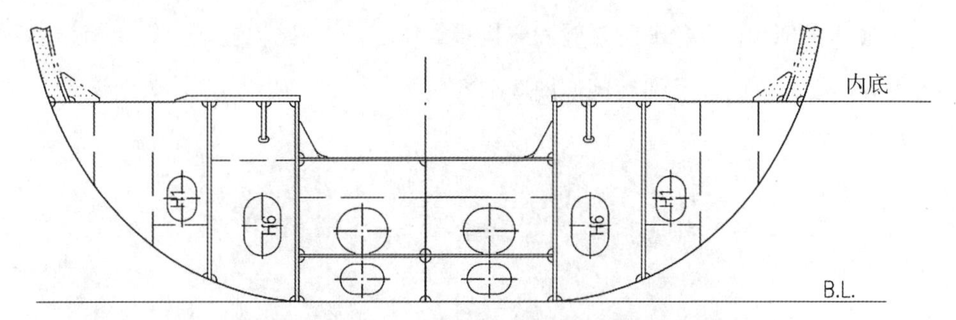

图 3-22　船舶机舱底层结构剖面图

图 3-23　轴　隧

五、船尾结构

船尾(图 3－24)安装有螺旋桨、方向舵等设备，艉体内部可能设有艉尖舱、淡水舱、蒸馏水舱、应急消防泵舱和舵机舱等舱室，结构比较复杂。集装箱船多采用方形艉。方向舵及螺旋桨如图 3－25 所示。

图 3－24　船　尾

图 3－25　方向舵及螺旋桨

第三节　货 物 系 统

集装箱的布置、堆装及系固对集装箱船、船员和货物安全十分重要。集装箱船在海上运输过程中发生箱子移动、翻倒和倾覆的主要原因是集装箱船系固件强度不足或者因疲劳损伤引起损坏断裂所造成的。中型及大型集装箱船不配备起重设备，一旦发生这种情况，船舶的自救能力是极其有限的，即使有起重设备也无济于事。为确保集装箱的安全和集装箱船的安全运行，船上的集装箱进行有效的绑扎系固。

2019 年 6 月 30 日上午，孟加拉国哈提亚海峡一艘名为“KSL GLADIATOR”号的集装箱船(图 3 - 26)在遭遇恶劣天气后，从船上掉下 43 个集装箱。这艘船共载有 83 个集装箱，当时正从吉大港开往达卡的梅克纳河的盘贡港。

2020 年 11 月 30 日，ONE 旗下一艘运力达 14 052TEU 名为“ONE APUS”号

图 3 - 26　“KSL GLADIATOR”号集装箱船

的大型集装箱船在夏威夷西北的太平洋 1 600 海里①附近遭遇风暴(图 3－27)，损失了大批集装箱。该货船于 12 月 8 日驶回神户港后进行了清点，确认损失了 1 816 个集装箱，估计损失金额超过 5 000 万美元(约合人民币 3.2 亿元)。事故中装载的部分集装箱如倒塌的积木般大幅度倾斜，边缘的集装箱看上去随时可能滑落入海，还有一些已经被挤压变形，内部的货物散落在外。

图 3－27　遭遇风暴的日本货船

ONE 旗下的超大型集装箱船“ONE APUS”号事故的阴影尚未散去，从中国到美国西海岸这条最繁忙的航线上又突发事故。2020 年 12 月 30 日，长荣海运旗下的一艘满载中国货物的集装箱船“EVER LIBERAL”号，从韩国釜山港驶往美国洛杉矶港的途中遭遇强风等恶劣天气，导致船上 36 个 40 英尺集装箱落水，另有 21 个 40 英尺的集装箱倒塌掉落到甲板上，如图 3－28 所示。

2020 年，世界航运理事会发布了当年海上丢失集装箱的调查报告，该调查

---

① 1 海里＝1 852 米。

图 3-28　“EVER LIBERAL”号集装箱船 36 个 40 英尺集装箱落水

报告显示，每年平均共有 1 382 个集装箱在海上丢失。

鉴于丢箱事故发生越来越频繁，国际海事组织正在积极重新评估风险并为降低风险做出努力，首先是控制错误申报集装箱重量，其次是寻求更加有效的绑扎措施。

为了应对货物的错误申报，SOLAS 变更于 2016 年 7 月 1 日生效，要求在将集装箱装载到船上之前验证集装箱的重量。

集装箱的丢失事故，基本都是发生在主甲板以上区域，也有部分原因是集装箱的绑扎方法不牢及系固件强度不足或者因疲劳损伤引起的损坏断裂所致。为了寻求更加有效的系固方式，近几年系固方式和绑扎技术不断得到更新。

一、货物系固

1. 甲板集装箱系固

集装箱船绑扎系统，系指多种绑扎产品按照一定的方式组合在一起共同起作用，以解决集装箱运输过程中的系固问题而组成的系统。集装箱船的绑扎系

统包括绑扎桥、箱柱、导轨，绑扎散件（绑扎杆、花篮螺栓等），绑扎固定件（甲板固定件、舱内固定件）及绑扎件存放设备。船载集装箱分布如图 3－29 所示。

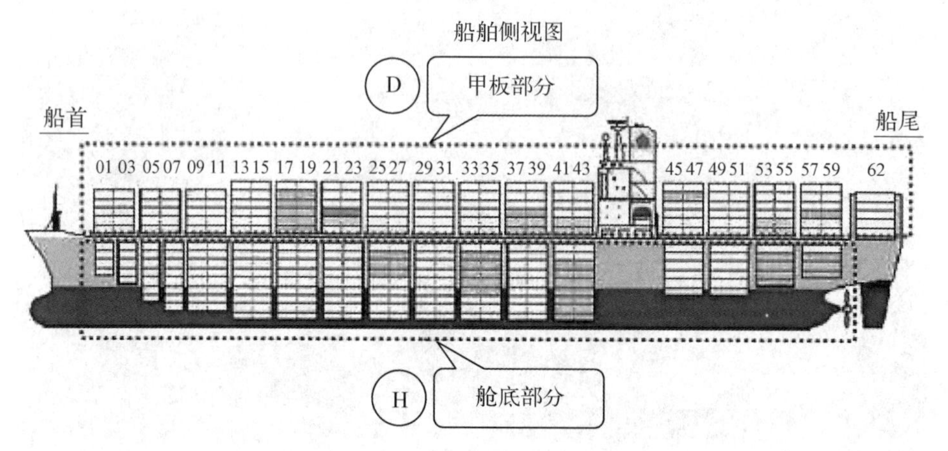

图 3－29　船载集装箱分布

系固方式的合理选择，直接关系到船舶系固能力的高低。

系固型式根据系固位置不同分为内绑和外绑（图 3－30）。内绑仅在一个集装箱内进行绑扎，不与相邻的堆垛发生干涉，因此操作方便、绑扎杆受力均匀，但由于进行内绑时，绑扎杆的拉力增加了集装箱底部箱脚的正应力，堆垛的堆重略小；外绑需要在两个箱子之间进行绑扎，会与相邻的堆垛互相干涉，操作

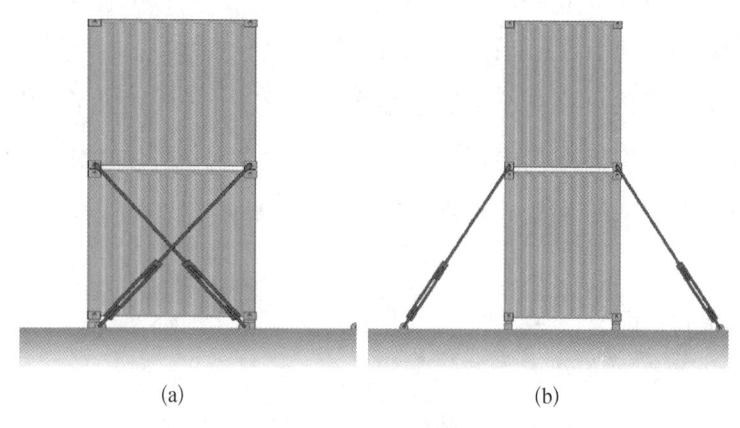

图 3－30　内绑和外绑

（a）内绑；（b）外绑

复杂。由于采用外绑型式时，绑扎杆的拉力缓解了集装箱底部箱脚的正应力，因此受力系统优于内绑型式。但是随着进一步的研究发现，由于钮锁与集装箱之间存在间隙，在间隙未达到钮锁受力范围内时，全部的受力均由绑扎杆承受，导致在顶部的绑扎杆达到受力极限，集装箱堆重没有最初预想的大，因此大多数船级社对外绑计算进行了修正。

绑扎型式按照集装箱所用的绑扎杆数量可以分为单绑和双绑。单绑即仅用一根绑扎杆系固于集装箱底部箱脚上；双绑为二根绑扎杆分别系固于下层集装箱顶部箱脚上和上层集装箱底部箱脚上。

绑扎型式根据绑扎杆绑扎的集装箱层数不同，可分为单层绑扎、双层绑扎和三层绑扎 3 种。双层单外绑示意图如图 3－31 所示。

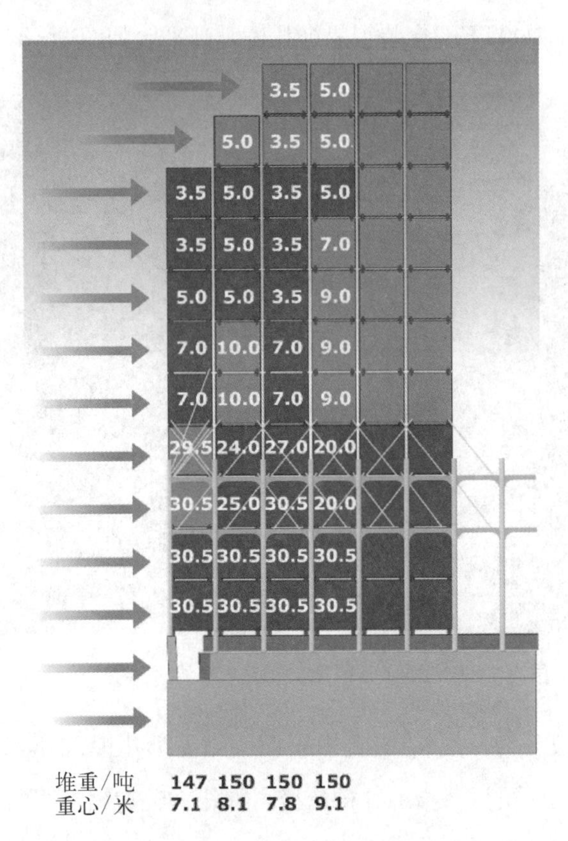

图 3－31　双层单外绑示意图

一般，以上几种型式会进行组合使用。例如，超大型集装船大多采用双层单外绑型式或者双层复合外绑型式(上层用双绑，下层用单绑)，小型集装箱船大多采用单层双内绑型式，这些型式主要根据船上的绑扎桥设置情况进行选择。

中、大型集装箱船以及超大型集装箱船堆装在甲板以上的集装箱数占总箱数的50%以上，集装箱在甲板上堆放高度达8～9层，超大型集装箱船甚至高达13层。通常，甲板上装载4层及以上的集装箱时，集装箱需要设置绑扎系统。大、中型集装箱船一般在两货舱口之间设有绑扎用的绑扎桥，操作人员可以方便地站在绑扎桥上对集装箱进行绑扎。

绑扎桥系指在集装箱的纵向间距内或在两货舱纵向间距内，在船的宽度方向上，设置一层或多层桥式操作平台，在桥式平台上设有绑扎眼板，方便绑扎高处的集装箱。20 000TEU集装箱船绑扎桥升高平台如图3-32所示。

图3-32　20 000TEU集装箱船绑扎桥升高平台

绑扎桥一般分为一层箱高绑扎桥、两层箱高绑扎桥、三层箱高绑扎桥和四层箱高绑扎桥。一层桥系指绑扎桥的最高绑扎平台与第一层的箱顶高度相当；两层桥系指最高绑扎平台与第二层的箱顶高度相当；照此类推，三层桥与第三层的箱顶高度相当;四层桥与第四层的箱顶高度相当。考虑到绑扎桥最外侧受到风力载荷影响,故箱垛堆重及层数受到限制,因此需要增加风绑,即绑扎点上移至再上一层的箱顶。近年来,规范中考虑了绑扎的安全性及码头工人操作的便利性,在最外侧装箱处设置了可升高的绑扎平台。

绑扎桥层数主要是依据舱盖/甲板上集装箱最大堆重及堆放层数决定的。如果堆重要求高,需要设置的绑扎桥层数需要相应加高。当然,加高的绑扎桥重量增加也非常显著,会影响到船舶载重量,即绑扎桥层数增加,船舶载重量相应减少,因此需要慎重决定绑扎桥的层数。绑扎桥(三层绑扎桥+升高平台)结构图如图 3-33 所示。

图 3-33　绑扎桥(三层绑扎桥+升高平台)结构图

绑扎桥主要承受绑扎杆的拉力。在设计绑扎桥时,不仅仅需要考虑强度,还需要考虑刚度。如果刚度不足,会导致绑扎系统由于绑扎桥变形量过大而失稳,带来丢箱的风险。绑扎桥的结构可分为剪力墙型式、桁架型式和混合型式。

剪力墙型式绑扎桥(图 3-34)的受力构件为方管和钢板。方管承受正应力,钢板承受正应力及剪切力。因此,此区域钢板形象地被称作“剪力墙”。此型式的绑扎桥,由于应力分布在“剪力墙”上,其余位置受力相对较小,因此对于造船厂焊接工艺要求不高,易于施工保养,在集装箱船上使用广泛。

图 3-34 “剪力墙”型式绑扎桥

桁架式绑扎桥(图 3-35)的剪切力由倾斜的方型钢管承受。由于连接的构件较少,应力集中在方管与平台连接位置,因此对船厂的焊接工艺要求高,在焊接时,必须严格控制高应力区域的焊接质量。但是在操作中,桁架式绑扎桥对冷藏集装箱影响较小,与甲板焊接的区域也少,减少了焊接工作量。

混合型式绑扎桥采用“剪力墙”和桁架混合结构,有效地控制了绑扎桥在受力时的变形量和重量。

对于中、小型集装箱船,由于甲板上堆箱层数较少,加上船舶空间受限,一般集装箱绑扎眼板设置在货舱舱口盖上,在货舱舱壁之间设置走道平台,方便码头工人进行货物的装卸操作。

箱柱(图 3-36)设置在纵向舱口围板和舷侧之间,用于支撑甲板区域最外侧的集装箱,以便最大限度地利用空间堆放集装箱,其下方为甲板通道。

箱柱的结构大体上可以分为两种：箱型箱柱和方管型箱柱。箱型箱柱是目前的主流型式。

图 3－35　桁架式绑扎桥

图 3－36　箱　柱

集装箱与船舶之间的固定，除了需要绑扎桥或舱盖上的眼板和箱柱及舱盖上的箱脚以外，还需要通过钮锁将集装箱堆垛进行连接，绑扎杆和花篮螺栓将集装箱与绑扎桥或舱盖上的眼板相连。

钮锁设置。钮锁分自动、手动和半自动的，集装箱底部的 4 个角是通过钮锁固定在舱盖板上或者下层的集装箱顶部的。

底锁(图 3－37)和中锁。底锁(图 3－37)是用来固定甲板上第一层集装箱的锁具，它的锁孔上有锁销，用来固定甲板上的底层集装箱。当集装箱落在底锁上，需要操作手柄将集装箱与船体固定牢固。

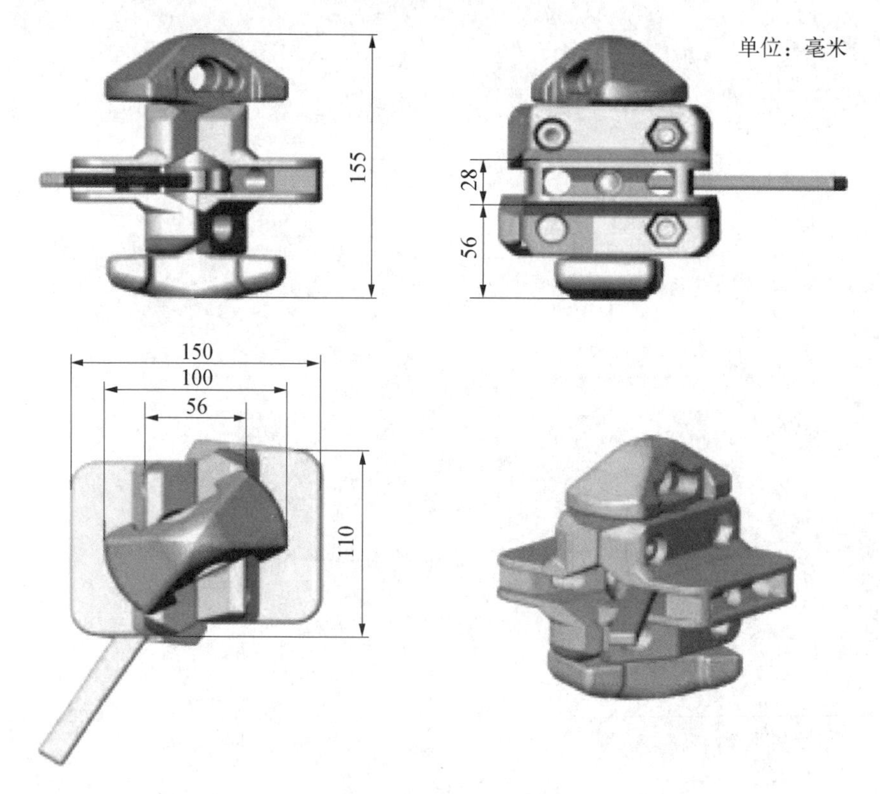

图 3－37　底　锁

中锁(图 3－38)用于系固两个 20 英尺集装箱之间的内侧箱脚，此处无须操作空间，当集装箱落在底锁上，不需要进行额外操作。随着 40 英尺集装箱运输数量较多，20 英尺集装箱的运输相对较少，为了更有效地利用甲板空间，两个 20 英尺集装箱上方直接堆放 40 英尺集装箱越来越普遍。因此，中锁应用范围也越来越广。

图 3－38　中锁

半自动钮锁和全自动钮锁(图 3－39)：主要用于甲板上第二层及以上层次集装箱之间的系固。装载集装箱时，先将半自动钮锁或者全自动钮锁安装在集装箱底部的箱脚上，然后通过吊机将集装箱放在已经装载好的集装箱上部。半自动钮锁需要码头工人将手柄锁紧，才能使钮锁正常有效工作。当全自动锁在集装箱上装载好后，无须码头工人进行任何操作，钮锁就可以正常工作。上锁操作图如图 3－40 所示。

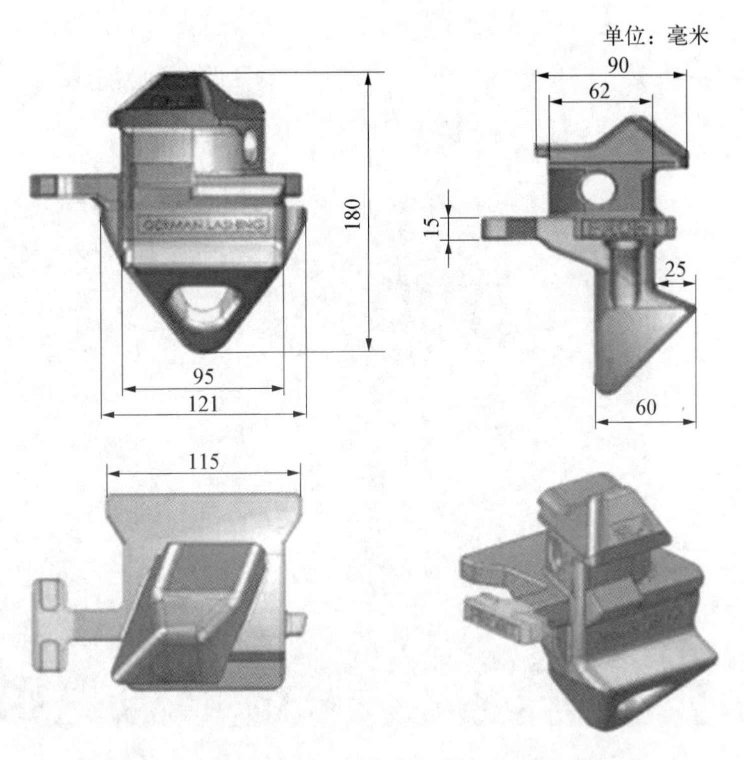

图 3－39　全自动钮锁示意图

(a) (b)

图 3-40 上锁操作图

(a) 全自动钮锁即将进入箱脚前;(b) 全自动钮锁锁上后

甲板上堆放 3 层及以下集装箱时,依靠钮锁就可以系固箱体,确保集装箱的装载安全。当甲板上堆放的集装箱超过 3 层时,需要用绑扎杆及花篮螺栓(图 3-41)将集装箱与甲板或者与绑扎桥进行进一步系固,使整垛集装箱与船体形成一个整体,用来抵抗由于船舶横摇和风浪带来的外力。

图 3-41 绑扎杆和花篮螺栓

2. 舱内集装箱系固

集装箱船的舱内设有导轨，用来支撑和系固集装箱。集装箱船一般以纵向来堆装集装箱，是以“堆”为单位进行布置与堆装。导轨把一堆一堆的集装箱分隔成独立的箱格单元，一般每一箱格单元目前最多可以堆放 13 层。货舱内导轨承受了由于船舶横摇而产生的横向力，及船舶纵摇产生的沿船长方向的作用力。货舱内的集装箱只需设置堆锥，不需要用专门的绑扎件进行绑扎，提高码头装卸效率。另外，由于集装箱设置在货舱内，丢箱情况很难发生。舱内导轨设置图、20 英尺集装箱导轨、舱内的横舱壁分别如图 3－42～图 3－44 所示。

导轨架按照编号吊至舱壁标识的位置上，并进行安装定位。导轨定位后，用保距规对每档的开档进行复检，并用激光设备检测导轨与水平基准线的垂直度。

图 3－42　舱内导轨设置图

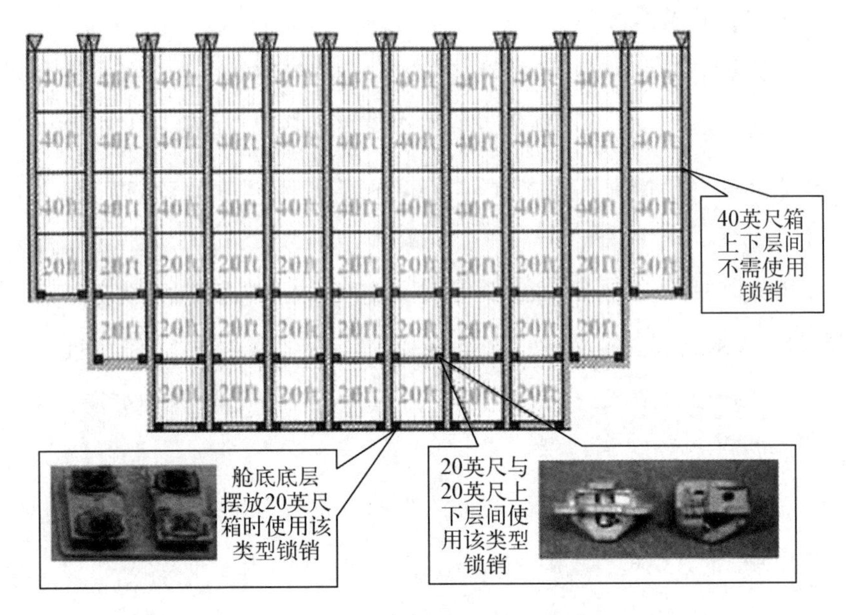

图 3-43 20 英尺集装箱导轨

图 3-44 舱内的横舱壁

舱内系固用的固定件主要包含导向块及底部堆锥(图 3-45),活动件为堆锥。堆锥安装示意图如图 3-46 所示。

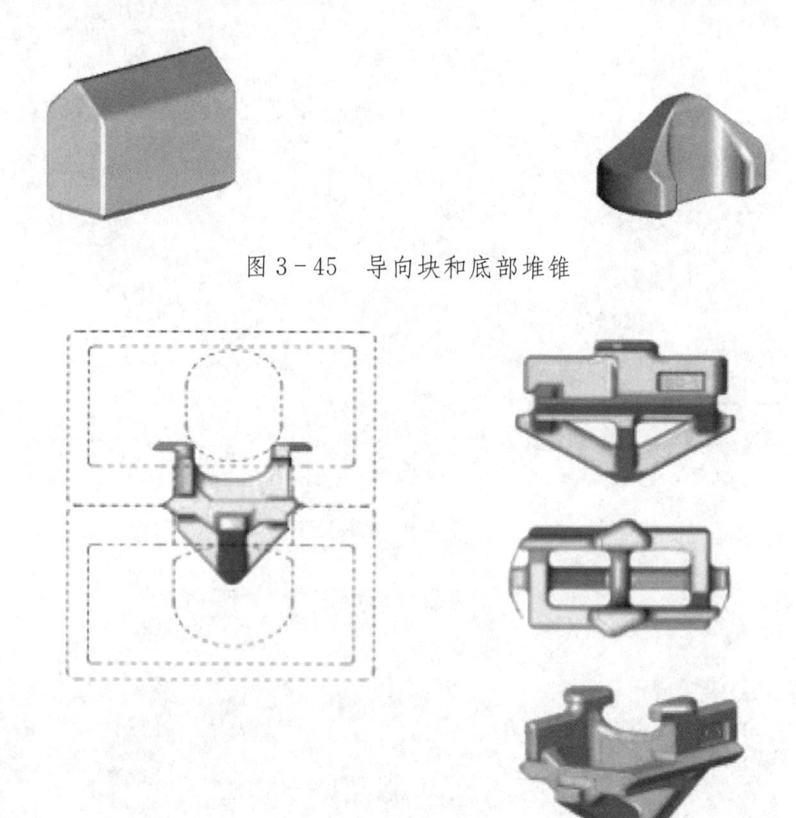

图 3-45　导向块和底部堆锥

图 3-46　堆锥安装示意图

3. 舱盖上的集装箱系固

全集装箱船通常采用吊离式舱口盖(图 3-47),由于吊离式舱口盖不需要在甲板上留有收藏的位置,因此这种舱口盖盖板之间无连接装置,也无传动装置,盖板上装有起吊眼板和集装箱起吊底座,由岸上的起吊设备或集装箱岸吊直接将盖板吊离。盖板可堆放于相邻的舱口盖顶板上,也可堆放在码头上。这种舱口盖(图 3-48)既适用于露天甲板,也适用于中间甲板。吊离式舱口盖通常有 3 种吊离方法:

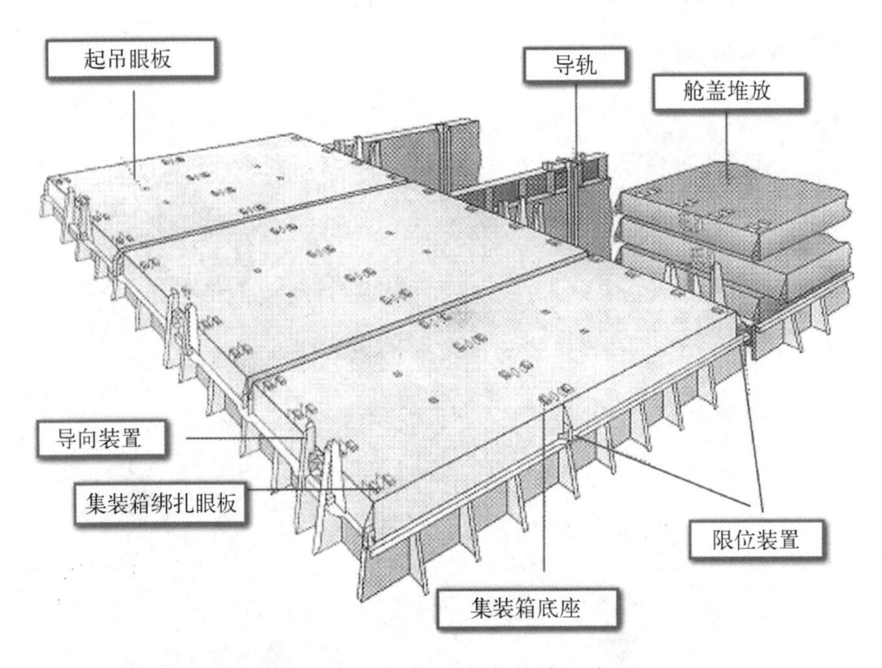

图 3-47　船舶吊离式舱盖示意图

图 3-48　船舶舱口盖

用船上或岸上起货设备通过钢索、卸扣、眼板吊离舱盖板。

用码头上集装箱专用岸吊(20 英尺或 40 英尺岸吊)系住舱盖板上的集装箱起吊座吊离盖板;

通过 4 只钮锁式集装箱起吊座、钢索及吊环组成集装箱吊具,系住舱盖板上的集装箱起吊座,利用船上或岸上的起货设备吊离盖板。

吊离式舱口盖结构简单可靠,维修保养方便,因舱盖板块数不受限制,适合于各种长度的舱口,也适用于各层甲板及长舱口。在全集装箱船中,尽管无起货设备,但可用码头上集装箱专用吊架吊放舱盖板,吊离一块舱盖板如同吊离一个集装箱,十分方便。在全集装箱船上,舱口盖的最大起吊重量应包括单块舱盖板结构、绑扎眼板、花篮螺栓的重量。

集装箱堆重是大舱口盖设计的重要前提,影响到舱口盖系统的强度、刚度以及支承装置的选择。

从集装箱的堆重来看,发展趋势是舱口盖上装载的集装箱堆重越来越大。集装箱混装示意图如图 3-49 所示。

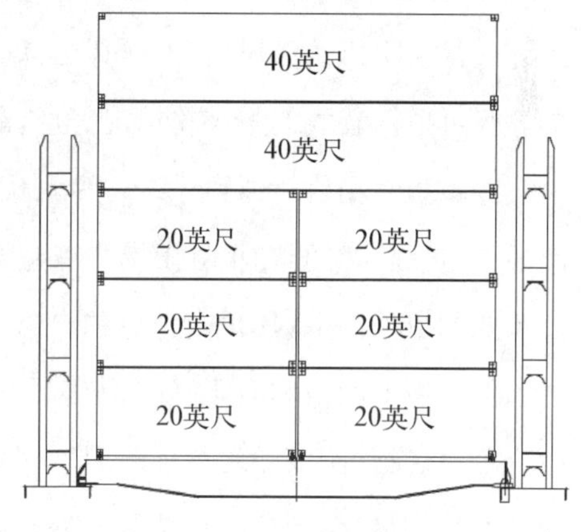

图 3-49　集装箱混装示意图

中、小型箱船舱口盖中间留出 600 毫米的走道,用于 20 英尺集装箱的绑扎。散件存放的高度要低于集装箱箱脚的高度,以便在无须拆除散件的情况下,舱口盖可以堆叠在一起。这种布置的优点是航行过程中 20 英尺集装箱受力情况良好,堆重更大,可以装载更多的 20 英尺集装箱。随着 40 英尺集装箱运载数量的增加,混合堆装型式,即在同一个 40 英尺集装箱箱位上先装载数层 20 英尺集装箱,再向上装载数层 40 英尺集装箱已成为主流。对于舱盖上有 45/40 英尺混装的情况,舱口盖重量需特别关注。每块舱口盖盖板的重量必须控制在起吊设备的安全工作负荷以内，因此每块舱口盖的尺寸不能太大。

二、货舱通风系统

1. 货舱通风系统设置

根据集装箱船装载物品种类，货舱通风系统可大致归纳为 3 类：普通集装箱、危险品货物集装箱和冷藏集装箱。

普通货物集装箱货舱通风系统。当货舱装载普通货物集装箱时，通风系统用以维持集装箱船正常航行过程中货舱的空气流通，保证人员进出安全，并在发生意外情况时将用于灭火的二氧化碳及时排出货舱外。此时，通风系统为通用的机械排风/自然送风或者机械送风/自然排风系统。

危险品货物集装箱货舱通风系统。当货舱装载危险品货物集装箱时，货舱通风系统用以排除货舱内溢出的危险气体，保证货舱处于负压状态，同时满足二氧化碳排放的需求。货舱通风系统应独立于其他处所的通风系统，进出风口应满足危险区域划分的要求，避开船舶其他设备如系泊设备、绑扎桥等。通风系统通常采用机械排风/自然送风方式，通风系统的换气次数和风机的电机防护等级可根据装载的集装箱情况、危险品货物的种类来选取。

冷藏集装箱货舱通风系统。冷藏集装箱能够维持所载运的货物如果蔬、禽肉的一定保鲜时间，在世界贸易中有逐渐扩大的趋势。冷藏集装箱可堆放在集装箱船的甲板面上，热量由外界的自然通风带走，无须考虑配置额外的通风系统。但甲板上的空间有限，随着装载的冷藏集装箱数量增多，货舱也将用于装载冷藏集装箱，所以需要单独配置通风系统，用以带走装载冷藏集装箱在货舱中散发的热量，保证冷藏集装箱所处环境温度正常。

当货舱装载冷藏集装箱时，货舱通风系统需要带走货舱内的各种热负荷，这些热负荷包含冷藏集装箱散发的热量、货舱风机散发的热量以及人员、电器等散发的热量及外界传入的热量。其中，冷藏集装箱的散热为主要热负荷。冷藏集装箱根据冷却方式可分为风冷式冷藏集装箱和水冷式冷藏集装箱。

当货舱装载水冷式冷藏集装箱时，集装箱的散热主要依靠冷却水系统，通风系统总的通风量相对较小。若采用机械送风和自然排风方式，机械送风口布置在横舱壁上，自然通风口为货舱左、右舷侧舱口盖处的百叶窗。当装载的水冷集装箱数量少，横舱壁处空间充裕时，为了提高通风的有效性，避免热量聚集，可采用机械送风/机械排风的方式，此时取消舱口盖两侧的百叶窗，避免发生恶劣海况时货舱进水。

当货舱装载风冷式冷藏集装箱时，通风系统通常采用机械送风/自然排风方式，风机位于货舱横舱壁处。每台风机可服务于一列或者两列冷藏集装箱，排风口为舱盖两侧的百叶窗。

风冷式冷藏集装箱典型货舱通风布置如图 3-50 所示。

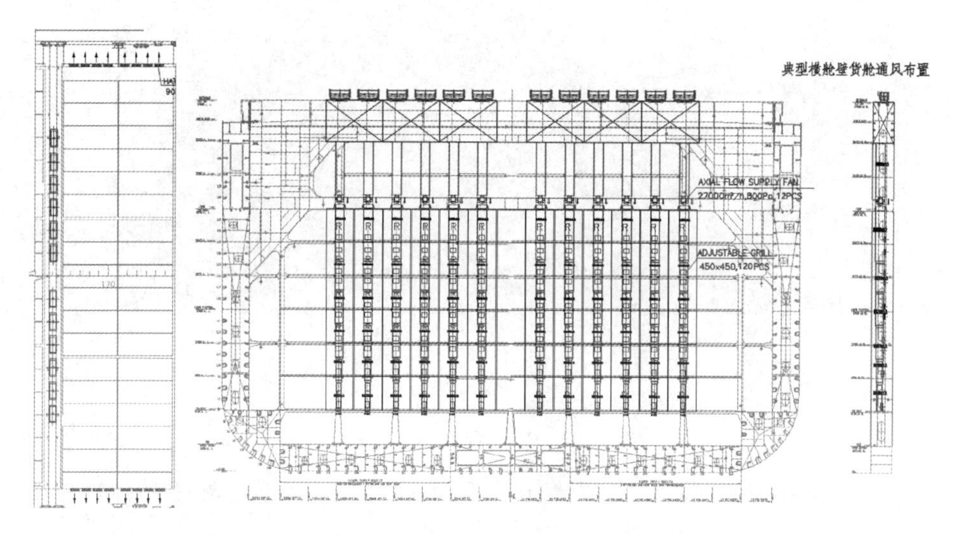

图 3-50　风冷式冷藏集装箱典型货舱通风布置

2. 货舱通风系统附件

通风系统附件包含 T 型风帽、通风风机、末端格栅、舱口盖百叶窗等。由于集装箱船船型的特殊性，各附件的设计和安装需充分利用船体结构和所在位置处的舾装装置，与常规通风系统有所差异。

T 型风帽。早期的集装箱船通风风帽位于货舱主甲板、舱口围和绑扎桥第一层平台下面所在的空间里，拆装维修时需要将绑扎桥第一层平台卸走并搭建维修平台到达甲板面处，船员日常操作极其不便。在设计超大型集装箱船的通风系统时，对 T 型风帽的设计应进行优化：将风帽与绑扎桥第一层平台设计成齐平，配合平台格栅作为日常行走通道。为了增加有效通风面积，风帽四周安装类似于百叶窗型式的格栅，如图 3－51 所示。

图 3－51　T 型风帽安装示意图

T 型风帽安装在舱口围板上，由于在每个集装箱箱位宽度处的结构有所加强，故可供风帽开孔的尺寸在长度方向小于一个箱位；为了美观，T 型风帽宽度方向尽量与绑扎桥宽度方向齐平。

T 型风帽通过手轮进行日常启闭操作，绑扎桥第一层平台的栏杆处可设置用于放置手轮的挂钩等设备。在遇到危险情况时，需要 T 型风帽能够快速关闭，可采用快关式风帽，通过操作风帽两侧的手柄，实现风帽的快速关闭。快关型 T 型风帽外形如图 3－52 所示。

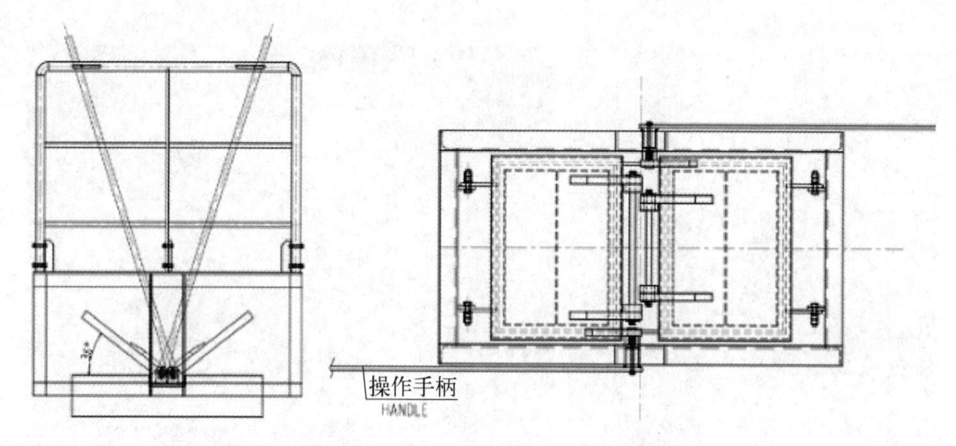

图 3－52　快关型 T 型风帽外形

通风风机。集装箱船通风风机通常安装在横舱壁处。横舱壁空间有限，可供风机的安装位置也有限。用于通风系统的风机分为轴流风机、管道风机和离心风机 3 类。管道风机风量小，不能满足货舱通风系统对大风量的需求，而离心风机在连接风管时，进出风管有 90 度的转弯，需要足够的安装空间，有限的货舱横舱壁不能满足其要求，故集装箱船通常采用轴流风机。

通风风机的参数与货舱通风系统的型式相关，若通风系统风量按照换气次数计算，则单台风机风量可根据横舱壁尺寸确定所能安装的最大的风机型号，再确定每个货舱的风机数量；当通风系统为装载冷藏集装箱的货舱服务时，单台风机的风量可根据每列冷藏集装箱数量来确定。

末端格栅通常有两种：E 型丝网格栅和可调型格栅。E 型丝网格栅用材通常为不锈钢，用于风量和末端位置均固定的通风系统中；可调型格栅通常用于冷藏集装箱高低箱混装时的货舱通风系统中，当混装时，考虑到冷箱压缩机的位置，末端格栅要求风量和出风位置均可调节。

舷侧舱盖百叶窗。通风系统的另一个末端位于左、右舷侧舱盖处。当货舱通风系统总风量确定后，百叶窗的风速与其开孔尺寸和有效通风面积系数有关。若将左、右舷舱盖开足依然无法满足对该风速要求时，可考虑在其他位置适当增加通风装置。典型末端风口示意图如图 3－53 所示。

图 3－53　典型末端风口示意图

3. 货舱装载冷藏集装箱时的风机自动控制系统

当货舱内装载大量冷藏集装箱时，为散发热量，需要配备大量风机进行通风。在实际营运过程中，并非所有航程都是满载冷藏集装箱的，若货舱风机按设计工况开启，经济性较差；不同船舶航区和昼夜情况是不同的，环境温度在不断地变化，货舱所需风量也相应发生变化；绿色船舶是一大发展趋势，所以要根据货舱冷藏集装箱的装载情况及外界环境温度变化对风机进行自动调控。根据采用的风机型式，风机自动控制系统可分为两类，即变频风机控制系统和定速风机控制系统。

变频风机控制系统的控制方式相对简单，即将货舱的定速风机改为变频调速的风机并配置适用的逻辑控制系统。由于货舱风机数量较多，采用变频风机时会大大增加初期投入成本，回收周期相应较长。此外，大量变频器还会对集装箱船的电网产生严重的谐波影响。

定速风机控制系统的风机均为定速风机，是通过中央控制系统来控制风机的启停台数和启停间隔的，以此来提高风机寿命，达到节能目的。目前，超大型集装箱船大多采用定速风机自动控制系统。该控制系统主要有如下功能：检测货舱内二氧化碳浓度并执行相应的操作程序，检测货舱内温度并执行温度控制操作程序，根据货舱装载情况确定执行危险品货物集装箱控制程序，执行装载冷藏集装箱控制程序或非冷藏集装箱控制程序以及执行相应的风量控制和能量控制逻辑。

三、货物消防系统

为确保船舶安全，船舶必须安装灭火系统。二氧化碳灭火系统是常用的灭火装置，灭火后不会弄湿和污损机械设备和舱室，灭火后经通风换气即可方便地重新使用未损坏的设备。另外，二氧化碳气体属于非腐蚀性气体，一般不会产生化学作用，不会对设备产生腐蚀或其他化学污损。

二氧化碳灭火系统主要负责货舱、机舱和上层建筑部分区域的灭火，当这些区域失火时，火警探测系统的自动探测设置就会发出警报信号，船员检测确认后，并确保在即将释放区无人后，将储存的二氧化碳（液态或气态）释放出来，通过管路输送到失火的区域，通过特殊设计和布置的喷嘴喷发进行灭火。

船用二氧化碳灭火系统分为高压二氧化碳灭火系统和低压二氧化碳灭火系统。高压二氧化碳灭火系统的二氧化碳容器为无缝钢瓶（图 3－54），钢瓶的试验压力一般为 24.5 兆帕，用于低压二氧化碳灭火系统的二氧化碳的容器为

图 3－54　高压二氧化碳灭火系统无缝钢瓶组

一般罐体。由于储存方式不同，它们有各自的优缺点，在需较大储存量时，低压系统的占地面积小，保养便利的优势将大于高压系统。

低压二氧化碳灭火系统的主要部件是低压二氧化碳罐体单元(图 3-55)，其中包括就地控制板、液位指示器、两套制冷装置、若干个释放阀等均装在一个公共底座上，成为一个整体。

图 3-55 低压二氧化碳罐体单元示意图

目前，船用二氧化碳灭火系统主要采用高压二氧化碳灭火系统。在超大型集装箱船上由于保护处所的舱容较大，所需配备的二氧化碳储藏量也相应增大，以 18 000TEU 集装箱船为例，最大保护处所的舱容约 35 000 立方米。采用低压二氧化碳灭火系统，一个二氧化碳罐体可取代大量高压二氧化碳用钢瓶，可以节省很多储藏二氧化碳的舱室面积，同时可以减轻约 50%的重量，并显著降低了充注二氧化碳的时间。因此，低压二氧化碳灭火系统具有操作简单和维护方便的优点。

对于超大型集装箱船，甲板上的箱垛层数最高可达13层，距离主甲板高度达到33米，若发生火灾，依靠甲板上的灭火装置、灭火用的液态二氧化碳和气态二氧化碳很难到达集装箱顶部。因此，在绑扎桥上还配备了船用移动灭火水炮，用于集装箱灭火。甲板移动水炮及其工作状态如图3－56和图3－57所示。绑扎桥平台消防布置示意图如图3－58所示。

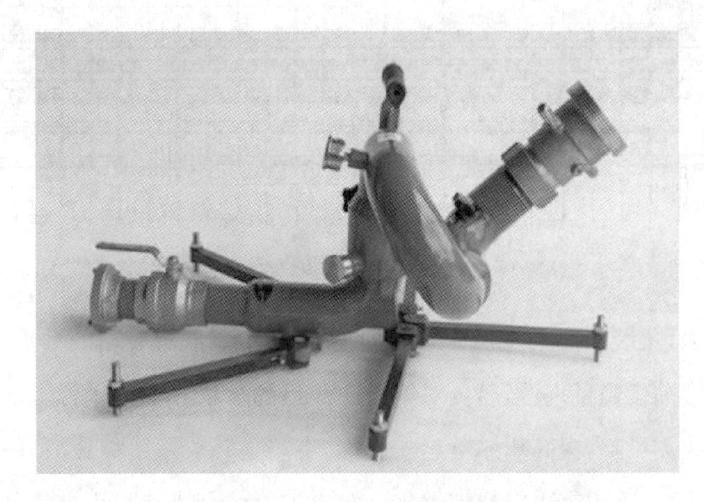

图3－56　甲板移动水炮

图3－57　移动水炮工作状态

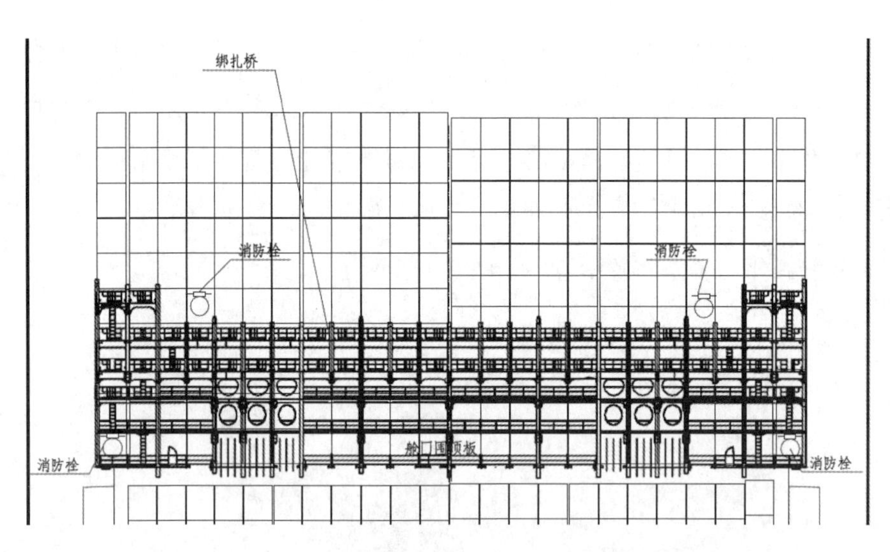

图 3-58　绑扎桥平台消防布置示意图

近年来，集装箱船的主尺度不断加大，甲板上装载集装箱的数量呈指数级增长。以当前运输量来看，船员对箱子中载运的货物并不是非常了解，为了进一步降低火灾风险，提高船舶营运安全性，有些集装船在甲板最高处安装有固定的消防水炮，可用来冷却和缓解集装箱火灾时的火势并阻止火势蔓延，其射程超过 100 米。固定水炮如图 3-59 所示。

图 3-59　固定水炮

第四节　船舶系统

集装箱船需要功能完备的各类系统来保障其航行以及集装箱和船员的安全,主要系统有:动力系统(含动力管路、压载水系统、横倾平衡系统),电力系统和船舶操纵系统中的综合桥楼系统及操舵系统和通风系统等。

一、集装箱船结构状态监测与评估系统

当集装箱船缓缓驶向一望无际的大海时,在变化莫测的海上,隐藏着许多未知的变数,如潮流、暗礁、台风、浅滩等因素。大型集装箱船由于其结构的固有特点,常会遇到应力变化大、舱口角隅处应力集中等问题,加之船舶在波浪中航行时的环境条件变化无常,船体强度不足和疲劳破坏等引起的事故时有发生,因此,保障集装箱船安全航行始终是航运界重点关注的问题。集装箱船结构状态监测与评估系统(图 3-60 和图 3-61)是用于监测与评估集装箱船在实际营运过程中结构状态的计算机系统。该系统能够实时显示集装箱船受力情况和运动状态,并为船体结构的安全提供必要的预警信息,以便船长及时采取应变措施,作出正确判断,使集装箱船能避开危险,安全准时到达目的地。

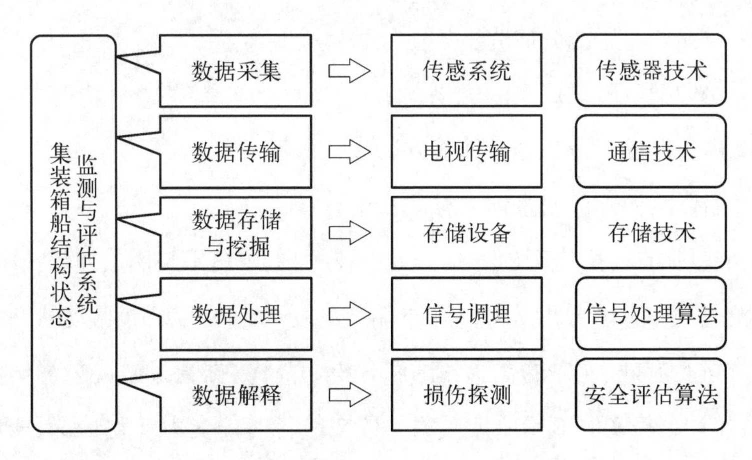

图 3-60　集装箱船结构状态监测与评估系统

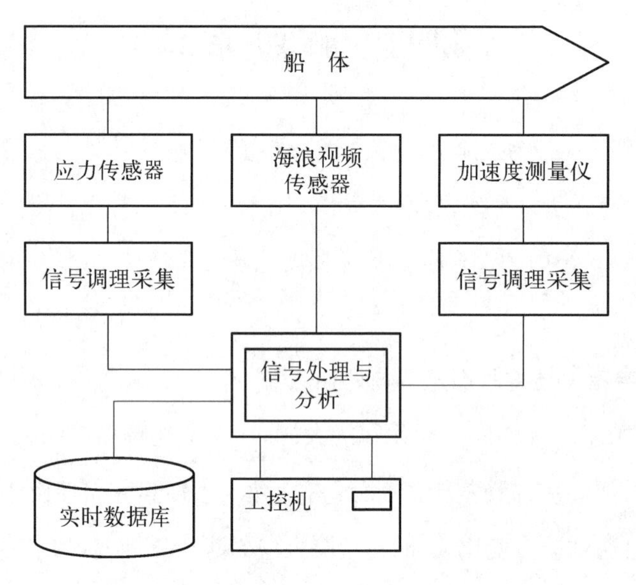

图 3-61　集装箱船结构状态监测与评估系统框图

该系统评估和维护目标主要有：

(1) 船舶在动态和静态时的强度及振动状态数据实时记录和状态在线评估。

(2) 恶劣天气下的短期振动冲击评估。

(3) 船舶装卸作业时的短期振动冲击评估。

(4) 波浪载荷影响的研究。

(5) 船舶配(积)载调整的优化方法。

(6) 延长船舶寿命的维护保养方法。

(7) 船体结构性能安全评估方法。

该系统综合应用传感技术、信号处理技术、电子技术与网络通信技术，以及状态监测与故障诊断技术等对航行中船舶的受力情况和结构振动状态以远程监测方式进行有效、实时的在线测试和分析，并将数据通过电缆传输给数据收集计算机，计算机实时显示船体监测部位在航行时的受力变化情况、船体结构受振动冲击影响情况、船体梁弯曲和扭转变形情况以及船舶运动的加速度等信息，并利用互联网和无线网络将机械状态特征信息传输到远程端个人计算机上；远程端计算机对接收到的信号进行进一步的处理，实现远程在线监测和实时评估船舶的结构性能状态，及时发现船舶在航行中存在的故障隐患和不合理的装载情况，使船长能够在恶劣海况下和在船舶的装卸过程中采取适当措施，为船舶的安全航行提供保障。数据存储系统连续记录传感系统的数据。因此，该系统也可用于船舶结构的疲劳积累损伤的计算。

二、横倾平衡系统

集装箱吊装过程中由于不合理的吊装流程往往会使集装箱船发生倾斜导致集装箱间相互碰撞，当集装箱船的倾斜角过大时，往往会在导轨与箱体之间产生较大的摩擦，甚至卡死。为此，在集装箱船上，特别在货舱内设置导轨的集装箱船上大都设有船舶横倾平衡系统。

船舶横倾平衡系统能使船舶的横倾角控制在预定的范围内。由于集装箱的装卸速度能达到1～2.5分钟一个，所以平衡系统的反应速度也很快，在1～2分钟时间内，使船舶恢复到允许的倾斜角内。平衡系统由平衡水舱、平衡水泵、遥控阀及倾斜仪等组成。

(1) 平衡水舱。每个水舱约装有一半容量的水，通过左、右水舱水的相互调拨来调整船舶的横倾角度。

(2) 平衡水泵。它能根据集装箱船的倾斜角度，以一定的流量把左、右平衡水舱的水相互调拨，在集装箱吊装时该系统处于常开状态。

(3) 遥控阀。平衡水泵进出口各设置一个遥控阀，其中一个遥控阀出现故障时应处于关闭状态。

(4) 倾斜仪。通过倾斜仪，测量集装箱船的倾斜度，用以手控和自控整个横倾平衡系统。

该系统中，平衡水泵是双向轴流泵，通过改变泵的转向来改变水流方向。平衡水泵布置在平衡水舱之间的横隔舱内。

三、动力系统

1. 主推进系统

主推进系统的作用是将主机产生的动力，通过传动装置及轴系驱动螺旋桨产生推力，推动船舶航行。主推进系统主要由主机（柴油机）、弹性联轴器（如有）、轴系和螺旋桨等组成。

集装箱船对航速要求高，所以相对其他大型运输船舶，主机功率会大很多。同时，为了提高螺旋桨的效率，也会适当降低主机转速。主机功率的增加和转速的降低会导致主机输出轴的直径也相应变大。另外，受航速的影响，集装箱船的艉部线型一般较窄，为确保主机的布置，机舱会比其他类型的运输船相对于船的位置更靠前，这样，轴系长度就会大于其他大型运输船。

由于推进功率大，推进螺旋桨的重量也相应提高了，而且为了减少艉部阻力，优化艉部伴流需要设置导流罩，导致艉部重量增加，加剧了艉轴的局部弯矩。

集装箱船的轴系长，轴系所处区域结构变形量大，如只按常规的校中手段，船体结构的影响会导致轴系中轴承在不同的工况下，计算值和实际负荷值有较大的偏差。船体结构变形可能会引起轴系中某些轴承在某一工况下负荷超标，导致发热烧毁，应予以避免。

由于常规的校中计算不能反映主船体结构对轴系的影响，需要进行基于船体结构的弹性校中分析计算，以确定轴系校中的参数。若计算中发现有问题，确认需调整轴系，往往造成较大的返工量，甚至有可能影响船舶设计建造周期。

为了避免因装载工况变化产生的船体变形对轴承受力的不良影响，首先需要，获取不同装载工况下的船体梁变形量。另外，还需要研究环境温度对变形的影响，如船舶在运行状态下，主机和其下方的润滑油循环舱的温度将升高，该区域的变形也将会增加。最终用于轴系对中分析的变形量包括了船体自身的变形量和环境温度引起的变形量两部分。船体艉部的受力分析和变形量计算如图 3-62 所示。

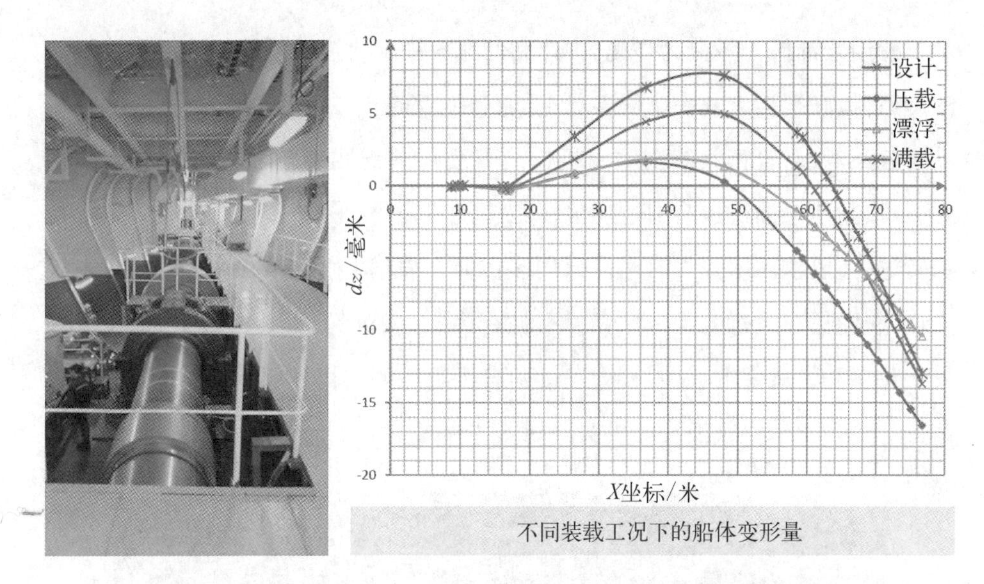

图 3-62　船体艉部的三维有限元受力分析和变形量计算

考虑到大舵角时产生的附加水动力扭矩和轴系扭转产生的振动扭矩的叠加，可能会对艉轴承产生过大的载荷和相对挠度，导致其无法建立润滑所需的油膜，进而造成轴瓦高温，甚至烧毁，大型集装箱船利用专业计算软件结合计算所得的船体变形量进行弹性校中计算，尤其要进行斜镗孔对艉轴承处相对挠度及受力影响的分析，以此确定双斜镗孔的艉轴承设计方案。机舱布置侧视图如图 3-63 所示。

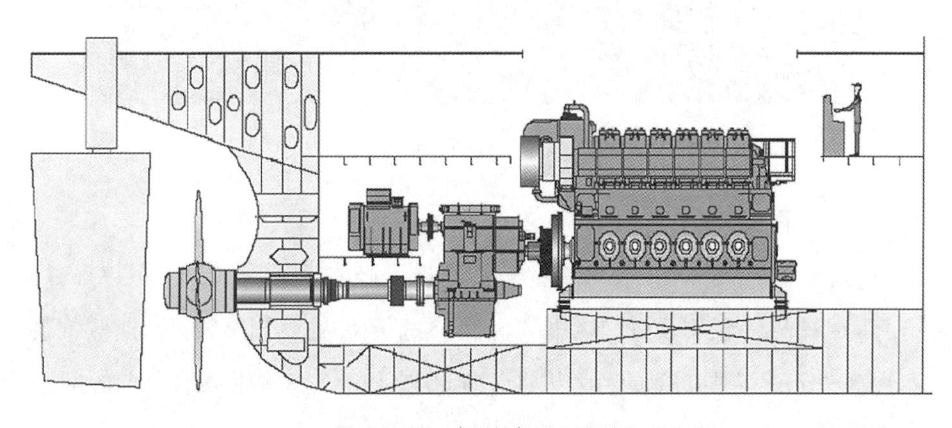

图 3-63　机舱布置侧视图

船用柴油机一般分为高速、中速和低速3种。可逆转低速柴油机直接驱动螺旋桨,提高了推进效率。而不可逆转的中、高速柴油机是通过齿轮减速箱驱动螺旋桨的,齿轮箱装有倒顺车机构或安装可调螺距螺旋桨以实现螺旋桨逆转。中、高速柴油机也有通过发电机给驱动机供电,利用驱动电机带动螺旋桨运转的,当要求功率较大时也可采用多机并车,低速航行时可以只用一台主机工作,从而提高运行的经济性和可靠性。当同一艘船舶安装两台主机时,根据安装位置和螺旋桨的转向,分为左机和右机。船舶主机和艉轴实图如图3-64和图3-65所示。柴油发电机实图如图3-66所示。

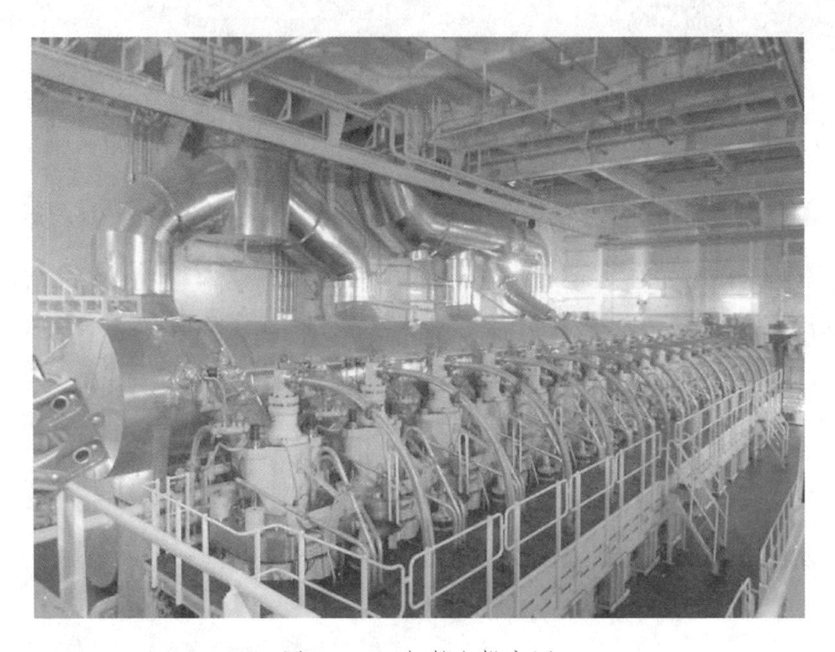

图3-64　船舶主机实图

2. 侧推装置

集装箱船由于甲板上装有大量集装箱,其侧向受风面积特别大,且靠离码头时间要求短,一般都设有艏侧推装置,个别船还设置艉侧推装置。艏侧推装置(图3-67)是装在艏部的特种推进装置,用来提高船舶的操纵性,保持船位。艏侧推装置多采用可变螺距螺旋桨,也有采用定螺距螺旋桨。

图 3-65　艉轴实图

图 3-66　柴油发电机实图

图 3-67 艏侧推装置

四、动力管路

动力管路主要为主、辅机等设备提供燃料、冷却润滑用的冷却水和滑油、设备运行用的燃烧空气，以及设备启动用的压缩空气等，所以动力系统包括燃油系统、润滑油系统、冷却水系统、压缩空气启动系统等。

1. 燃油系统

燃油系统作用是对船舶动力装置各燃油设备（柴油机、发电机组、辅锅炉等）供给足够数量和一定品质的燃油，以保证这些设备的正常工作。通常，设置燃油管路是用于对燃油进行储存、驳运、净化以保证供给。综合机舱燃油系统如图 3-68 所示。

2. 滑油系统

滑油系统主要保障柴油机部件的润滑，带走设备运行时产生的热量和杂质。滑油系统由滑油舱、滑油输送泵、滑油管、阀件、滑油分油机、滑油柜、滑油过滤器等组成，其作用是能使主机预热，避免冷车启动困难。主机滑油净化系统如图 3-69 所示。

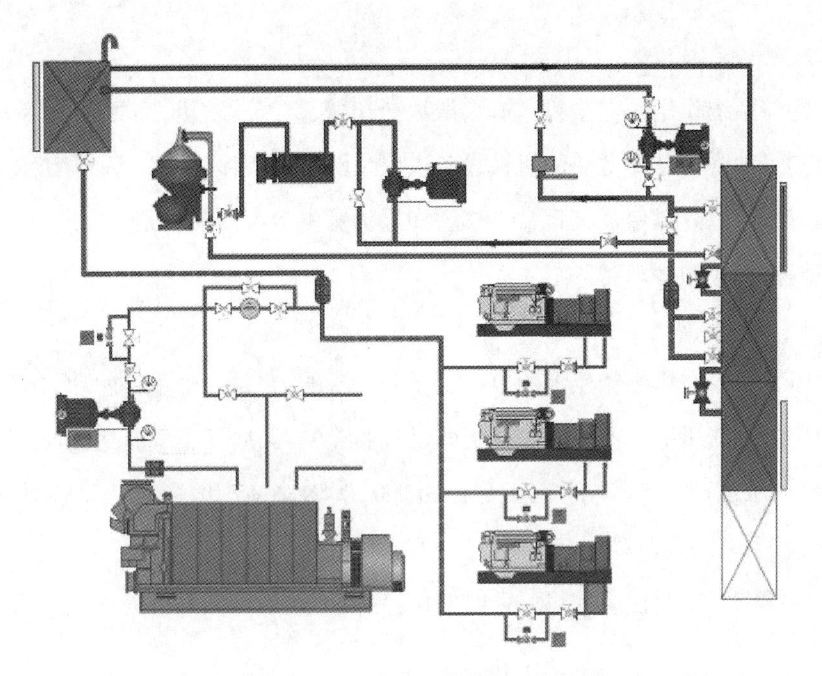

图 3-68　综合机舱燃油系统

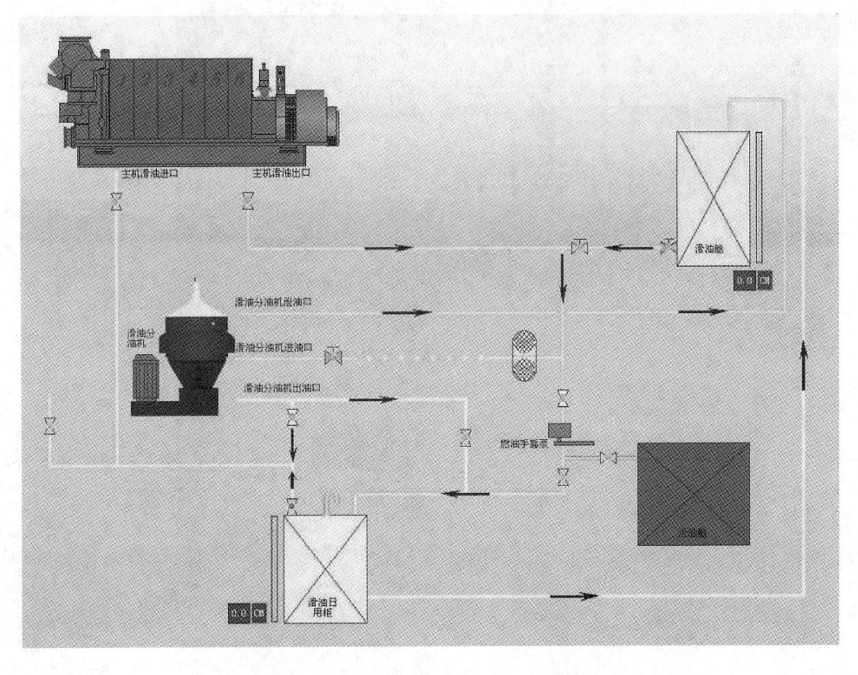

图 3-69　主机滑油净化系统

3. 冷却系统

冷却系统作用是对主机、辅机、滑油冷却器、空气压缩机、冷凝器、轴系中的轴承和艉轴管等需要散热的机械设备供以足够量的液体(淡水、海水、江水和冷却油)帮助冷却,以保证其正常工作。如果货舱中冷藏集装箱是水冷的,机舱中也需提供相应的冷却水。

4. 压缩空气

压缩空气在集装箱船上的应用是十分广泛的,它是一个重要的动力源。正常使用时空气压缩机不断向启动用的空气瓶充气,当启动空气瓶达到规定压力时,空气压缩机就自动停止工作。机舱冷却水系统和压缩空气管系统如图 3-70 和图 3-71 所示。

压缩空气主要供柴油机启动时使用,也可给其他机械设备提供动力源。

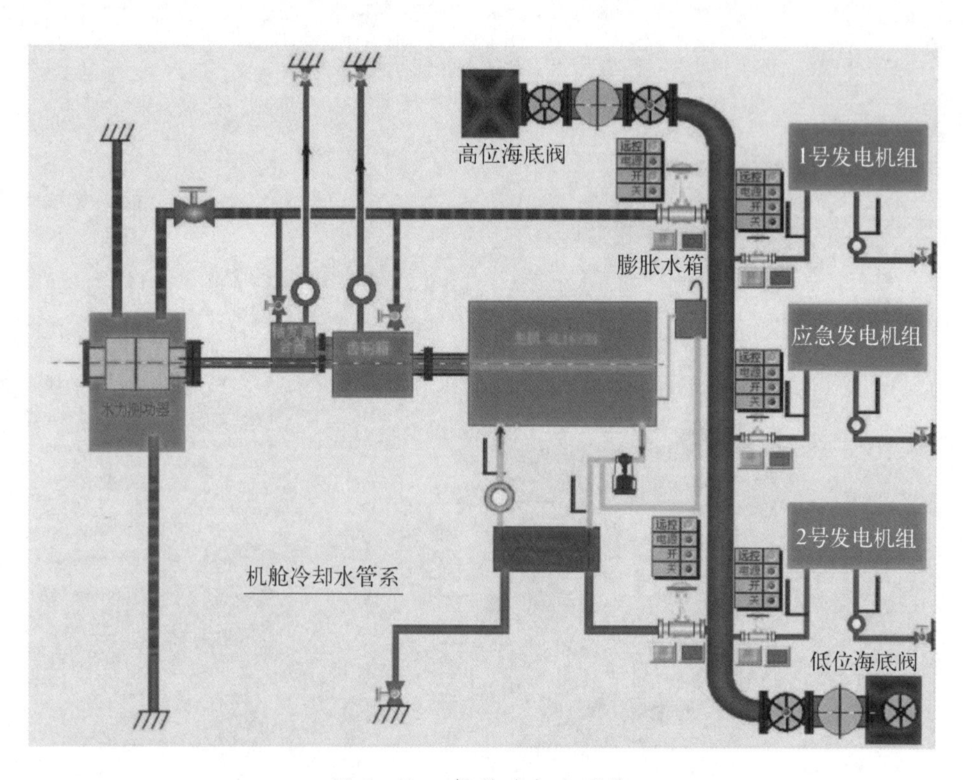

图 3-70 机舱冷却水系统

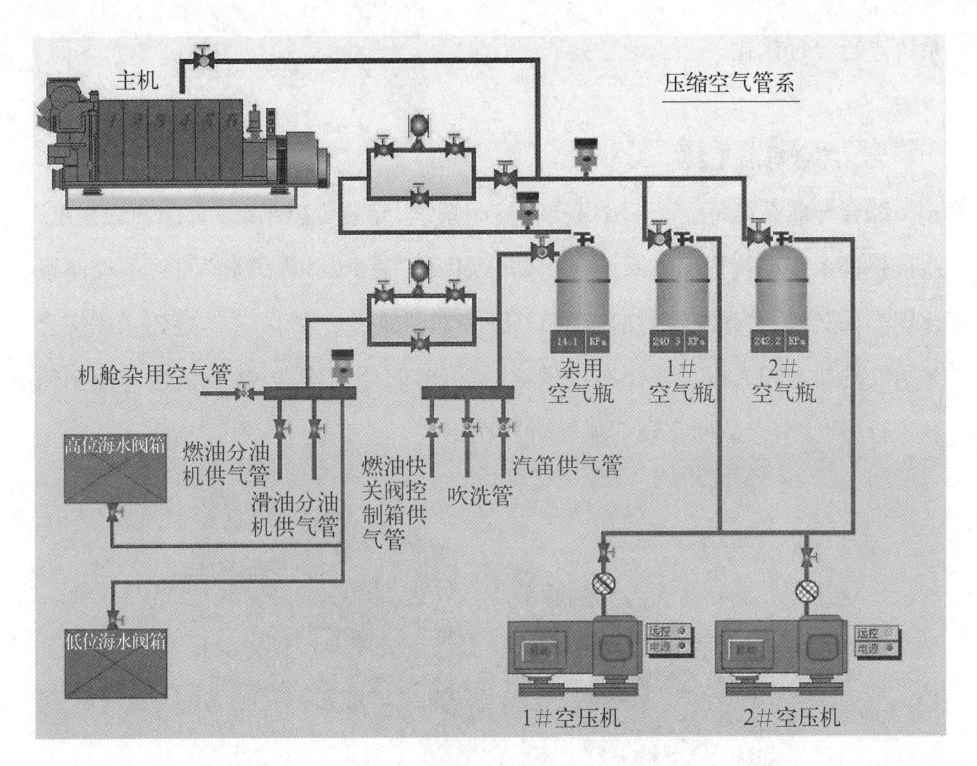

图 3-71　压缩空气管系统

五、压载水系统

压载水系统主要作用是根据船舶不同的货物装载情况，以压载水来调整船舶的吃水深度，以适应正常航行需要。集装箱船与散货船、油船不同，集装箱船一般到目的港后，货物只会部分卸掉，部分存留，所以压载水泵和压载水舱容量较散货船和油船的小。超大型集装箱船设计时尽量考虑减少压载水，但是为了满足集装箱船不同装载工况下的吃水要求，压载水舱仍然需要一定的舱容量。压载水舱舱容一般占到全船舱容的10%～15%，其对应的结构重量在空船重量中占有较大比例。

对于大型集装箱船，干舷甲板在二甲板以上，为降低集装箱船压载水舱的设计载荷，减轻空船重量，可通过布置压载水舱溢流保护系统，对压载水舱透气

系统进行合理优化。

六、综合导航系统

综合导航系统(图 3－72)由操纵控制系统、导航传感系统、航行管理系统、监视报警系统和航行保障系统 5 个部分组成。基于“一人驾驶”的集中控制设计理念,综合桥楼系统将导航、船舶驾驶和辅助航行集成于一体,整体采用综合显示处理技术和人机工程技术,将船舶航行时的环境信息、状态信息与控制信息进行高度综合,从而实现船舶航行自动化。

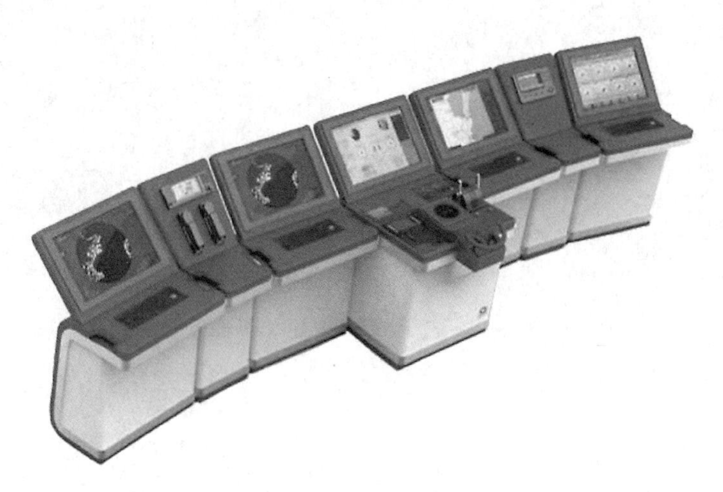

图 3－72　综合导航系统

目前,世界上先进的综合桥楼系统是利用计算机管理、现代控制、信息处理等技术,将船上的各种导航、操作控制和雷达避碰等设备有机地组合起来,对导航、驾驶、机动航行、航行管理、航线规划、避碰、自动监测、自动报警等功能实施控制,以最少的人力实现船舶自动化航行。此类系统具有完善的综合导航、自动操船、自动避碰、图形界面可视、通信和航行管理控制自动化等多种功能,从而实现船舶航行的高度自动化,提高航行的安全性、经济性和有效性。

集装箱船的规模虽然越来越大,但是为了尽可能地提高装箱率和扩大视线,桥楼空间变得越来越小,典型桥楼空间以狭长型居多;另一方面,因为超大型集装箱船体型庞大，又需要在航线沿途频繁停靠众多的码头装卸货物，对于操纵安全性的要求自然更高，其桥楼配置的系统就更多，功能也更强大。基于以上原因，伴随着桥楼系统的高度自动化，大部分超大型集装箱船在建造入级时会申请对应船级社的桥楼入级符号，结合主流船级社对综合桥楼方案的要求，超大型集装箱船综合桥楼系统主要包含监视工作站、航行和操纵工作站、手动操舵工作站、安全监视工作站、两翼靠泊工作站、综合信息显示工作站、航路规划工作站和结构状态监测与评估系统工作站。驾控台外形图如图 3－73 所示。驾控台设备布置图如图 3－74 所示。

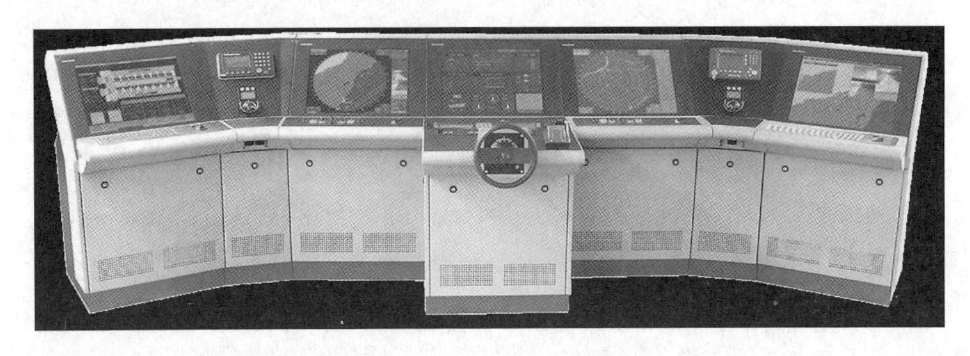

图 3－73　驾控台外形图

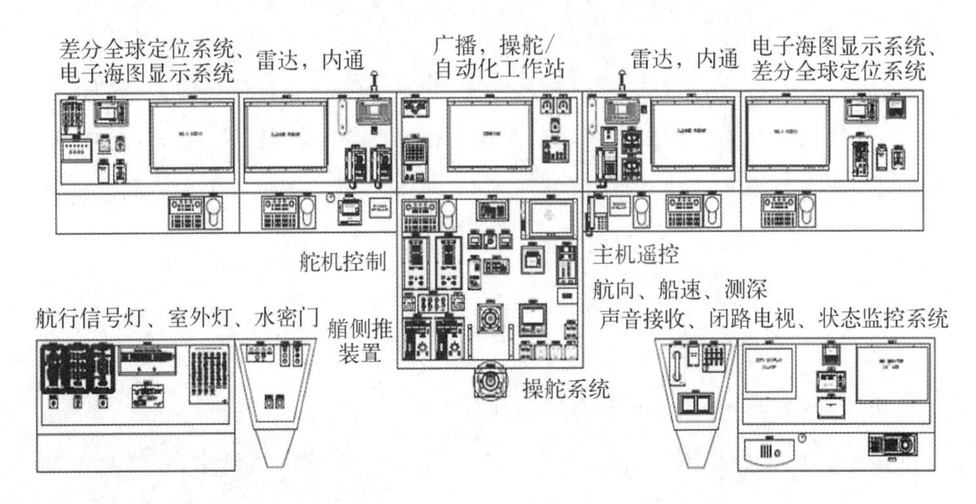

图 3－74　驾控台设备布置图

集装箱船的桥楼系统除了对设备配置有较高要求外，对桥楼设备供电系统的要求也较高。对所有用电操作的航行设备、电话系统、值班安全系统等，应设置就地分配电板。这些分配电板应由两条专用线路供电，一条来自主电源，另一条由应急电源供电。每一种设备都能单独与其分配电板相连。分配电板的电能应能在两个电源之间自动切换，当其中任何一个电源供应发生故障时，应能发出听觉和视觉所能感知到的警报。在失电持续 30 秒以内再恢复供电时，所有的主要航行功能应可立即恢复正常；当失电持续时间大于 30 秒时，应有尽可能多的主要航行功能立即恢复正常。此外，桥楼系统一般会有一套雷达、一台电罗经、一套计程仪、一台电子海图显示系统和一套全球卫星定位系统，这些系统需要有电源不间断地提供电力，以保证其在主应急电源切换的 45 秒内不会因失电而无法正常工作。并非每个船级社都有不间断电源供电的要求，但是，为了保证超大型集装箱船航行的安全，会相应地提高电源配置设计标准。

超大型集装箱船给桥楼预留的空间有限，集装箱船越大，越要考虑视线等其他因素，因为桥楼空间在不断压缩，而桥楼配置的系统越来越多，功能也在逐步增多。随着综合桥楼系统的发展，需要提供更新、更全面的综合桥楼方案，而且综合桥楼与智能船舶系统还需要进行信息交互连接，在桥楼上布置智能船舶系统工作站。

在超大型集装箱船有限的桥楼空间中，在合理划分布置桥楼功能区的基础上，要充分利用有限的桥楼空间，优化各功能区的设备配置以满足对各种功能的需求，使得各功能区的系统设备功能更完备、更丰富，形成自主特色的综合桥楼方案。

七、电力系统

集装箱船的电力系统主要有如下几大部分。

电站。现代集装箱船的特点是大型化，装载的集装箱数量多，配置的电站容量大。根据各船的特点采用若干台等容量的柴油发电机或容量不一的机组，按航行、进出港、装卸货、停泊等不同工况及装载冷藏集装箱的数量进行多台机组的组合，以确保集装箱船正常营运所需要的电力供应，这种型式操作简单，易于控制。

配电。中、小型集装箱船设备布置及装货便利等因素，普遍采用“单岛”式构造，即上层建筑位于机舱正上方位置，主发电机组布置在机舱区域，交流220伏配电板作为主配电板的组成部分和主配电板一起布置在机舱集控室；上层建筑内集中了绝大部分的单相低压用电设备和照明设备，装有冷藏集装箱的货舱内有局部照明，采用传统的“辐射型”网络架构。

超大型集装箱船普遍采用“双岛”式布置，电站容量超过10兆瓦，这类集装箱船普遍采用6.6千伏/440伏/220伏的三级配电网络。

冷藏集装箱配电。一般集装箱船会装载一定数量的冷藏集装箱。因为需要给冷藏集装箱供电，使得集装箱船的配电设计成为区别于其他船型，而且冷藏集装箱配电系统的安全性和可靠性成为配电系统设计的重点。目前，国际上对冷藏集装箱的供电通常采用辐射型供电。辐射型供电方式，是由低压主配电板直接向冷藏集装箱分电箱供电，再由分电箱向冷藏集装箱供电。由于其前期投资较低，因此应用较为广泛。

中压岸电连接系统(alternative maritime power，AMP)与船舶电站融合技术。AMP系统的容量、构成和布局等均经过多方论证，掌握了固定式AMP和集装箱式AMP在集装箱船上的安装设计，实现了AMP系统与船舶电站的完美融合。为了降低船舶在港口氮氧化物(NOx)和硫氧化物(SOx)等有害气体的排放，世界各大港口逐渐建造了AMP，要求船舶停靠港口时使用码头电源供电。

中压岸电系统分为两类，即固定式和非固定式(集装箱式)。固定式中压岸电系统主要包括：岸电电缆系统、岸电连接屏、变压器、岸电接收屏。

超大型集装箱船的中压交流电力系统通常采用4台或更多的中压交流发电机组作为主电站，船用部分的用电负荷(主要是为主机、电站服务的辅助设备)在进出港状态下为2 500～3 000千瓦；艏侧推装置容量为2 500～3 000千

瓦;冷藏集装箱数量假定在700箱左右(这里指40英尺冷藏集装箱,全船冷藏集装箱的数量因船东的不同需求会有所变化),每个40英尺冷藏集装箱的额定电功率因不同的制造厂而不尽相同,通常在10～12.6千瓦之间,计算时取较大值;它对电站所需要的电功率取决于外界温度、货物性质(设定的温度)、制冷工作方式、冷藏集装箱气密性能和散热情况,等因素。

一定的电压等级决定了一定的电网容量和供电负荷,当电力系统的容量达到一定数值后,采用中压交流电力系统(3～3.3千伏或者6～6.6千伏)是一种很好的选择,它可以大大减小短路电流的水平,可选用标准的中压交流配电柜以降低成本,提高系统的安全性和可靠性,同时还可以节省大量的电缆(粗略估计,中压6.6千伏电力系统所使用的电缆长度和重量为低压450 V系统的10%左右,相应的电缆成本约为低压系统的20%)。

八、大容量输配电系统

超大型集装箱船一般都装载冷藏集装箱,电站容量大,常见总装机功率约为13 000千瓦。输配电网络采用三级电网架构(第一级6.6千伏,第二级440伏,第三级220伏)。超大型集装箱船电网输配电系统架构的设计重点包括:电网的协调性保护研究、配电网络结构优化、中压电网电容电流研究及中性点接地方式选择、冷藏集装箱配电系统优化等。其船用电网的设计、相关设备系统的配置及运行的安全性和可靠性都是超大型集装箱船配电系统的关键点。

为了实现上述的设计重点,采取了如下措施:

一是通过对电网运行进行分析研究,比较了不同接地方式对船用电网的影响,计算了整个电网的电容、电流,研究了断路器保护装置的配置、上下级断路器之间的协调保护,确定了中性点接地方式、低压配电网络架构的优化等。定制出适用于超大型集装箱船的电网协调保护方案,并应用于实船,保证设备发生故障时电网运行的安全性及可靠性。

二是超大型集装箱船型大部分采用“双岛”式构造，即上层建筑不再位于机舱正上方同一垂直区域位置，而位于船体中前部，综合考虑电缆长度、电压降等因素，重点优化了分布式配电网路。根据实船电气设备的空间分布主发电机组布置在机舱区域，艉部交流220伏配电板作为主配电板的组成部分和主配电板一起布置在机舱集控室内；艏部交流220伏配电板的供电范围涵盖了上层建筑内绝大部分的低压用电设备和照明设备。此外，船体中前部货舱内局部照明也由艏部交流220伏配电板提供电力。

分布式低压配电系统的特点是，能够保证远离交流440伏主配电板的供电节点电压降，尤其是可以通过调节艏部两台交流440伏/交流220伏变压器的抽头实现交流220伏电压保持在额定值，从而使远离机舱的交流220伏负载终端压降得到有效控制。对于载箱量众多、主尺度庞大的超大型集装箱船来说，分布式低压配电系统减小了因空间距离造成的“电气距离”，中前部的上层建筑内及货舱内的低压交流220伏设备可以根据额定载流量来选择电缆规格，而无须放大电缆线径，其最大压降均在设备所能承受的范围内，设备依然能正常运行。分布式低压配电网路的另一个特点是机舱与上层建筑之间的船体抗扭箱结构内的电缆数量大大减少，仅为从交流440伏主配电板到艏部两个交流440伏/交流220伏主变压器之间的供电电缆，电缆通道内的拥挤问题得到了较好解决。

三是分析超大型集装箱船中压电网电容电流及漏电电流，针对超大型集装箱船电容电流可能超过5安培的情况，提出中性点接地方式选择的合理建议，使设备成本和系统安全性达到一个平衡点。

四是对辐射型供电、内环供电及外环供电3种冷藏集装箱配电系统进行可靠性、经济性及设备安装空间比较，为船型定制冷藏集装箱配电型式，对冷藏集装箱变压器和插座箱的布置进行优化。冷藏集装箱插座的新型交叉布置的设计理念，是确保同一绑扎桥上相邻的两个冷藏集装箱插座箱由处于船舶左、右舷的两台冷箱变压器供电。当船舶任一台冷藏集装箱变压器或其副边的配电

板出现供电故障，导致绑扎桥上的一部分插座箱无法供电时，船员都能用相邻的插座箱为冷藏集装箱供电，改变了以往集装箱船因电源侧故障，而导致某一片区域所有冷藏集装箱插座都无法使用的现象。在冷藏集装箱的装载方面，为船东大大提升了其选择面及灵活度。

九、操舵系统

集装箱船由于航速较高(有些集装箱船的最大服务航速达到 24～25 节)，故常常会在舵表面的某些部位产生严重的空泡剥蚀，尤其对于半平衡舵，因其固定挂舵臂和转动舵叶之间存在着水平和垂直的间隙，在舵叶转动后，间隙处表面不光顺，容易产生空泡剥蚀。

图 3－75　半悬挂舵空泡腐蚀现象

空泡的主要原因是由于螺旋桨的负荷大，会使舵表面的压力急剧降低，导致在常温下水流会在舵的表面产生类似水沸腾的小气泡，气泡内爆就会产生空泡腐蚀。半悬挂舵空泡腐蚀现象如图 3－75 所示。

针对集装箱船的高航速，全悬挂舵相比较于半悬挂舵，由于不存在挂舵臂和舵叶之间的缝隙，可以在很大程度上减少空泡剥蚀的影响，故目前在集装箱船上得到广泛应用。

与普通的全悬挂舵(图 3－76)相比，带套筒的全悬挂舵所要求的舵杆直径相对更小，舵叶与舵杆连接的强度也能得到保证，还可减小舵叶剖面的厚度比变得较小，降低舵叶阻力。

图 3-76　全悬挂舵

第五节　集装箱船的建造

造船技术是一门古老的技术。随着社会经济的发展，造船工业也在快速发展，充分体现了人类征服自然、改造自然的聪明才智，也最能反映一个国家整体的工业实力。

现代造船模式正在向敏捷制造方向发展，它是一种基于智能技术的造船模式，实施并行设计、异地并行建造、无缝整合技术，使造船效率得到极大提高。

2010 年以后，随着我国集装箱船设计建造技术的快速发展，现代造船技术即模块化造船方法得到了深入的研究和广泛的应用，从总体建造到推进系统、全船控制系统、自动化系统、机电装置、舾装设备纷纷采用模块化技术，尤以居住舱室、机电装置、自动化系统模块化发展最快。国外造船先进国家，舾装单元

已采用标准化、模块化方式。通过机电设备模块化、标准化和过程简单化，减少了船舶在设计、建造、采购等整个寿命周期中运行以及保障方面所需的时间和复杂性，降低了船舶建造和全寿命期间内的总成本。

美国、英国、德国、日本、韩国等众多工业化国家在标准化、模块化造船应用方面都取得了引人注目的成就，并且呈现不断发展的趋势，模块化技术的研究和应用正在导致设计理念、建造流程、维修管理方法上发生重大变革，可以说具有革命意义。模块化建造将能充分发挥标准化和通用化建造方式的巨大作用，有可能成为未来造船业的方向。

1. 高效建造技术

以超大型集装箱船为对象，开展了生产设计技术及标准、船坞快速建造、大型设备及系统完整高效建造、建造精度控制、高效物流、高强钢超厚板焊接工艺和专用工艺装备制造以及模块化舾装技术等建造技术方面的研究，实现了20 000TEU级超大型集装箱船高效建造技术的突破。

对超大型集装箱船生产设计技术和基础标准体系进行了深入研究，创建适应我国造船行业特点的生产设计模式，形成一套用于生产设计的使用指南、作业指导、命名规则、审核要点、评审规定；开发出提高生产设计出图效率的自动设计软件系统，并在实际产品的生产设计中得到应用；应用三维模型数据自动提取软件系统，建立数据统合平台，为超大型集装箱船的生产、建造和管理提供准确的数据依据。依托国内自主研发的20 000TEU级集装箱船，在生产设计技术标准、船坞快速建造、大型设备及系统完整高效建造、建造精度控制、高效物流、高强度钢超厚板焊接工艺、专用工艺装备制造、模块化舾装技术的研究中取得了新的进展。

2. 货舱总段划分技术

考虑到集装箱船中部货舱区域以纵向结构为主，横向肋板结构密度小，故在对集装箱船总段施工物量和搭载施工物量分析后，对总段划分进行了重新审视，对货舱总段划分做了整体性更改，将横向总段划分、上下总段划分更改为纵向总段划分。

高空作业平地化、后道作业前道化一直是船舶建造技术黄金理论之一，总结提出了货舱总段均为前后总组的方案并经过实船建造的验证，目前已经成为集装箱船建造的内部常态。与传统底部全宽总段、舷侧上下总组方案相比，以 23 000TEU 船舶为例，在总段数量上减少了 8 吊次，将总组与搭载施工物量比由原来的 3∶7 变为 7∶3，大幅度提高了施工效率，节约了建造工时。同时，针对抗扭箱分段，制定了正态总组技术，提高了建造精度和施工效率。23 000TEU 集装箱船分段建造示意图如图 3－77 所示。

图 3－77　23 000TEU 集装箱船分段建造示意图

3. 平行中体区域环段建造技术

20 000TEU 级的箱船长度约为 400 米，一艘半建造法受船坞长度限制，规定艉半船长度仅为 160 米，因此艏半船建造周期更加紧张，出坞完整率低是制约集装箱船建造的瓶颈之一。为此，开发出大环段同一船坞中建造、浮态移位合拢技术，在不改变现有场地资源下，将艉半船起浮长度实际等效变为 260 米，将全船贯通周期由原来的半船起浮后 45 天缩短到 25 天以内，为全船贯通舾装

提供约20天周期,同时也实现了节律化建造优化,这对总组搭载劳务效率提升有促进作用。一艘半建造法实际操作图如图3-78所示。

图3-78 一艘半建造法实际操作图

4. 燃料舱模块化建造技术

薄膜式燃料舱的设计建造技术是双燃料23 000TEU集装箱船的核心技术。超大型集装箱船全面采用LNG作为动力,属国内首创。其独有的MARK-Ⅲ薄膜式燃料舱如同一颗"绿色心脏",不仅可以在零下163摄氏度的超低温下安全储存LNG,同时也能在设计航程内保证绿色能源的高效供给,只要加注一次,就可以满足从亚洲至欧洲的整个航程。

在建造燃料舱时,针对燃料舱建造周期长、建造精度要求高的特点,作为国内首次采用这种技术建造燃料舱的相关造船厂,提出了燃料舱结构提前开工、模块化建造、坞内独立施工绝缘的建造方案。在集装箱船的建造过程中有效解决了环段建造进度计划、环段驳运控制、变形控制、环段对接合拢精度等问题,有效控制了建造周期。燃料舱模块化建造示意图如图3-79所示。

5. 环段外协异地协同建造技术

大型骨干总装船厂借助其他配套厂资源,将部分中间产品建造工作整体外包,充分发挥本厂重型装备、关键场地资源、关键工艺工序技术优势,实现装船造船效益最大化。在承建的某大型集装箱船中,将船舶货舱区域分为4个环段

图 3－79　燃料舱模块化建造示意图

整体外协，在货舱完整性良好后，通过大型船舶驳运回厂，吊装入坞直接合拢，这样，可以实现船舶快速成型，也能够缓冲分段总段建造压力。在环段的建造过程中，顺利打通环段外协建造合作界面、物资配送管控、质量管控体系、建造工艺协同、环段平底运输、环段过驳上船、环段海运、环段吊装入坞、环段合拢技术，以及整个建造过程中的精度控制等环节。环型分段入坞图如图 3－80 所示。

图 3－80　环型分段入坞图

6. 绑扎桥整体完整性吊装

绑扎桥是集装箱船的特种结构物，具有结构精度要求高、舾装布置规范要求严、绑扎眼板精度控制难度大、建造过程占用场地资源多、驳运吊装变形控制要求高等特点，是集装箱船建造的关键点之一。在绑扎桥建造过程中，针对绑扎桥特点，制定了绑扎桥整体完整性建造、正态运输、吊带吊装的方案，减少了绑扎桥上船后的涂装返工、舾装安装等以及高空作业的脚手架搭拆的工作量。绑扎桥整体完整性吊装图如图 3 - 81 所示。

图 3 - 81　绑扎桥整体完整性吊装图

7. 大直径艉管镗孔技术

集装箱船建造过程中的镗孔采用分段镗孔和坞内镗孔两种方式，根据中国造船质量标准中镗孔要求，如果采用差值法，对孔径大于 ϕ1 100～1 300 毫米的，圆度、圆柱度公差不大于 0.070 毫米；对孔径大于 ϕ1 300～1 500 毫米的，圆度、圆柱度公差不大于 0.080 毫米。为保证镗孔质量，先进行粗镗孔，再进行端面精镗孔，衬套及密封处精镗孔，再进行轴承处的精镗孔及最后的激光检测。

艉管坞内镗孔实图如图 3 - 82 所示，艉管如图 3 - 83 所示。

图 3 - 82　艉管坞内镗孔实图

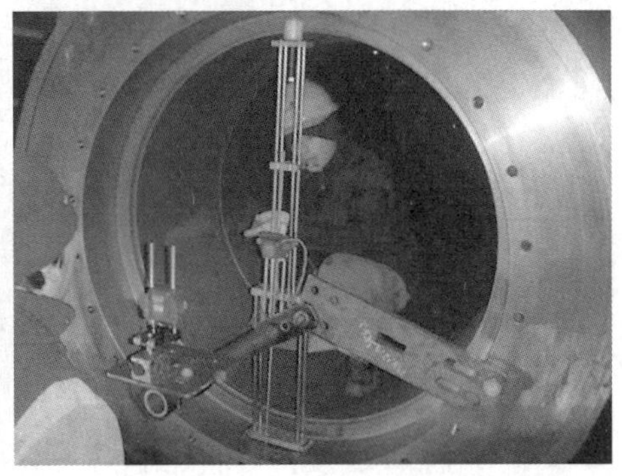

图 3 - 83　艉管

8. 数字化定位技术

数字化船坞定位技术是目前代表世界先进水平的造船技术之一。船坞定位已经迈入了更加科学的全站仪测量定位阶段。通过建立规范化的数字化船坞定位技术搭载网络体系,使旋转标靶等硬件设施逐步完成了标准化建设,实现了坐标系固化并能长期利用。同时,依托高精度测量的全站仪和先进的精度管理软件,统一基准控制所有定位数据,借助全站仪中精度软件在现场自动获取偏差值,使总段搭载定位能够更加精确、迅速,并且持续从积累数据中,分析并优化设计下料尺寸,减少分段制作及总段搭载过程中的无用修割,实现以精确的精度补偿量来指导现场作业,提高了生产效率。集装箱船总段数字化定位示意图如图 3-84 所示。

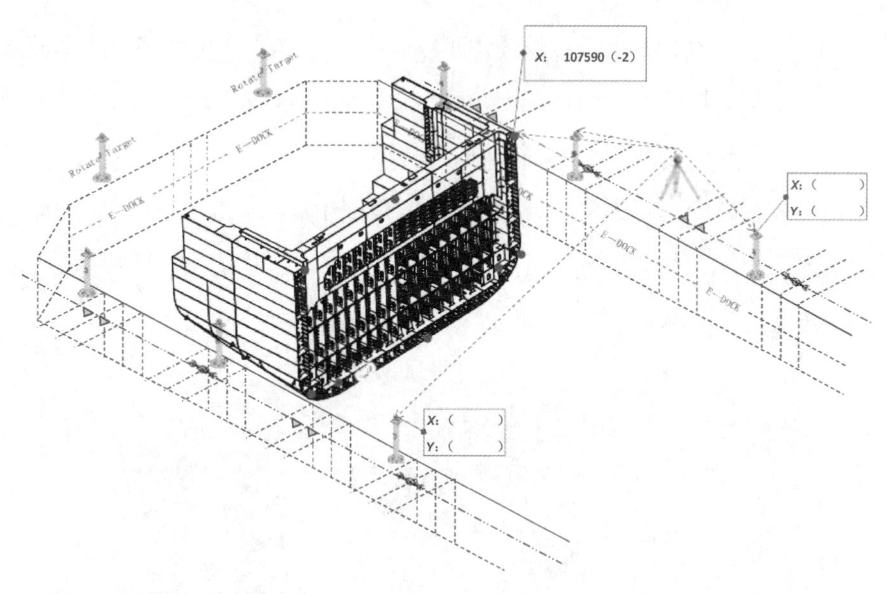

图 3-84　集装箱船总段数字化定位示意图

9. 数字化试箱堆箱技术

三维试箱验证示意图如图 3-85 所示。

集装箱船建造的难点之一在于货舱装箱区域的试箱和堆箱工作,以 23 000TEU 集装箱船为例,其甲板以下和甲板以上的载箱箱位分别为 524 个和 574 个。按照传统建造方案,其中甲板以下每个箱位均需要进行实体试

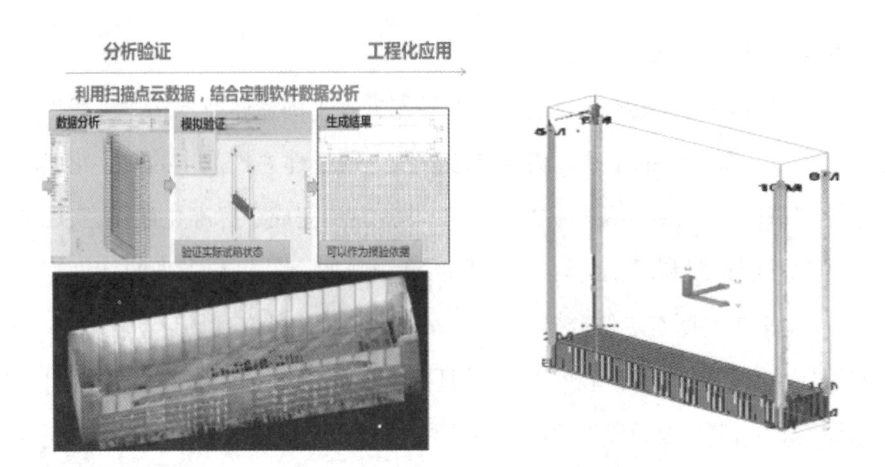

图 3-85　三维试箱验证示意图

箱，甲板以上部分箱位需要进行选择性实体堆箱试验，其工作量大、施工周期长。

随着数字化技术、检测技术和计算机技术等的推广及应用，逐步实现以数字模拟试箱来替代实体试箱，推进模拟绑扎堆箱技术的应用，甚至可以做到取消试箱环节。与传统方法相比，新的模拟试箱堆箱试验大幅提高了试验效率，减少了人工的投入和吊车的使用，缩短船舶建造周期。数字化模拟技术应用实例图如图 3-86 所示。

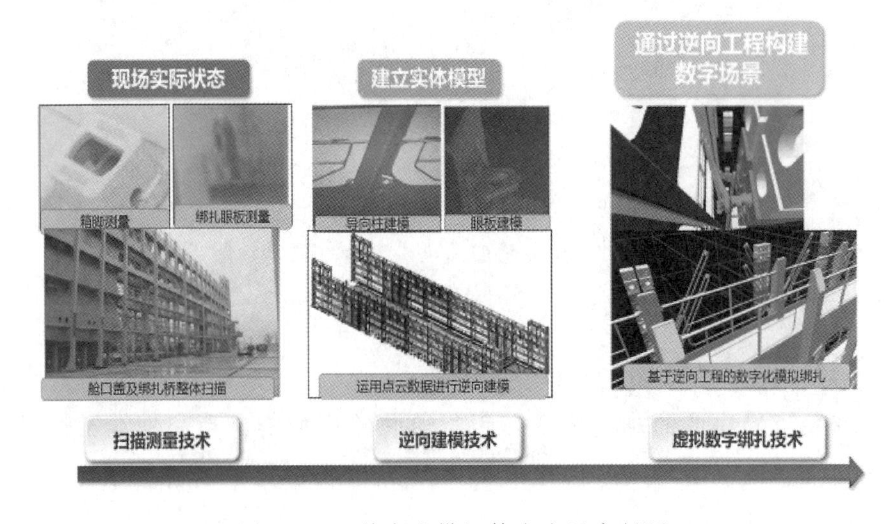

图 3-86　数字化模拟技术应用实例图

第四章
集装箱船引进自创阶段(1980—2000年)

第一节 概 述

集装箱船是现代货物运输主要的运输工具,是海上货运三大主力船型之一,从世界第一艘集装箱船投入营运的那一天起,就引起世界各造船国家政府、航运界和船舶研制者的密切关注。如今,集装箱船的设计建造水平已经成为世界造船国家船舶工业水平的重要标志。

我国集装箱船的发展起步较晚但发展较快,历经引进自创(1980—2000年),快速发展(2001—2014年),创新超越(2015年至今)3个阶段,自1981年自行设计建造第一艘700TEU全集装箱船开始,到2021年自主研发设计建造世界第一艘23 000TEU超大型双燃料全集装箱船,从购买引进到自行设计建造,从跟跑到与造船强国同步,从同步到创新超越,大步迈入世界集装箱船设计建造的前列,走的是一条勇于探索、突出原创、创新跨越发展之路。

我国集装箱船的发展过程,充分体现了党和国家的重视和社会主义制度的优越性。国家将集装箱船的发展纳入国家计划;集装箱船的研究、设计、建造、设备配套,国家政策引领,每个阶段发展目标明确,加之起步时国内造船工业已发展了30多年,为船舶设计建造打下了坚实基础,集装箱船的发展体现了中国速度。

1980—2000 年是我国集装箱船设计建造起步初创时期。在这一期间，国民经济发展，国内、外贸易扩大，促进了集装箱船的发展。在向国外购买二手船、订造和国外设计国内建造集装箱船的同时，国内科研院所与大型造船厂发挥已具备的船舶设计、建造能力，自主开发设计建造了一批 300～800TEU 中、小型集装箱船，船型涵盖全集装箱船、无舱盖集装箱船、冷藏集装箱船、多用途集装箱船，还与国外联合设计建造了一艘被誉为未来型的 2 700TEU 集装箱船。

1981 年以先进技术指标和设计质量中标，为新加坡 NOL 航运公司设计建造了两艘 1.3 万载重吨的 700TEU 集装箱船，1983 年为美国的航运公司设计建造了两艘全集装箱船，1984 年为香港快航公司设计建造了 5 艘“快航”号集装箱船。在“七五”期间(1986—1990 年)，国家经委将集装箱船的开发研究列入国家重点科技攻关计划，中国船舶工业总公司组织科研院所的科研人员，对民用新型船舶、船用设备、集装箱船船型和结构等船舶基本技术展开研究，跟踪国外大、中型集装箱船等高新技术船舶的发展动向，努力提升我国船舶工业产品的设计建造技术，1990 年 5 月成功交付为联邦德国设计建造的当时世界首艘最大的冷风型集装箱船“柏林快航”号。

在“八五”期间(1991—1995 年)，国家将“新型集装箱船设计研究”课题再次列入国家重点科技攻关计划，中国船舶工业总公司组织科研院所及高等院校开展对集装箱船主尺度、总布置、高效推进、节能技术、超宽舱口、狭窄航道航行安全的研究，总结国内外经验，填补了我国在集装箱船设计建造技术方面一些空白，提升了我国集装箱船设计建造水平。中船总公司所属船厂，福建、江苏、长江航运集团所属多家船厂都可承接建造集装箱船，船厂数量由 12 家发展到近 20 家，成批量建造了 56 艘，共 34.3 万吨集装箱船，其中出口船占 80%。

20 世纪 80 年代集装箱运输在世界范围内迅速发展，集装箱船单船载箱量已由 20 世纪 60 年代的 700～1 000TEU，发展到 20 世纪 60—70 年代的第六代载箱量为 6 000～8 000TEU。集装箱海运量已成为衡量一个国家经济发展水平、港航实力和综合国力的重要标志之一。

我国集装箱运输始于铁路运输。1955 年,铁道部成立集装箱运输营业总所,在北京、天津、沈阳、哈尔滨、济南和上海等六大城市的 6 个站开展集装箱运输业务。随着集装箱运输业务量不断增长,到 1958 年已扩大到 18 个站,共有集装箱 5 971 个。1956 年,我国签署《国际铁路货物运输协定》,与中东欧国家开展集装箱国际运输,同时开展上海、大连、沈阳之间的集装箱近海运输,将部分杂货船改造成集装箱船用于运输集装箱。1973 年 4 月,中国远洋运输总公司与日本新和海运达成协议,在中日航线的杂货班轮上使用集装箱,日方派船运来空箱,采用空箱进满箱出,开展集装箱海上试营运。

我国进入改革开放的历史时期后,经济建设快速发展,国内外贸易不断扩大,国家把交通运输业作为优先发展的基础产业,这一决策促进了海洋运输船舶的创新与发展,使我国很快地拥有了自己的集装箱船。因此,组建集装箱船队成为迫在眉睫的大事。

20 世纪 80 年代初,我国先是通过国际合作引进技术,建造了一批中、小型集装箱船。为加快我国造船工业的发展,加大民用船舶的研究开发力度,对内满足日益增长的国民经济发展的需要;对外,中国船舶要走出国门,进入国际船舶市场,在国家经委的支持下,集装箱船的研究开发课题被列入"七五"国家重点科技攻关计划,中国船舶工业总公司组织有关船舶科研院所、船舶建造企业,完成了 2 000TEU 以下集装箱船线型和结构优化,并跟踪国外大、中型集装箱船高新技术的发展趋势,提高了我国船舶产品设计建造水平。中国船舶及海洋工程设计研究院、江南造船厂、广州造船厂、沪东造船厂、上海船厂等与国外联合设计建造了一批集装箱船,其中有以先进技术指标与优惠价格中标出口的有 310TEU、700TEU、2 700TEU 等集装箱船,这些集装箱船除满足国内航运部门的需求外,一部分出口到海外,受到购买船舶的客户的认可和好评。

20 世纪 90 年代,国外大型集装箱船设计建造技术发展迅猛,国家将"大型集装箱船关键技术研究"等项目列入"九五"(1996—2000 年)国家重点科技攻关计划,消化吸收国外先进的设计建造技术,以攻克国际主航线上航行的

4 000TEU 以上的集装箱船和国际支航线上航行的 1 700～3 000TEU 集装箱船的设计建造技术，重点突破超巴拿马型集装箱船的设计与建造，使我国具备了设计建造大型集装箱船的资质，集以往之设计建造经验与能力，设计建造了一批大型集装箱船。

1999 年 12 月，南通中远川崎船舶工程有限公司承接了中远集团的两艘第五代 5 400TEU 全集装箱船订单，这是中远集团在海外订购了 5 艘同型船后首次在国内订购大型全集装箱船。该船具有自动化程度高、营运成本低的特点，制造精度要求严格、建造工艺复杂、高新技术含量高，是当时我国境内建造的最大的集装箱船。首制船"中远・安特卫普"号于 2000 年 4 月开工，2001 年 4 月建成下水。"中远・安特卫普"号的建成，填补了我国在建造大型集装箱船领域的空白，无论是船型还是技术装备都充分体现了当时航运的最新科技成果，属高附加值的高科技产品，推动和促进了我国造船工业的发展。

2000 年，大连造船厂和沪东造船厂分别承接了中海集团 8 艘 5 618TEU 型集装箱船的订单，该类船是顺应船舶与航运市场发展而开发设计建造的第六代超巴拿马型集装箱船，技术含量高，在国内尚属首次建造。它的承接建造，标志着中国船舶工业在高新技术领域取得了突破。

第二节　国外购买和订造

集装箱船的设计与建造能力是衡量一个国家造船水平的重要标志之一。20 世纪 70 年代，限于我国船舶设计建造能力和水平，为满足经济和外贸发展的急需，也为了加快我国集装箱船研制能力和水平的提高，锻炼培养自己的科技力量，提高设计和建造水平，陆续从国外购买和订造了一批集装箱船，实践证明，这对工业水平较低的发展中国家，通过引进购买一些产品，消化吸收，这是实现赶超的好办法。

1977 年 12 月,上海远洋运输公司从国外购进第一艘半集装箱船“平乡城”号,该船既可以装载集装箱也可以装运杂货。这是一艘具有球鼻型船首、方型艉、机舱位于艉部的集装箱船,1969 年 3 月由联邦德国建造,该船总长 117.70 米,型宽 18.00 米,型深 10.00 米,最大高度 37.50 米,满载排水量 10 350 吨,夏季吃水 7.91 米,营运航速 15 节,船舶甲板上最多可装载 70 个标准集装箱,舱内可装载 107 个标准集装箱。定员 30 人,甲板起货机 5 台,最大起重力 22.5 吨。

1978 年 9 月,“平乡城”号装载着 162 个集装箱从上海港驶往澳大利亚,打破了我国国际集装箱运输“零”的纪录。7 000 吨级“平乡城”号小型半集装箱船如图 4－1 所示。

图 4－1　7 000 吨级“平乡城”号小型半集装箱船

1978—1983 年,上海远洋运输公司又先后从联邦德国、芬兰等国购进了 6 艘二手半集装箱船,至 1983 年底,该公司已拥有半集装箱船 7 艘,载箱能力合计为 2 245 个标准集装箱。

1982 年 12 月,上海远洋运输公司从日本买进一艘集装箱船,命名为“沭

河”号(图 4-2)。该船由日本鹿儿岛船厂于 1978 年建成,此为上海第一艘全集装箱船。该船具有球鼻型船首,方型船尾,机舱位于船尾部;船长 107.0 米,宽 18.4 米,型深 9.25 米;船舶最大高度 40.2 米,载重量 8 056 吨,营运航速 14.5 节,续航力 8 000 海里;定员 29 人;全船设两个货舱,舱容积 11 478.1 立方米,额定载箱量 296 个标准集装箱,其中甲板装载 126 个标准集装箱(含冷藏集装箱 10 个),舱内可装载 170 个标准集装箱;两台克林吊,起重力为 30 吨;货舱舱盖开闭为链条驱动式。该船后来改名为“美达”号。

图 4-2　8 000 吨级 296TEU 小型集装箱船“沐河”号

1987 年 11 月到 1988 年 3 月,中国远洋运输总公司从丹麦马士基船舶公司购买了 5 艘原来运行在欧洲至东亚航线上的集装箱船,分别命名为“桃河”“惠河”“顺河”“益河”“剑河”号,投放到香港至美国航线上。这批船是 1968—1969 年由挪威和瑞典船厂建造的,80 年代造船厂将船体接长进行重大技术改造,因而船舶性能较好。该批船均具有球鼻型船首,艉机型,巡洋舰艉,半平衡舵;该船总长 197.07 米,型宽 29.75 米,型深 16.00 米,船舶最大高度 47.4 米;船舶总载重量 25 007 吨;营运航速 19 节,续航力 24 600 海里;定员 33 人;全船设

9 个货舱,舱容积 35 050 立方米;船舶额定载箱量 1 414 个标准集装箱,其中冷藏箱为 60 个标准集装箱。"桃河"号集装箱船如图 4 - 3 所示。25 000 吨级 1 200TEU 全装箱船"惠河"号如图 4 - 4 所示。

图 4 - 3　"桃河"号集装箱船

图 4 - 4　25 000 吨级 1 200TEU 全装箱船"惠河"号

1983 年以来，上海远洋运输公司还先后购买了额定载箱量 1 140 个标准集装箱的全集装箱船“潍河”“沱河”和“滦河”号，以及额定载箱量 270 个标准集装箱的“泾河”号(图 4－5)、额定载箱量 800 个标准集装箱的“龙海河”号和“兴海河”号、额定载箱量 1 200 个标准集装箱的“塔河”号。

图 4－5　6 000 吨级 270TEU 小型集装箱船“泾河”号

上海市锦江航运公司自 1985 年 5 月起先后购进了“通洋”“通运”“通州”“通联”“通顺”“通利”和“通展”号等集装箱船。

为加快集装箱运输发展速度，上海远洋运输公司从 1982—1992 年期间在国外订购建造了 4 批 21 艘现代化程度较高的集装箱船，其中联邦德国建造 14 艘，日本建造 5 艘，英国建造 2 艘。

“洛河”号是 1983 年联邦德国西贝克(AG“WESER”SEEBECK)船厂建造的。该船具有球鼻型船首，方型船尾，半平衡舵；该船总长 170.02 米，型宽 28.40 米，型深 15.45 米；船舶最大高度 51.6 米，总登记吨位为 19 915，总载重量为 26 025 吨，空船排水量 7 900 吨；满载吃水 10.73 米，营运航速 17.7 节；续航能力 15 000 海里；甲板载箱定额 642 个标准集装箱，舱内 592 个标准集装箱，其中冷藏箱插座 60 只。同类型船还有 1982 年 9 月完工的“汾河”号，同年 12 月交付的“青河”号；翌年 5 月交付的“唐河”号，6 月建造完工的“沙河”号，

10 月完工的“辽河”号(图 4 - 6);1984 年 11 月完工的“春河”号和“秋河”号,12 月交付的“银河”号和 1985 年 2 月完工的“潮河”号,共 10 艘。20 000 吨级 1 152TEU 第二代全集装箱船“汾河”号(图 4 - 7)。

图 4 - 6　20 000 吨级 1 234TEU 第二代全集装箱船“辽河”号

图 4 - 7　20 000 吨级 1 152TEU 第二代全集装箱船“汾河”号

随着集装箱运输的不断发展，上海远洋运输公司开辟了中国到日本、东南亚地区的支线运输，需要有数百箱位的中、小型集装箱船。中远公司委托日本造船厂建造了一批420标准箱位的集装箱船。1984年9月接收的“汉江河”号全集装箱船(图4-8)，是由日本下关旭阳船厂建造的。该船具有球鼻型船首，方型艉，半平衡舵；该船总长126米，型宽21.4米，型深10.2米，最大高度41.75米；登记总吨8 282，净吨位3 586，总载重量9 509.9吨；满载吃水7.66米，航速15节，续航力9 500海里；甲板载箱定额212个标准集装箱，舱内210个标准集装箱。同类型船共5艘，其中“汉江河”号、“汉水河”号和“汉涛河”号为日本下关旭阳船厂建造，“怀来河”号和“怀集河”号由日本下田船厂建造。

图4-8　日本下关旭阳船厂建造的“汉江河”号全集装箱船

1985年4月，上海远洋运输公司购进了一艘全集装箱船“香河”号(图4-9)。该船由联邦德国弗伦斯堡船厂建造，可载1 686个标准集装箱。该船具有球鼻型船首，方型艉，半平衡舵；总长200.48米，型宽28.40米，型深15.6米，满载吃水10.42米；船舶最大高度51.59米，总载重量30 940吨，航速16.7节，续航力18 000海里；定员32人。该船全船最大载箱量1 686个标准集装箱，其中甲板上可装载852个标准集装箱，舱内可装载834个标准集装箱，内含冷藏集装箱插座108个。该远洋运输公司购进的同一类型船共5艘，分别由联邦德国三家船厂建造。

图4-9　“香河”号集装箱船

随后，集装箱船日益向大型化、自动化方向发展，自1989年上海远洋运输公司委托英国和联邦德国造船厂建造了5艘自动化程度较高的集装箱船，这批船的载箱量为2 700个标准集装箱，舱内安置有固定集装箱的导轨装置。当年9月，在英国接收的第一艘“泰河”号(图4-10)由英国格拉斯哥高文船厂建造。该船具有球鼻型船首，方型窗框式艉，半平衡舵，装有导流罩；机舱布置在船尾部，该船总长236.12米，型宽32.2米，型深18.6米，船舶总高46.6米；总载重量45 987吨，满载吃水12.02米，营运速度19节，续航力30 000海里；额定载箱量2 716个标准集装箱，其中甲板上可装载1 302个标准集装箱(含冷藏箱插座90只)，舱内可装载1 414个标准集装箱；舱盖板为箱型。英国建造的另一艘船

为“普河”号，1990 年 3 月建成交付。另外 3 艘同类船由联邦德国 HDW (Howaldswerke Deutsche Werfi)船厂建造，船名取为“民河”号，1989 年 10 月交付；“东河”号于 1990 年 1 月交付；“高河”号于 1990 年 11 月交付。该 3 艘船额定载箱量均为 2 761 个标准集装箱。

图 4-10 “泰河”号集装箱船

第三节 国外设计国内建造

上海远洋运输公司在购买二手船的同时，充分利用本国的造船能力，自力更生建造新的集装箱船，加快了我国海上集装箱运输的发展。1984 年 11 月，大连造船厂建造交付了一艘载箱量为 724 个标准集装箱的多用途集装箱船“商城”号。该船具有球鼻型船首，方型艉，机舱位于船尾部，半平衡舵；该船总长 147.5 米，型宽 22.2 米，型深 10.9 米，满载吃水 8.02 米，船体最大高度 44.7 米；总载重量 13 003 吨，空船排水量 5 409.9 吨；航速 14.5 节，续航力 12 000 海里；

定员 31 人;甲板载箱数为 420 个标准集装箱,舱内可装载 340 个标准集装箱,其中冷藏集装箱插座有 40 只。同类型船还有 1984 年 12 月建造的“高城”号(图 4-11),1985 年 12 月建造的“滨城”号和 1987 年 11 月建造的“松城”号。

图 4-11　多用途集装箱船“高城”号

截至 1992 年底,上海从事远洋运输的企业共拥有集装箱(含半集装箱船)船 55 艘,总共可装载 54 688 个标准集装箱。其中,上海远洋运输公司 43 艘,可装载 50 250 个标准集装箱;锦江航运公司 7 艘,可装载 2 361 个标准集装箱;上海新海航运公司 5 艘,可装载 2 077 个标准集装箱。三家航运公司全年承运集装箱货 118.79 万标准集装箱。

第四节　自主设计建造

通过向国外购买、订造和国外设计国内建造使我国工程技术人员学习,了解和掌握了集装箱船设计建造技术,为自主设计建造打下了基础。

国家经委和国家计委把“集装箱船的设计研究”和“新型集装箱船的设计研究”分别列入国家重点科技攻关计划。

在“七五”期间，中国船舶工业总公司先后承担了水运新船型、出口远洋运输设备国产化等国家级科技攻关、开发项目，研究了集装箱船主尺度、总布置、高效节能设备、无舱盖和超宽舱口设计、狭窄航道航行安全以及船型论证和优化，完成了2 000TEU以下集装箱高速运输船舶线型优化、船舶结构优化等船舶基础技术的研究。通过引进国外先进设计图纸资料、与国外合作设计和对外科技合作等方式，有计划地跟踪国际大、中型集装箱船等体现高新技术的船舶，填补了我国在船舶设计建造上的空白，使我国船舶工业在产品设计建造的技术水平上取得了较大的进步，为20世纪90年代进入国际高新技术船舶市场和我国高新技术船舶出口创汇打下技术基础。这一期间，我国自行设计建造了一批300～500TEU集装箱船，并对300～2 000TEU集装箱船进行了系统研究，取得了可喜的成果，先后成功设计建造了700TEU全集装箱船，建成了2 700TEU未来型冷风冷藏集装箱船、邮政集装箱船，以及具有冷藏、无舱盖、具有导轨式等功能的中程航线集装箱船，还与国外联合设计建造了载重量为4 400～6 400吨，可装载310TEU的集装箱船。

第五节　典型船型

一、700TEU集装箱船

1981年初，新加坡NOL公司分别向中国船舶工业总公司、日本和韩国等造船公司发出了关于700TEU全集装箱船的询价。中国船舶工业总公司即以当时已准备在国内建造的航速为15节，载重量为12 300吨，最大载箱量为700TEU的多用途集装箱船参与投标，并将投标任务下达给中国船舶及海洋工程设计研究院。该院在短时间内完成报价方案，以先进的技术指标和设计质量中标。

700TEU 集装箱船(图 4-12)按英国劳氏船级社(LR)规范设计,挂新加坡旗,服务航速不低于 17 节。该 700TEU 集装箱船均质装载 14 吨的集装箱,初稳性高度不小于 0.5 米;动力装置为废气透平发电机或轴带发电机。该船由中国船舶及海洋工程设计研究院承担方案设计、合同设计和技术设计,江南造船厂承担施工设计和建造。

图 4-12　700TEU 集装箱船

该船总长约 161 米,垂线间长 148 米,型宽 25 米,型深 13.2 米,设计吃水 8.0 米,载重量 13 300 吨,结构吃水 9.7 米,最大载重量 18 400 吨,服务航速 17.6 节,续航力 22 000 海里,耗油量 33.74 吨/天,定员 32 人。

该船设计特点:

(1) 船型。本船为设有短艏、艉楼、倾斜艏柱、梨形小球鼻艏、方艉、单舵、艉机型中速柴油机减速推进、设有克令吊和集装箱导轨的全集装箱船。

(2) 装载和稳性。在设计吃水时,700TEU 平均箱重为 12 吨时的最小初稳性高度满足 0.4 米要求,在其他各种装载工况下,初稳性高度均大于 0.4 米,符合英国商务部关于集装箱船的稳性检验标准。

(3) 船体结构。船体结构按英国劳氏船级社规范设计,船的底部结构和抗扭箱部分的结构采用纵骨架式,其余部位均为横骨架式。

(4) 起货设备。全船设有两台电动液压单克令吊,起重量为35吨,最大回转半径分别为26米和32米。

(5) 集装箱设备。本船的集装箱设备适应在货舱内装载箱高为8层的20英尺或40英尺的集装箱。舱内设有导轨。另外,甲板上可装载50个20英尺或40英尺冷藏集装箱,其监控板设在公用办公室内。

(6) 货舱口及舱盖。该船设有4个货舱,采用吊离式舱口盖,满足风雨密的要求。

(7) 压载与横倾平衡系统。全船设有14个海水压载舱,用于调整各种装载工况下的稳性和纵倾,以及装卸货时的横倾,以保障船保持良好浮态。

压载系统各管路均可分别与机舱内的消防总用泵、舱底泵和压载泵接通,用于压载舱的注、排水。除连接横倾平衡系统的压载管路设有电动三位四通阀遥控外,其余压载管路均在机舱内设有手动阀。

该船为国内首次设计,主要解决了以下技术难题:

(1) 该船在主机功率13 269马力[①],转速429转/分时,最大航速达18.9节,自投入营运以来营运速度一直保持在17.8节,满足合同不小于17节要求,快速性能优良,从未延误过班期。

(2) 舱室减振。该船的上层建筑高达7层,由于需控制重量,板材厚度较薄,上层建筑易发生纵向振动。为防止纵振,在估算的基础上,对螺旋桨及上层建筑的纵向结构进行适当加强。试航中振动测量数据表明,振动情况良好,其测量值满足国际船舶振动标准要求。

(3) 舱室降噪。为降低舱室噪声,将上层建筑与机舱棚和烟囱分开,并采取了一些隔离措施。经试航实测舱室噪声值表明,舱室噪声均低于国际船舶噪声标准。

该船首制船和后续船分别于1984年4月和9月竣工交船。经试航和投入

① 1马力=0.735 498 7千瓦。

营运航行证明,设计建造质量、总体性能和经济性等方面均可与当时国外设计建造的同类船舶媲美,得到船东的好评。

该船于 1984 年被评为上海市年度创新赶超优质出口产品和中国船舶工业总公司优质产品,1985 年荣获国家科技进步奖三等奖。

二、131TEU 邮政集装箱船

1984 年,中国船舶及海洋工程设计研究院承担了 131TEU 邮政集装箱船(图 4 - 13)的设计,上海东海船厂承担建造,1988 年 2 月交付使用。

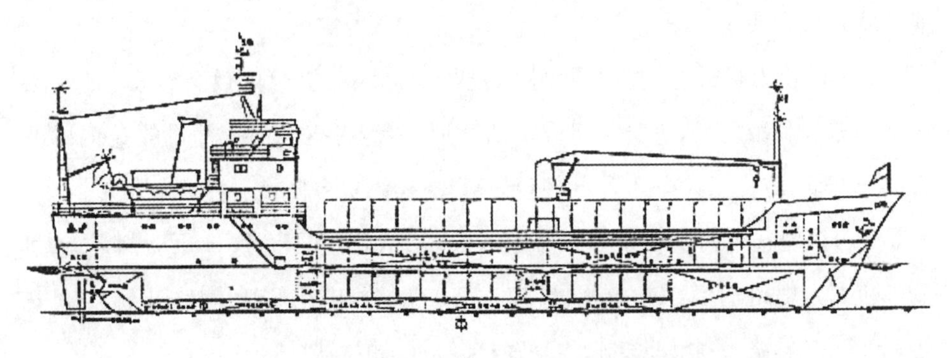

图 4 - 13　131TEU 邮政集装箱船示意图

该船为艉机型,单桨、单舵、柴油机驱动,总长 71.24 米,垂线间长 65.70 米,型宽 11.40 米,型深 5.40 米,设计吃水 3.70 米,载重量 770 吨,集装箱装载量 131TEU,服务航速 13.2 节,续航力 2 500 海里,入级中国船舶检验局(ZC)。该船主要航行于大连、上海、宁波、温州、广州等沿海港口Ⅱ类航区,以运输 5 吨邮件集装箱为主,同时亦可装载散装邮袋。

该船设计特点:

(1) 结构设计合理。船体材料为普通船用碳素钢,结构为纵、横结构混合式;货舱区域设舷顶抗扭箱,抗扭箱内为纵骨架式;抗扭箱下舷侧、双层底、机舱、船首、船尾部结构均为横骨架式。

(2) 货物装载方便。该船的绑扎装置均采用钮锁系统,货舱内不设导轨，在货舱内底板和下甲板上、货舱内和甲板上（包括货舱盖上）装载集装箱共 131 个，在集装箱的每个角隅处设有复板，并在其上设置供钮锁用的箱脚，两层集装箱间也用钮锁连接，均设有供钮锁用的底座。所有的转锁及底座均自行设计、试制，供集装箱装卸时使用。

货舱盖为钢质、吊离式风雨密舱盖，每个舱盖均由 4 块盖板组成，横向接缝处及四周均设有水密橡皮及压紧扁钢，顶部横接缝处采用楔形压紧器，四周采用快速压紧器，以确保其密封性，每块舱盖均设有限位装置，舱盖顶部设有集装箱用的箱脚及起吊眼板。舱盖强度除满足规范要求的环境载荷外，在舱盖上尚能装载一层集装箱。

(3) 该船为艉机型，艉部线型较尖瘦，加上该船机舱内设备较多，布置困难。为充分利用空间，机舱内架设了回字形平台，将机舱前壁铺设的花钢板进行局部降低，方便了设备布置，也使泵等设备操纵更方便。

(4) 该船选用两组 6135Zcaf 柴油发电机组，配置两台 T2H2XV－90－4 型发电机。发电机功率：90 千瓦，转速 1 500 转/分，电压 400 伏特，电流 162 安培，频率 50 赫兹，三相三线制，相复励自激恒压调压器。

两台发电机能依靠手动准同步及电抗器组同步并车，从而实现并联运行或调换发电机组。此外，空调采用中速集中式空调系统，制冷压缩机 4F10、R12，制冷量为 69 千瓦（60 000 千卡/时），空调风机功率 5.5 千瓦。螺旋风管布风器、空调装置布置紧凑。

该船满载航行，各项性能指标均达到设计任务书的要求，特别是在遇到九级风浪时，船体没有产生任何变形；一次突发事故中与一艘 1 000 多吨的货船相撞，本船首部外板只是略微下陷变形，没有影响正常航行。用户对本船设计建造质量满意，因此又建造了第二艘。

三、2 700TEU“柏林快航”号集装箱船

1987 年 4 月，沪东造船厂与联邦德国哈劳公司在汉堡签订了 2 700 箱集装

箱船建造合同，由沪东造船厂和联邦德国雪夫考公司联合设计，1988年3月15日开工建造，1989年4月25日下水，命名为“柏林快航”号，1990年5月8日交付使用。

该船是当时上海造船行业承建的最大出口集装箱船，也是成交额最大的一项出口合同。该船总长233.915米，垂线间长220.415米，型宽32.2米，型深18.8米，结构吃水12.5米，设计吃水11.0米，结构吃水时载重量为41 700吨，设计吃水时载重量为32 800吨，航速21节。

该船具有单桨、S型球艏，不对称球艉，双底、双壳、单舵，两层纵通甲板为艉机型。低速柴油机直接驱动的全导轨型集装箱船，可载运2 716个20英尺普通集装箱，内含154个独立制冷式冷藏集装箱，544个集中通风冷藏集装箱。

该船体线型经优化，采用多项节能措施，高速低耗，布置合理且紧凑，充分有效地利用空间，以增加集装箱载箱量。该船自动化程度高，操作灵活方便，船员少，生活设施齐全，船员生活舒适。

该船首部呈球鼻形，以降低阻力。艏侧推导管之后设置了一个平稳管道以减少船首侧推装置转向时水流在船侧产生的阻力，以加大船舶回转的角速度，从而提高船舶操纵的灵活性。

该船采用不对称球艉线型，相对旋转效率比一般常规船尾要大得多，因而提高了螺旋桨推进效率，加快了航速。另外，在设计中采用集中制冷式冷藏系统，冷藏机组设在机舱内，设备分布在左、右通道上，利用氟利昂冷却盐水，用盐水冷却空气，冷空气流经集装箱内时以冷却其中的货物，根据货物保鲜要求，调节不同的温度，这与单独制冷的冷藏集装箱相比可节约50%的营运成本。

该船系统工作安全可靠，对每组集装箱都可以单独提供所需温度和湿度的冷却空气，从而获得不同的冷冻效果，又充分地利用了集装箱内部容积。同时，在主机的不同负荷工况下，自动调整发电机频率，从而相应地改变为主机服务的泵浦及其他辅机的转速、排量与压力，节约了电能。

该船机舱设有中央式冷却器，这是一种其艏艉端与舷外水相通的中央冷却器。其利用船在航行时水流的流向，海水自冷却器的首端流进冷却器。海水冷却器里的淡水可用来冷却主、辅机汽缸，这样可以省去海水冷却泵，达到节能的目的。

该船设有船舶管理操作中心，位于驾驶甲板右舷，由 APPA 雷达、主机遥控操作板、自动舵、导航信息显示器等必要的仪器围绕于操作员的周围，如同飞机的驾驶舱，在船的中心线上还设有普通的操舵手柄和罗经复示器，当操作中心设备出现故障时，可利用它以普通操船的方式来驾驶船舶，所有设备装于高度仅一米的操纵台上，整个驾驶台显得宽敞清晰。管理中心设置在主甲板的专用舱室内，对集中制冷的冷藏集装箱系统进行管理和操作。中心还对全船压载水、舱底水、燃油（柴油）供给输送以及燃油舱蒸汽加热系统进行液压遥控，对电站进行自动控制和遥控，对船舶压载、防倾平衡进行遥控，对机舱及船首艉区域设备进行监控报警管理。

为了减轻船体结构重量提高航速，该船采用了大量轻质高强度合金钢，其焊接总长度达 10 千米，占全船焊接量的 1/3。在该船设计建造过程中，先后攻克了管系镀锌、投油周期长等技术难题，保证了总管投油 100％密封；用模块安装法安装货舱区域导轨架，攻克了冷藏系统 546 个温度传感器冰点试验、制冷试验交换过程中升温等难题。

“柏林快航”号 2 700TEU 集装箱船（图 4－14）与日本、韩国建造的同型船相比，每米船长可多载 1.3 个标准集装箱。该船除可对装载的 2 700 个集装箱中储藏的蔬菜、瓜果进行自动调温，做到冷风保鲜外，还可由一人驾驶、完成包括离、靠码头在内的所有操作。该船被国际造船界称为“未来型”船舶，日本《海事报》、美国《商业日报》等国外报刊，均发表过文章对该船进行了介绍。该型高技术船的建成，提高了中国在世界造船界的地位。

1990 年，2 700TEU 箱船先后荣获中国船舶工业总公司优质产品奖、上海

图 4－14　“柏林快航”号 2 700TEU 集装箱船

市赶超优质产品奖、上海市优秀新产品奖一等奖、国家金质奖，1991 年荣获中国船舶工业总公司科技进步奖一等奖，1993 年荣获国家科技进步奖一等奖。该船舱口盖的设计制造与安装，1991 年荣获中国船舶工业总公司科技进步奖三等奖。

四、300TEU 全集装箱船

300TEU 全集装箱船“天燕”号(图 4－15)是按出口船标准设计建造的，供国内船东使用的第一艘导轨式全集装箱船。该船由中国船舶及海洋工程设计研究院设计，芜湖造船厂建造，天津市海运公司营运。

该型船后续船两艘，船东为新加坡 NOL 公司，求新造船厂建造。

该船为倾斜艏柱、球鼻艏、球艉、单螺旋桨、半平衡流线型单舵、艉机型、导轨式全集装箱船，无起货设备。

该船总长 119.302 米，垂线间长 110.00 米，型宽 18.00 米，型深 8.50 米，设计吃水 5.80 米，结构吃水 6.50 米，载重量 6 742 吨(6.50 米吃水时)，载箱量为

图 4－15　300TEU 全集装箱船“天燕”号

舱内 151TEU，甲板上 208TEU，总计 359TEU；主机型号 B&W 6K45GF，功率 4 500 马力，转速 220 转/分，试航速度 15.793 节，服务航速 14.42 节，续航力 10 000 海里。

该船共设置 3 个货舱，货舱为双壳结构，除双层底外尚设舷顶边舱；全船结构按英国劳氏船级社规范设计，采用低碳钢；货舱区域的双层底内及抗扭箱的顶部、侧壁结构采用纵骨架式，其余为横骨架式；货舱采用自然进风机械抽风，机舱采用机械通风，居住处所均采用空调。

该船的设计充分考虑了沿海及长江中、下游港口、航道及货源等条件，适合在沿海、江海直达航线及短程国际航线上航行，尤其适用于在天津、上海、福州、香港、台湾等航线上进行集装箱运输。随着集装箱运输业务的发展和对外贸易的需要，作为中、小型集装箱船，该船是一种适用范围广具有竞争力的船型。

该船有如下设计特点：

(1) 在 300TEU 集装箱设计中通过优选主尺度和合理布置，集装箱装载数由原定的276箱增加到303箱，其中包括20个冷藏集装箱，增加了近10%的运输能力，以后又通过合理压载调整稳性，在甲板上又可以增加装载第三层集装箱，计56个集装箱。300TEU集装箱船如图4-16所示。

图4-16　300TEU集装箱船

(2) 根据集装箱船在航行班期要求准确、抗风性能要强、甲板货比重大，该船考虑了航区风浪的特点采用了节能效果好的球鼻艏、球艉，适应装载大量甲板货的大水线面系数，线型经反复试验改进，达到了高航速、合理稳性和优良的适航性，使该船在9～10级风中仍能正常航行。

(3) 对甲板大开口结构选用了合理的结构、抗扭措施和构件尺度，既保证了总纵强度和抗扭刚度，又节省了钢材，减轻了重量，经实际装载及大风浪中航行的考验，集装箱在导轨中安放、起吊方便，导轨间距未产生不利变形，证明船体总体强度好、扭转变形小，舱口水密性好，空船重量轻。

(4) 集装箱导轨系统及绑扎系统设计合理，40英尺箱格中能混装20英尺集装箱。也可以混装8英尺、8½英尺、9英尺高度的集装箱。由于设计了电动三位四通阀控制的横倾调节系统，因而装卸时能按需要快速控制横倾，更便于集装箱吊装。

(5) 为充分利用我国库存的国外主机，该船在设计建造时就确定选用库存的南斯拉夫制造的主机。该机型较旧，油底壳铸造质量欠佳，但在设计中经过周密调查分析，为了确保长期安全运转，确定降功率使用，并选定了合理的常用功率和转速。实践证明，主机功率、转速选定合理，在燃用 1 500 秒重油的条件下，主机能长期按预定要求保持在 220 转/分、4 500 匹马力的持续功率下安全运转。

(6) 该船主机、锅炉燃用 1 500 秒重油，发电机采用混油装置燃用重油，并设置了质量可靠的分油机混油装置、黏度控制器等，以确保主机和锅炉能够长期燃用劣质燃料。除采用劣质燃料外，还采用了废气锅炉和主机冷却水制淡装置以便充分利用排出的废热和套缸水热量，降低燃料费用。

(7) 在锅炉设计及选用上，设计团队经过精心考虑，大胆采用由沙洲锅炉厂制造的锅炉本体，部分元件采用由国外进口，国内配套的方式。实践证明，这样做既保证了质量，又节省了外汇。这在当时还属于首创，获得了上海海运局等船东的称赞。

(8) 在舱室布置上，充分做到空间布局合理、乘坐舒适，千方百计降低噪声对居住舱室的影响。对主机集控室的布置，采用陆地建筑的音乐录音室设计，即在舱室中再设计一个弹性结构的围护空间——浮动集控室。经实测，居住舱室噪声值为 55～63 分贝，机舱集控室为 72 分贝，均低于有关标准所规定的噪声值。

(9) 该船在设计建造中立足国内现有条件，除了在电气配电和控制设备上采用进口元件外，其他都自行设计建造，既节约了外汇，又促进了国内造船技术的发展。自行建造的船舶电站国内大成套，电站通过在陆上和船上大成套试验，大大缩短了船上试验时间，降低了费用，促进了电站专业化生产。实测证明，所有指标达到或超过国外同类设备水平，经多年营运，质量可靠，船东十分满意。

1989 年 3 月,求新造船厂与新加坡 NOL 公司签订了建造两艘 300TEU 集装箱船的合同。该船由中国船舶及海洋工程设计研究院承担技术设计,求新造船厂负责施工设计和建造。第一艘“DRAGON JAVA”号和第二艘“DRAGON SENTOSA”号分别于 1990 年 11 月和 1991 年 3 月顺利交付使用。这是求新造船厂首次建造出口船并获得成功,更难能可贵的是在当时各造船厂都认为建造出口船亏本的情况下,沪东造船厂不仅未亏本而且赢利。

根据船东的要求做了如下的技术修改:

在集装箱布置方面,该船由双排舱口改为单排舱口,并配置了两台 36 吨的回转吊车,使船上能自行装卸 20 英尺、40 英尺集装箱及起吊钢质箱型舱口盖。本船设计中均采用国际上集装箱重量计算的方法,全部以平均箱重计算,结果取平均箱重为 11.5 吨/TEU,并将甲板设计为大部分均可装载 3 层箱以增加装箱数。

在集装箱船的设计建造中,采用引进国外专利国内自行生产的方法,对国产的 B&W 6L42MC 主机拟增加功率×转速替代缘由南斯拉夫进口的老旧机型 B&W 6K45GF,这样,既降低了油耗又提高了推进效率。

该船压载试航实测航速达 17.425 节,较船模试验预报的 17.13 节略高,并按此换算至服务航速为 14.88 节,并将上层建筑前端壁与机舱前端壁对齐,进一步改善船体振动。该船改进救生艇布置,居住舱室所在的甲板伸至两舷,增加居住面积。

在设备配套及材料选用上充分考虑安全可靠性。这样,既能提高造船厂的经济效益,又能降低成本。锚机、系缆绞车、回转吊机、救生艇及艇架、艇机等舾装设备,均选用了质量可靠的产品。锚机及系缆绞车采用电动液压动力;锚机由两个链轮、4 个主卷筒及两个副卷筒组成;系缆绞车由 2 个主卷筒及两个副卷筒组成,均带自动系缆装置,以减轻劳动强度;选用的转叶式电动液压舵机,体积小、结构紧凑、操纵灵活、安装方便,还可省掉上舵承装置。

主机选用沪东造船厂根据 B&W 公司专利制造的 6L42－MC 主机，属国内首制。该机型当时在国外也仅制造过 5 台，试制成功后，沪东造船厂还收到了批量订单。

该船配置 400 千瓦柴油发电机组 3 台，实际航行时用电量为 250 千瓦左右(不开空调机组，不带冷藏集装箱)，按此推算，本船开空调航行时用电量在 320 千瓦左右，开一台发电机，负荷率为 80％左右，与技术设计设定值相符，选型合理。

该船设计合理，抗风能力强，具有极佳的航行性能，机电设备可靠，在航率达到 96％时，航次载箱率平均达 73％，显示出较高的经济性，受到船东的欢迎。

该船 1994 年荣获中国船舶工业总公司科技进步奖三等奖。

五、230TEU 全集装箱船

230TEU 全集装箱船是由中国船舶及海洋工程设计研究院设计、江州造船厂建造、深圳船舶贸易公司收购，出口新加坡的出口型船舶。船东为新加坡协成私人船务有限公司。

230TEU 全集装箱船(图 4－17)为钢质、单甲板(具有艉升高甲板)、单桨、柴油机推进的导轨式全集装箱船，总长 92.50 米，垂线间距 84.00 米，型宽 17.60 米，型深 7.60 米，吃水 6.00 米时，载重量 4 465.6 吨，适合装载 20 英尺和 40 英尺集装箱，并可在甲板部分处所装载少量 45 英尺集装箱，最大载箱量(甲板上可装载 3 层集装箱)为 290TEU。该船入级英国劳氏船级社，挂新加坡旗，主机为 B&W MAN 5L35MCE 船用柴油机(一台)。该船机舱集控，服务航速为 13.1 节，续航力 6 000 海里；定员 17 人；该船具有倾斜艏柱、球形船首、方艉和半平衡流线型舵；设有艏楼和艉甲板室，机舱、居住舱室和驾驶室均位于艉部，艉甲板室共 5 层。

全船设 5 道水密横舱壁，把船分隔成艏尖舱、应急消防泵舱、两个货舱、机舱和艉尖舱。货舱区域设双层船壳，艏部、艉部及机舱结构为横骨架制；货舱区

图 4 - 17　230TEU 全集装箱船

的纵舱壁、甲板、抗扭箱双层底结构为纵骨架制;每一货舱设两个货舱口,货物集装箱可装载在货舱内、甲板和舱盖上以及机舱上方;每个货舱口采用艏、艉两块风雨密舱口盖,每块舱盖重量不超过 20 吨;在舱内为 40 英尺集装箱设置导轨系统,除两侧纵舱壁处设 Π 型导架外,在每两列之间设一立柱,该柱由纵向拉条支撑;在甲板及舱盖上使用转锁紧固,对 40 英尺集装箱两端采用绑扎杆绑扎。

该船设计特点:

一是优化主尺度。

该船主尺度是按经济性和集装箱装载要求来确定的。经过主尺度优化提高了载箱量和平均箱重,降低了前期投资,增加了营运效益。

该船通过总布置设计缩短了机舱长度,船长控制在 85 米以内,节约钢料用量,减轻船体自重。考虑到国际上对货船破损生存能力的适用范围有扩大的趋势,以及为了确保船舶安全,该船设两个货舱,两个货舱之间的间距缩短到两个肋距长度,船长也缩短到 84 米。按照船的宽度,在甲板上横向紧凑地布置了

7 列集装箱，减小了方形系数，改善了快速性。而型深按舱内装 3 层集装箱的要求，升高艉部甲板解决主机吊缸对高度的要求。结构吃水按载重线规范最小干舷的要求，以尽量增加载重量。

二是优化线型，便于安装节能装置。

该船在线型设计时方形系数比常规船的略小，舯剖面系数、水线面系数均按常规方形系数相配。球鼻艏采用 S－V 型，兼顾了满载和压载两种工况，球鼻的大小和长度与方形系数(C_b)及傅汝德数(Fr)相匹配。由于 B/T 较大，在艉部线型设计时减小了去流角，以避免流体的分离。

该船快速性已达到合同的要求；但考虑到更高的技术指标可以吸引后续船东以及改善艉部流场的流畅性，减少船体及上层建筑的振动该船进行了加装节能装置的船模试验。经试验研究，采用了三种节能措施——螺旋桨前左上方加装进流补偿导管，船尾缘加装整流隔板和安装舵球。采用上述艉部节能组合装置后可使满载航速提高约 0.25 节，船模试验预报服务航速为 12.95 节，经实船试航，达到 13.1 节。

三是优化总布置和船体结构。

为了增加载箱量，除了在货舱区域的甲板上及舱盖上装载集装箱外，在机舱前部上方也设置了一行 20 英尺集装箱的安放处。这样的设计当时在国内是首次采用。压缩上层建筑的空间并靠近艉部，不仅提高上层建筑面积的利用率同时又使结构构件上下对齐以增加刚度，减小振动。参考建筑科学的一些做法，利用封闭、屏蔽等方法控制噪声，提高环境质量。

为了缩短机舱长度，主机布置在机舱前方，发电机组布置在机舱后部的平台上。由于机舱前部上方要布置集装箱，主机和分油机的排气和进气管不能直接向上穿出甲板，因此将管系向后经过发电机上方再穿出甲板开口进入烟囱，解决了机舱布置的困难。

该船货舱开口宽度为 13.5 米，属非常规型的大开口船。设计中特别注意货舱区抗扭箱部位设计；经过详细计算确定了甲板、舷侧顶列板、纵舱壁和纵骨的尺寸;货舱后端靠近机舱处采用负角隅;纵向构件尽量延伸,避免在货舱段甲板上开口或作加强处理。货舱双层底、纵壁和平板龙骨板厚增加1～2毫米的腐蚀裕度。

经多方案比较,主机选择了5缸机,由于5缸机存在不平衡力矩,因此对艉部及机舱区的结构均做了适当加强,增加了主机横撑,经交船试航和营运,未发现较明显的振动和任何结构性破坏。

四是优化20英尺集装箱导轨。

根据要求货舱内能够进行20英尺和40英尺集装箱换装,因此两个20英尺箱纵向仅一端有限定横向位置的导轨,另一端只能装限定横向位置的压紧器导轨。由于两列箱子间距仅200毫米,且横向又不能有任何支撑,为解决这一难题,在两侧靠纵舱壁处设置了导轨,在列与列之间设置Ⅱ型导轨,纵向用拉条拉住,在使用中允许该导轨有横向变形,集装箱在船舶横摇运动时的横向力通过Ⅱ型导轨和其他各列箱子传递到纵舱壁上。而20英尺箱这一端的纵向位置由插入内底板活动堆锥来限定。实践证明,这一套系统在营运过程中使用良好,且成本低,在国内尚无先例。可循解决集装箱装卸过程中发生船舶横倾,造成集装箱卡在导轨中,船上设置了横倾平衡系统,调节船舶的横倾。

五是优化主机选型和轴系。

为了节省外汇,主机由进口6S26机改为引进专利制造的5L35MCE柴油机,但使用5L35MCE柴油机将会带来两大问题：一是扭振问题。设计中采用高强度合金钢代替普通钢,减小中间轴轴径,使单级5次共振转速避开常用转速,又不影响主机最低运行转速(船舶最低航速),并使双节点共振转速不致落入常用的转速范围内。另一个问题是主机二次不平衡力矩引起的船体振动,在采用相同机型的船上往往由于该不平衡力矩,使船体振动不止,为了解决此问题,合理选择布置侧向支撑的方法和位置,使船体振动大大降低。

六是优化机舱布置。

该船机舱布置有两大难点：一是在主机功率尽可能小的情况下,为了提高

航速，机舱部分的线型做成了V型，因此机舱底部需布置大量设备的地方线型狭小；二是为了多装载集装箱，将上层建筑和机舱棚后移，造成排气管和风管布置困难。

为解决上述难题，设计中采用了综合立体布置的方法，将能升高布置的设备尽量升高，能上下交叉重叠布置的设备尽量重叠布置，充分利用边角空间。在风管设计上采用靠近两舷布置的方法，使风管不影响主通道和设备布置，从而确保了主通道和设备检修通道的畅通，方便了设备阀门操作维修；保证主机起吊行车路线的畅通；保证了机舱通风畅通；保证了机舱前舱壁处、阀门、管路和通舱管件的合理安排。

1996年，该船荣获中国船舶工业总公司科技进步奖三等奖。

六、412TEU集装箱船

412TEU集装箱船（图4-18）是由中国船舶及海洋工程设计研究院1991年1月设计，求新造船厂建造的，于1992年11月交船。船东为天津海运

图4-18　412TEU集装箱船

公司,主要航行于天津至香港或我国沿海各港口之间的航线上,也可航行于日本、越南及东南亚各国之间的航线上。

该船总长120.9米,垂线间长110米,型宽20.2米,型深8.5米,设计吃水6.38米,载重量7 358吨,服务航速(10%海上裕度)14.6节,续航力10 000海里,空船重量6 137吨。

设计特点:

(1) 线型设计,特别是在球鼻艏和球艉部分,在L/B减小而B/T增大的不利条件下,优选线型设计,采用装设导管、整流隔板等措施,达到规定的航速指标。

(2) 在螺旋桨前上方加装左侧L型导管,在纵中剖面处加装整隔板及舵球,组成组合的节能装置,使满载航行时节省主机功率6.3%(或提高航速0.22节),压载航行时节省主机功率4.6%(或提高航速0.13节)。

(3) 采用0.817为货舱开口与船宽比,解决其抗扭转强度等问题。投入营运后,根据1993年一年的营运实绩,短时间内船东可还清了贷款,经济效益较佳。

七、12 300载重吨多用途集装箱船

12 300载重吨多用途集装箱船由中国船舶及海洋工程设计研究院设计,新港造船厂建造,能装运集装箱、散装谷物、原木等多种货物,是一艘出口孟加拉国的远洋多用途集装箱船。

该船是一艘柴油机驱动单螺旋桨推进远洋集装箱船,具有前倾艏柱带有球鼻艏,方艉,设有节能前置导管。这艘集装箱船除满足国际航行的有关公约、规则外,还能满足苏伊士运河、巴拿马运河、圣劳伦斯航道和澳大利亚码头工会的有关规定。

该船设计特点:

为提高快速性,线型采用球鼻艏,艉部采用小球尾安装节能前置导管,满载

服务航速时节能效果达到7.9%，并可改善螺旋桨进流，使船身效率和相对旋转效率都有所提高。

该船以装运集装箱为主，还可装运原木和散装谷物。为满足装运这3种货物对货舱提出的不同要求，提高装运集装箱的速度，货舱内设有集装箱导轨，货舱区域端部两侧，由于线型收缩，须设置平台堆放集装箱，为适应装运多种货物需要将集装箱导轨做成可拆式，堆放集装箱的平台也为可拆式。集装箱导轨要承受集装箱在船摇摆时产生的纵向和横向各种作用力，要具有一定的强度，集装箱导轨和集装箱的间隙仅几十毫米，需保证使用安全性和拆卸便利性。

为了减少局部振动，该船6层甲板室的前壁和侧壁均设置在一个垂直平面内。居住舱室内设置上下对齐的钢质围壁。螺旋桨叶稍和船体外壳之间的距离加大，使螺旋桨的激振力不易传到船体上以减少振动。为降低噪声，机舱监控室设置浮动地板，四壁敷设隔音材料，保证机舱噪声不易传到生活区域。另一方面，机舱风机远离生活区，居住舱室的围壁及门采用防火吸声材料，以降低舱室噪声。

该船共设置两台克令吊，一台为D2×S20/28双克令吊，一台为S36/30单克令吊。克令吊设置在舷侧，以便舱口盖能折叠存放在舱口之间的甲板上，也方便集装箱布置。克令吊及基座的设计是应用有限元进行应力分析，以此来满足船舶在圣劳伦斯航道上航行的要求，将舱口盖存放克令吊基座的形状设计成Γ形，将克令吊中心线偏离舷侧4米(线2.945米)，这些设计保证了船舶良好装卸能力。

通常，轴系中的轴采用刚性轴，即轴系扭振临界转速要与主机工作转速不同，因此，中间轴直径过粗，轴系重量增加，给予主机连接安装带来困难。该船采用柔性轴方案，该方案是中间轴较细(直径330毫米)，材料采用合金钢(42CrMOA)，这样既提高了轴的强度，又减少了轴的直径，同时又提高了许用扭振应力。采用柔性轴方案，必须设临界转速禁区。在设计中按规范要求将转速禁区避开船舶常用转速范围，避开在进、出港和通过苏伊士运河、巴拿马运河时所要求的主机转速。

电站的选型也十分重要。对于装有大型克令吊的中、小型集装箱船,由于在作业时所需电能容量变化范围比较大,若容量选得过大,造船成本增加。因此,本船设计中在对电站负荷计算时充分考虑了克令吊的平均功率、最大功率及逆功率等因素,确定选用 3 台 430 千瓦发电机(在作业时使用 2 台,另一台备用),2 台克令吊(全负荷,额定速度)经过在同时起升、下降、回转、变幅的系泊试验考核,满足使用要求。

本船是远洋运输船,采用可拆式集装箱导轨,满足装载各种货物需要,Γ 型克令吊基座的设计在国内尚属首次;采用前置导管,节能效果明显;采用设扭振禁区范围来设计轴系,满足苏伊士运河、巴拿马运河、圣劳斯航道的通航要求,主要技术指标达到了国外同类型船舶的水平,1991 年获中国船舶工业总公司优质产品奖。

八、500TEU 集装箱船

500TEU 集装箱船是中国船舶及海洋工程设计研究院 20 世纪 90 年代开发的一种适合中程航线航行的集装箱船,其各项技术指标均达到新水平。船东为香港飞力船务有限公司,求新造船厂建造,1994 年 1 月交船。

该船型为单螺旋桨、单舵、中速柴油机经齿轮箱减速推进、导轨式全集装箱船,具有球鼻艏、小球艉、前置补偿导管、低转速大直径螺旋桨等节能装置,前倾艏柱、方艉和半平衡舵。

该船总长 123.35 米,型宽 20.80 米,型深 10.50 米,载重量 9 177.8~1 0187.9 吨,载箱量 504TEU,其中包括冷藏集装箱 45TEU,满载航速 16.15 节,续航力 10 000 海里。

该船按英国劳氏船级社(Lioyd's Register of Shipping, LR)规范的进行设计,材料选用船用低碳钢。在货舱区域双层底内及抗扭箱的顶部和两侧的结构采用纵骨架式,其余为横骨架式;货舱区域的双层底高 1 200 毫米,在集装箱导

管的支点处予以加强，双层底对集装箱的支承能力 20 英尺集装箱时为 96 吨/垛，40 英尺集装箱时为 120 吨/垛。采用流线型半平衡舵，夏季吃水时的舵面积比为 1/50(包括挂舵臂)。

该船采用风雨密箱型钢质舱盖，由起重用的集装箱吊具起吊，吊具置于规定的相邻盖板或岸上；每块舱盖的最大重量不超过 20 吨；舱盖负荷按 20 英尺集装箱时每垛(3 层)60 吨、40 英尺集装箱时每垛(3 层)90 吨设计。

该船货舱内设置集装箱导轨，导轨的支撑构件和内底的局部强度按每个 20 英尺箱 24 吨和每个 40 英尺箱 30 吨设计。导轨按 40 英尺箱装设。装载 20 英尺箱时，在集装箱之间的横向上设置双堆锥。甲板上的集装箱使用钮锁紧固，并按规范要求和制造厂商的推荐，在必要处加设绑扎杆。甲板上装载 45 个 20 英尺冷藏集装箱，上层建筑前端壁上设置一个供第二层冷藏集装箱用的工作平台。货舱通风系统采用机械抽风、自然进风。居住处所采用中速、中压、单管系统的中央空调系统。

该船的其他设计特点：

1) 合理的主尺度

由于集装箱船对稳性要求高，需要选用较大的船宽。在造船厂船台条件允许的情况下该船采用的最大船宽为 20.80 米。对于这种吨位的船型，可考虑舱内装载 3 层集装箱，型深约为 7.50～8.50 米，也可以选择舱内装载 4 层集装箱，型深约为 10.00～10.50 米。考虑到该船要求有较大的载重量(8 500～9 000 吨)，需要有较深的吃水，因而比选用了舱内装载 4 层集装箱和尽量高的型深 10.50 米，从而使该船的主尺度与减轻空船重量、增大载重量系数、满足稳性要求、提高快速性指标等诸方面协调一致，达到合理的组合。

2) 优良的高稳性线型

集装箱船由于其甲板上要装载大量的集装箱而要求具有高稳性。高稳性船舶的线型有其特殊的要求，要求其具有极 V 甚至超极 V 的剖面形状，阻力性能仍旧要求达到最佳，在海上航行时对航速又要能有所控制。对于这种线型，国际上以往的著名线型系列陶德-60、BSRA、SSPA等系列均不太适宜。中国船舶及海洋工程设计研究院曾在20世纪80年代中期结合多用途货船进行过深入的专题研究,采用科研课题相关的成果,如采用大水线面系数的极V型线型、SV球鼻艏、小球鼻等。

该船的极V线型除满足高稳性的要求外,在阻力性能方面表现良好。另外,SV球鼻艏所起的作用良好,说明球鼻艏的设计也很成功。实践证明,开发的这一线型性能好,稳性又能满足要求,确实是一种优良的高稳性线型。

3) 高效的低转速大直径螺旋桨

该船采用低转速大直径螺旋桨,利用中速机带有的减速齿轮箱,尽量调低转速,把螺旋桨直径加大到该船的极限值5.60米。与常规低速机的转速相比,螺旋桨效率从57.54%提高到64.28%,从而使总的推进系数达到75.3%,压载试航状态的推进系数达到81.2%,经实船试航达到了预期的目标。500TEU集装箱船如图4-19所示。

图4-19　500TEU集装箱船

4）先进的节能补偿导管

该类船型的推进系数 *QPC* 一般达到 70%已算是很高的了。本船在未设置前置导管时的 *QPC* 已达到 75.3%，经反复试验研究，加装导管后，在 *QPC*＝75.3%的基础上再获 6.5%的节能效果，从而使总推进系数达到 80%以上。经实船试航测试，实际的航速比船模试验时的航速还高了 0.15 节。

5）成功的临界破舱稳性

该船是在 SOLAS 1974 B－1 概率破舱要求生效后，按此要求设计的第一种船型，因此这方面的参考资料极少，也无实践经验。经过对装载情况的反复优化计算，将双层底内的 4 对压载水舱设置成永久性压载水舱，提高了船舶破损后的生存能力，降低了破舱稳性的临界初稳性高度，从而提高了船的装载指标，使该船 13 吨/TEU 时的载箱量由技术规格书中规定的 450TEU 提高到了 461TEU。通过优化计算，把各种装载工况中都要用到的压载水舱设计成永久性压载水舱，这样，既简化了船员调拨压载水的作业程序，节约了时间，深受船员的欢迎。

6）紧凑的总体布置和减振措施

该船采用中速机，降低了机舱主机吊缸高度，结合采用尾抛式救生艇，缩短了上层建筑长度，因此在机舱前上方可多放一行集装箱，增加了 24 个集装箱；若与低速机相比，则增加 8 个集装箱。通过反复优化布置，在居住舱室部分紧缩的情况下，全部单人间还能达到了较高的标准。

7）妥善的减振措施

除了对该船的船体振动频率作预报外，在结构上还采取了多项减振措施，如：将所有强构架都连成框架型式；使上层建筑的内、外围壁尽可能坐落在其下甲板的强构件上；对容易引起振动的部位在结构上都进行了适当加强；在机舱内设置了一定数量的组合型支柱；在艉端结构底部设置了三道纵向制荡舱壁，并在艉端两侧各加一道侧桁材；将艉柱设计成较大尺度的铸钢件，这对吸收艉端底部的砰击和螺旋桨的激振力十分有利。

经过设计团队的共同努力,以及厂、所密切合作,该船的各项技术指标均达到国际先进水平,在为香港飞力船务有限公司设计建造两艘船时,第二艘船尚未下水,该公司就决定再加造一艘。广州海运局本来要到德国去订购同一吨位的集装箱船,但获知该船型的信息后,即对该船型进行了全面考察,并与德国的船型进行了比较,认为该船型不逊于德国的同类船型,在该型船首制船尚未交船的情况下,就与求新造船厂签订了两艘船的建造合同。500TEU集装箱船是一型技术性能先进、具有市场竞争力、获得国内外航运部门好评的中程集装箱船。

九、171TEU冷藏集装箱船

1996年初,山东威海船厂承接了香港天货船务公司的一艘171箱冷藏集装箱船,1996年2月6日该厂委托中国船舶及海洋工程设计研究院进行技术设计。

该船甲板上的冷藏集装箱采用风冷式,舱内的冷藏集装箱采用水冷式,这是我国首次建造的小型冷藏集装箱船,适用于特定航线上航行。

由于当时国际上水冷式集装箱应用不多,这方面资料很少,尤其是水冷式集装箱的装载配置及供电、供水、检查通道的设置方面的资料更少。设计团队通过到张华浜集装箱码头实船调研,并进行研究分析以及向国外厂商咨询,完成了设计。对集装箱的布置,通过多次优化,最终载箱量由148TEU提高到了171TEU。171TEU集装箱船如图4-20所示。

该船结构设计采用三档设置强框,减轻了船体重量并且更有利于集装箱箱脚处的加强;合理调整了隔舱型式,增加舱容和载箱量;为方便舱内制冷系统的维修,特设置了维修平台。集装箱箱脚下的加强节点和舱口围板处的节点,均采用合理的结构。

由于该船机舱较小,发电机组又比较庞大,机舱布置时为了节省空间,省去了主机与减速齿轮箱之间的连接短轴,将主机与减速齿轮箱通过高弹性联轴节

图 4-20　171TEU 集装箱船

直接连接，为了避免齿轮箱顶部的滑油冷却器管子与主机空冷器底部干涉改进了冷却器管子的走向，降低了管子高度。

该船是冷藏集装箱运输船，属我国首次建造，在甲板上装载风冷集装箱，在货舱内装载用水冷却的冷藏集装箱。为便于操作，对货舱内水冷冷藏集装箱配置了专门的提供冷却水的快速接头。该船主电站配置了 3 台 424 千瓦的柴油发电机，应急电站功率为 64 千瓦，主电网电制为交流三相 380 伏 50 赫兹。

冷藏集装箱用的电源插座，监测报警系统的监测报警点数与配电源插座的数量一致。电气部分在施工建造过程中进展顺利，安装、调试、使用情况良好，交付使用后，各项技术性能指标达到设计要求。

十、382TEU 多用途集装箱船

湖北省晴川号船股份有限公司委托中国船舶及海洋工程设计研究院设计了一艘江海联运的多用途集装箱船。船东要求该船以 360TEU 集装箱船为母型船，在总布置、机舱布置不变的条件下，满足载箱量 382TEU 的要求。

1996 年武汉青山船厂开工建造,1997 年试航交船。

该船总长 99.50 米,垂线间长 90.00 米,型宽 18.00 米,型深 8.20 米,设计吃水 6.00 米,结构吃水 6.30 米,舱容 5 233 立方米,载重量 4 910 吨(设计吃水),载箱量为 382TEU,服务航速 14.5 节,续航力 5 000 海里。

该船为单桨、单舵、单甲板、方艉、球鼻艏,并设有艏、艉楼,由一台中速柴油机驱动的全焊接钢质多用途集装箱船,设有两个货舱,每个货舱采用两套吊离式舱口盖。这是一艘江海联运货船,航行于长江中、下游及无限航区。

该船设计特点如下:

优化主尺度和线型,较好地解决了航速问题。该船在主机最大持续功率和驱动轴带发电机功率为 350 千瓦时,持续服务航速达 14.5 节,满足了设计任务书中的要求。

结构设计采用混合式结构,货舱部分甲板和双层底及抗扭箱内采用纵骨架式,其余部分采用横骨架式。

由于航速高,严格控制重量,且裕度小,设计时严格把关,在满足规范要求和结构强度的前提下,严格控制船体重量。施工设计中厂所密切配合,严格控制材料代用,最后将全船结构重量控制在预期范围内。

该船的锚机带两个缆索卷筒和两个副卷筒,由两台独立式锚机改为一台串联式锚机,改善了首部甲板拥挤的现象。

该船设置了雷达桅可倒装置,并采用流线型桅体,其外形满足了船东的要求。雷达桅可倒装置是采用电动液压驱动的,借助于液压缸的作用,使雷达桅倒下或竖起,并可在驾驶室中控制,既省力又可靠,改变了 300TEU 集装箱船采用的电动绞车的操作方式。该船的可倒雷达桅装置在使用过程中操作方便,动作准确。

货舱盖采用吊离式舱盖,当打开舱盖时,叠放在船上。由于互相叠放处的加强板面积太小,叠放时,盖板有局部变形现象,故对该处的加强板的面积适当放大后,即使盖板叠放不精准,也不影响强度。

主机为 WARTILA 6　SW38 中速柴油机，最大持续功率为 3 960 千瓦×600 转/分。

空调系统为中速单风管 R－22 直接蒸发式集中空调系统。根据对居住舱室、公共处所空调系统要求的参数进行设计，确保对厨房、配餐间、驾驶室、海图室、报务室及理货办公室等提供冷、热风。

该船从上海至香港地区，或从上海至日本，每月可以航行 4 个航次。该船船型和载箱量适中，特别适于定期航班。该船的试航成功为发展我国长江中、下游各港口与沿海各港口，以及与周边国家的集装箱运输带来便捷。该船各项技术指标均达到设计任务书要求，经过实际营运，船东颇感满意，认为该船既经济又省时，效益显著。

十一、408TEU 多用途集装箱船

该船系山东省烟台国际海运公司委托中国船舶及海洋工程设计研究院设计的，适用于我国沿海、长江沿岸港口及韩国、日本和香港等地区的沿海航线上航行的多用途集装箱船。

为了建造好新船，烟台国际海运公司对当时国内建造的 300～500TEU 集装箱船进行了调查比较，选中了中国船舶及海洋工程设计研究院为湖北省晴川号船公司设计的 360TEU 多用途集装箱船，他们将此船作为母型船，要求新船的载箱量在 400TEU 以上，该船由黄海造船厂建造。

该型船共建造了两艘，1998 年试航交船，分别命名为“同心泉”号和“同德泉”号。

该船为单桨、单舵、单甲板、方艉、艏部设有球鼻艏和侧推装置，带艏楼和艉楼的、中速柴油机驱动的多用途集装箱船，艉部设补偿导管节能装置，机舱和居住舱室均设在艉部。

该船总长 100.93 米，垂线间长 91.00 米，型宽 18.00 米，型深 8.20 米，设计吃水 6.00 米，结构吃水 6.30 米，载重量 5 611 吨（吃水 6.30 米），载箱量

410TEU,服务航速 14.5 节,续航力 5 000 海里,主机型号为 Mak9M32;入级为法国船级社(Bureau Veritas, BV)。

此船在总布置上力求紧凑、合理,总长控制在 100 米以内。由于载重量比 360TEU 集装箱船大,方形系数也有所增加,但服务航速不变,因此对线型进行了优化设计,使航速达到设计要求。

该船为大开口的集装箱船,开口比例达 0.844,在设计中充分考虑由于扭转而引起的翘曲应力对船体总纵强度的影响,以及舱口角隅处的应力集中引起的影响。为减轻结构重量,在货舱区的抗扭箱区域及底部采用纵骨架式,舷侧结构采用横骨架式,机舱及艏、艉端也采用横骨架式,舱口围板纵向连续参与总纵强度,机舱前端货舱开口的角隅处采用钥匙形孔,降低了应力集中系数,由于有冰区加强,在艏部冰区区域需加强的范围内增设半肋骨。经过扭转刚度分析计算,位于 FR39 舱口围板角隅处最大屈曲应力达到 47.5 牛/平方厘米。由于在设计初期对屈曲应力给予充分的重视,并在横剖面模数中留有恰当的裕度,在最后的合成应力计算中,结果均满足规范的要求。

舵结构下部的底板上设置止流板,对小舵角时的舵效有明显的改善。经实船试航表明,操纵性能良好,小舵角时的应舵性能良好。

推进装置为单机、单轴系、单桨型式,由主机、高弹性联轴节、减速齿轮箱、螺旋桨轴(包括艉管及密封装置)及配固定导管的可调螺距螺旋桨组成。减速齿轮箱为双功率输出,另一功率输出即通过齿轮箱内增速齿轮驱动轴带发电机。

该船为无人机舱("BV"AUT—MS),主机及可调螺距螺旋桨的螺距可在驾驶室遥控操作,也可在机舱集控室遥控或在机旁进行操纵。油舱加热、船员生活等所用蒸汽,由一台燃油-废气组合式蒸汽锅炉供给,锅炉为全自动控制。设置中央空调系统,负荷参照国际标准 ISO7547 进行计算,各空调舱的送风量均满足降温负荷、换气次数、加热负荷及新风量等要求。空调系统由一套船用组装式空调装置与绝热螺旋风管(送风)、布风器及回风管(含防火风闸)等组

成,以此作为送、回风系统。制冷系统采用 R-22 直接蒸发冷却系统,加热加湿介质为 0.4 兆帕饱和蒸汽。设置两套船用压缩冷凝机组,其中一套备用,每套机组制冷量为 6.4 千瓦,冷库内各设置一台冷风机。

动力配电装置包括柴油发电机两台(400 伏,50 赫兹,350 千瓦);轴带发电机一台(400 伏,50 赫兹,450 千瓦);应急柴油发电机一台(400 伏,50 赫兹,248 千瓦)。任意一台柴油发电机都不需要与轴带发电机并联运行;轴带发电机能单独向艏侧推装置(大容量负载)供电,一台轴带发电机足够满足全船用电量。

另外,船舶采用电站自动化控制,主要用于发电机组并联运行的自动控制,无人机舱的自动控制、功率管理系统的自动控制。该船实现的自动电站功能有:主电网失电处理,按电网负载启动、停止的备用发电机组,重载启动询问系统。实现这些功能,需要有并联运行自动控制系统的支持,即用“散件”构成电站自动控制系统。在设计团队努力下,这些技术难题得到了解决,取得了较好的效果。

该船的研制成果获得了船级社的认可,并得到了工厂和船东的好评。这是一艘小型实用的多用途集装箱船,航运周期短,载箱量高。经过长期实际营运,取得了较好的经济效益。

十二、502TEU 多用途集装箱船

1996 年,德国 Komrowski 公司委托中国船舶及海洋工程设计研究院设计 340TEU 集装箱多用途船。

该船总长 100.8 米,设计水线长 98.5 米,垂线间长 95.8 米,型宽 18.8 米,型深 8.4 米,设计吃水 6.1 米,满载设计航速 15.4 节。首批共造 6 艘,分别在青山船厂、宜昌船厂及温州东方船厂同时开工建造。温州东方船厂建造的首制船于 1999 年初完成试航,各项技术指标均达到技术规格书的要求,顺利交船。入级德国劳氏船级社。

根据船东的要求，设计时将船长控制在 100 米以内，并尽可能在上甲板以上有效空间内装运更多的集装箱。货舱、上甲板、舱口盖上均可布置不同规格的集装箱，也可装运散货、谷物、大件、长件等货物。为此，将上层建筑和甲板室全部设置在船的艉部。采用无人机舱、自动电站，设置一台主机、两台柴油发电机和一台轴带发电机。轴带发电机可以配合主机充分利用电力助推功能；满足一人驾驶要求；冷藏集装箱及监测系统均采用先进的载波数据传输技术，并与装载计算机接口，这样，既省电且信息传输速率快，又可靠；采用先进监测报警系统；设置可调螺距螺旋桨和侧推装置。纵向舱口围板计入船体总纵强度，减少钢材用量，整个船体结构重量较轻。

502TEU 集装箱多用途船(图 4－21)的上层建筑位于螺旋桨的上方，且高而狭，结构设计完成后经实测显示噪声和振动远低于有关规定的水平。

图 4－21　502TEU 集装箱多用途船

该船设置主要是由一台 3 960 千瓦的 MAN B&W 9L 32/40 主机通过德国的 RenK 齿轮箱带动 Lips 可调螺距螺旋桨和 700 千瓦 Van KaicK 轴带发电机(功率输出)。轴带发电机是一种常规的配备,但是该船上的此发电机被设计成可作为一台电动机(功率输入)驱动螺旋桨使用,通过两台 570 千瓦 MANB&W Holeby 6L 16/24 柴油发电机组并联运行给轴带发电机提供 700 千瓦电力,在船舶航行时作为电动机。轴带发电机/电动机与主机同时运行,输给螺旋桨的功率增加到 4 300 千瓦,营运航速可从 15 节增加到 15.5 节,安装在艏楼的停泊/应急发电机也可并入动力系统。

该船冷藏集装箱及监控系统采用先进载波数据传输新技术,并与装载计算机连接,这种装置既节省电缆,信息传递又快,又可靠。

由于船东要求尽可能提高船舶的载箱量,该船的艏部大部分区域用于装载集装箱,艏楼甲板的面积缩得很小,影响了锚机的安装。为此,设计团队将锚机设计成反向安装(即锚机正面向船尾),但带来了锚链筒与船壳板的夹角过小(—90°),导链滚轮与锚链筒的夹角小等一系列问题,通过设计团队、建造厂、设备厂通力合作,这一问题得到了较好的解决。

根据船东要求,该船采用新型产品——Holeby 6L 16/24 柴油发电机组。虽然该机组由模块组成,设计紧凑,管系较少,维修方便,但由于体积较大,给机舱布置带来一定困难,特别在船上还进行了汉堡某大学的科研项目——轴带发电机和主柴油发电机组联网使用试验,即轴带发电机由柴油发电机供电作为电动机使用,在特定工况下作为电力推进动力源使用,但在大家共同努力下这些问题都一一得到了解决,项目试验获得成功。

因该船上载箱量多,规格多(有 20 英尺、40 英尺、45 英尺普通箱宽,欧洲 2 500 毫米超宽箱),克令吊只能布置在舷边,采用特殊型式的吊机解决这一问题。

温州东方造船厂建造的首制船于 1999 年初在我国东海完成实船试航并交船。该船在设计吃水 6.1 米时下,航速达到 15.4 节,比合同要求提高了 0.4 节;

其他各项技术指标也达到或超过合同的要求,如振动指标,主机负荷在 90%时,干扰频率在 11.3 赫兹(亦相当于螺旋桨叶频),所有测点的垂向加速度均明显低于 ISO 规定的峰值加速度上限两次,因此整个船体振动性能良好。

该船受到船东和德国劳氏船级社的赞赏,欧洲报刊多次介绍该船,因此德国等欧洲船东,与武汉青山船厂、湖北宜昌船厂、南京金陵船厂续订 5 艘建造合同,后续船建造超过 15 艘,使我国该型船形成批量生产,打进了欧洲的船舶市场。该船的研制成功,为我国船舶工业增添了新的拳头产品,创造了显著的经济效益。

十三、1 714TEU 集装箱船

1997 年,沪东造船厂为德国阿伦基尔航运公司建造了 4 艘 1 714TEU 集装箱船(图 4 - 22),首制船于 1999 年 11 月交船,最后一艘于 2000 年 11 月交船。该船配置高度自动化设备,成为具有高营运经济性的现代化高新技术型船舶。该船为钢质、单甲板、单桨、柴油机推进的集装箱船。

图 4 - 22　1 714TEU 集装箱船

该船基本设计由德国 NOELL 公司和沪东造船厂共同完成，入级德国劳氏船级社。有关方面对该船入级要求很高，除满足现行德国劳氏船级社规范和 IMO、SOLAS、SBG[①] 等国际公约，还需要满足 SBG 等规定和符合挂德国旗要求。

沪东造船厂将该船作为攻关项目，组织科技人员进行研发。该船设计特点是在艏部布置艏尖舱和侧推装置及消防泵舱，舯部布置货舱、压载舱和燃油泵，艉部布置机舱和艉尖舱。该船是全集装箱船，所有货舱均为阶梯形，在整个货舱区域共划分了 6 个货舱，其中 1 号货舱可装载 1～9 类的危险品货物集装箱，2 到 6 号舱可装载 2～9 类的危险品货物集装箱。在整个货舱区划分了 8 对压载舱和 8 对底压载舱，4 号边压载舱中安装有防横倾装置，在航行和码头装卸货时可自动调整船舶的横倾角，提高了码头装卸速度和航行的安全性。在货舱区域还布置有 3 对深油舱，油舱布置在船的中部的优越性是船舶从出港到进港的纵倾变化较小，到港时基本上不需要调整压载。该船主甲板结构设有大开口，甲板两侧设纵向抗扭角箱，舱壁上下设横向抗扭箱，满足大开口强度的要求。

1 714TEU 集装箱船科技攻关项目获国家“九五”科技攻关优秀成果奖。

十四、1 700TEU 集装箱船

1998 年，中国远洋集装箱运输总公司拟投资 2 亿美元建造 9 艘 1 700 箱集装箱船。当时，国内尚无自主设计建造载箱量大于 1 000 箱的集装箱船的经验，难度较高。最后决定按照英国劳氏船级社标准在上海船厂和大连造船厂分别建造，上海船舶研究设计院承担设计。

该船适应我国不断发展的集装箱运输的市场要求。为了满足中国远洋运输（集团）总公司的环太平洋航线和国际集装箱运输需求，对该型船的主尺度、水动力学性能、结构性能、振动和噪声、集装箱绑扎及主要的建造工艺等关键技术进行了专项研究，进行了大量的试验研究和计算分析，并将研究成果应用到

---

① 德国工会。

设计上。

该船是单桨、柴油机驱动的无限航区全集装箱船,总长179.70米,型深15.90米,载重量20 700吨/25 660吨,载箱量1 702TEU,服务航速20.2节;全船设4个货舱,货舱内设置20英尺集装箱导轨架,第1和第4货舱可装载2~9类危险品集装箱,第2和第3货舱可装载1~9类危险品货物集装箱;该船设带球鼻的倾斜船首、方艉、流线型半平衡舵和艏侧推器,机舱及居住舱室设置在艉后部;船舶设置单层连续甲板,货舱区域为双底、双壳结构。该型船的各项技术指标均达到了预期要求,用户对该船的评价是"该船是我国首型自行设计、建造的最大全集装箱船,与国外同类型船相比具有较高的装箱系数和重箱率;而且航速快,经济指标先进。该船船体线型的设计、装载危险品货物集装箱的设计、装载冷藏箱的设计,都达到了较高水平"。1 700TEU集装箱船(图4-23)的研制成功使我国自行研究设计大、中型集装箱船达到一个新的水平。2002年2月,上海市经贸委和中国船舶工业集团公司联合在上海主持鉴定会,与会专家一致认为该船载重量大,主要技术指标均达到20世纪90年代末国际先进水平。

图4-23 1 700TEU集装箱船

该船荣获上海市“新产品奖”和中国船舶工业集团公司科学技术进步奖二等奖。

十五、4 350 吨多用途集装箱船

该船先由新创公司和舟山船厂与德国船东签订技术规格书，后由中国船舶及海洋工程设计研究院进行修改设计。

该船总长 99.99 米，垂线间长 96.00 米，型宽 16.00 米，型深 7.35 米，设计吃水 4.88 米，结构吃水 5.10 米，载重量 4 350 吨，载箱量 225TEU，最大航速 12.2 节，服务航速 12.0 节。主机型号为 MaK 6M32，入级德国劳氏船级社。

该船为钢质、单层连续甲板，单可调螺距螺旋桨、单舵、球鼻艏、方艉、中后机舱、柴油机驱动的多用途集装箱船。其主要任务是在波罗的海北部及相应冰区海域运输集装箱。

该船型线由船东提供，但方型系数的选取，后经设计团队、主机制造厂商和可调螺距螺旋桨制造厂商密切配合，获得了满意的匹配效果。

该船冰区航行时对主机功率要求相对较大，易造成螺旋桨处流场不均匀引起振动，为此，设计团队一开始就从每一个可能发生振动的处所着手采取减振措施，确保了该船无较大振动现象的发生。

由于该船的母型船是船东曾在俄罗斯按德国劳氏船级社规范要求建造的 4 艘内河船舶之一，故要求该船的总布置及线型均参照母型船，主尺度不变，但要求船的航区从有限航区提高到无限航区，上层建筑再增加一层，同时还要求主机功率增大至 2 880 千瓦。由于航区的改变，原船的许多设备不能满足新设计的要求，比如系泊设备要满足五大湖，苏伊士运河、圣劳伦斯航道等水域的要求，由于受主尺度的限制，给设计工作增加了许多困难。设计团队经与船东多次沟通，同时努力攻克技术难关，严格控制船体重量，工厂精心组织施工建造，终于取得了较好的结果。

建造中，该船采取了加大型深和保证上层建造连续性及增加发电机组功

率的措施,实船试航证明,该船完全达到了设计指标的要求,船东对此十分满意。

在结构设计上该船按规范以E3级要求做了全船性冰区加强;考虑到装载45吨卷筒钢板对船舶底部强度要求相当高,将货舱区域的外板增厚了1～3毫米。通过试车和试航验证,证明结构设计是成功的。

该船设计时对主、辅机的冷却水系统均需满足设置Boxcooler要求,海水门设计满足热量交换要求。主机按Boxcooler要求,确保船舶在低速航行时(港内船速)满足主机最大负荷,辅机Boxcooler能满足船舶停港时最大负荷。实船使用性能良好,这种设计也符合节能的原则。

该船动力装置所用的燃料均为柴油或轻油,船上未设置蒸汽锅炉,但由于船舶常航行于北方寒冷海域故需配置生活加热设备,选用了热水锅炉供主机柴油系统加热。该热水锅炉还为空调用水及生活用水提供热源,某些舱室的散热器(热水加热)及某些双层底舱柜的加热均依靠其提供热源。实船证明,整个系统经济实用。

发电机采用一台400千瓦轴带发电机和一台223千瓦柴油发电机,既节省建造成本又节省机舱空间,为最大限度地缩小机舱容积、扩大货舱容积创造了条件,但相应降低了电站的可靠性。为了确保电站生命力,根据德国劳氏船级社的要求,在主机减速齿轮箱中增加了与主机轴间的可控离合器,并在驾驶室可遥控“啮合/脱开”,以及可遥控柴油发电机启动。同时,根据船东的要求,增大了应急发电机容量,使之与主柴油发电机容量匹配,并可反馈至主配电板,在满足船级社要求的前提下提高了电站生命力。

该船较有特色的是桅樯布置,由于船东的要求,雷达桅及前桅均设计为可倒型,利用液压缸将前桅及雷达桅倒下来。在设计过程中,利用了舱口盖液压泵组的液压源,由两套阀组分别控制前桅和雷达桅的倒下或复位。

2001年10月8日,首制船顺利交付,至2002年6月,5艘船全部交付使用。4 350吨多用途集装箱船如图4-24所示。

图 4-24　4 350 吨多用途集装箱船

我国经过“九五”期间的技术攻关，开始批量承接建造中型集装箱船，其中有代表性的船型有：1996 年大连造船厂建造完工的 28 000 吨多用途集装箱船；1997 年江南造船厂建造完工的 1 021TEU 高速集装箱船；1997 年沪东造船厂承接的德国阿仑基尔航运公司 4 艘 1 700TEU 集装箱船；1997 年广州文冲船厂建造完工的 1 200TEU 集装箱船。

1999 年 12 月，南通中远川崎船舶工程有限公司承接了中远集团的两艘第五代 5 400TEU 全集装箱船订单，这是中远集团在海外订购了 5 艘同型船后首次在国内订购大型集装箱船。该船具有自动化程度高、营运成本低的特点，但制造精度非常严格，建造工艺极其复杂，高新技术含量高，是当时国内建造的最大型的集装箱船，填补了我国在建造超大型集装箱船领域的空白，无论是船型还是技术装备都充分体现了当时造船的最新科技成果，属高附加值的高科技产品，推动和促进了我国造船工业的发展。我国自主设计建造集装箱船一览表(1980—2000 年)如表 4-1 所示。

表 4-1　我国自主设计建造集装箱船一览表(1980—2000年)

年份	船型	主要参数	船东	设计/船厂
1984年4月和9月	700TEU	总长约161米,型宽25米,型深13.2米,设计吃水8.0米,服务航速17.6节	新加坡NOL公司	中国船舶及海洋工程设计研究院设计/江南造船厂建造
1988年2月	131TEU邮政集装箱船	总长71.24米,垂线间长65.70米,型宽11.40米,型深5.40米,设计吃水3.70米,服务航速13.2节	中国邮政	中国船舶及海洋工程设计研究院设计/上海东海船厂建造
1990年5月	2 700TEU	总长:233.915米,型宽32.2米,型深18.8米,设计吃水11.0米,航速:21节	联邦德国哈劳公司	沪东造船厂建造
1990年11月和1991年3月交船	300TEU全集装箱船	总长119.302米,型宽18.00米,型深8.50米,设计吃水5.80米,服务航速14.42节	新加坡NOL公司	中国船舶及海洋工程设计研究院设计/上海东海船厂和求新造船厂建造
1993年7月交船	230TEU集装箱船	总长92.50米,型宽17.60米,型深7.60米,设计吃水6.0米,服务航速13.1节	新加坡协成私人船务有限公司	中国船舶及海洋工程设计研究院设计/江州船厂建造
1992年11月首制船交付	412TEU集装箱船	总长120.9米,型宽20.2米,型深8.5米,设计吃水6.2/6.38米,服务航速14.6节	天津海运公司	中国船舶及海洋工程设计研究院设计/芜湖造船厂建造
1991年7月交船	12 300载重吨多用途集装箱船	总长147.43米,型宽22.20米,吃水7.90米/8.00米,载重量(结构吃水)12 944.72吨,载箱量693TEU,总吨位9 927,服务航速15节	孟加拉国航运公司	中国船舶及海洋工程设计研究院设计/新港船厂建造
1994年1月交船	500TEU集装箱船	总长123.35米,型宽20.80米,型深10.50米,名义载箱量504TEU,其中包括冷藏箱45TEU。服务航速16.15节	香港飞力船务有限公司	中国船舶及海洋工程设计研究院设计,求新造船厂建造
1996年2月开始设计	171TEU冷藏集装箱船	总长84.57米,型宽15米,型深7.30米,设计吃水4.70米,服务航速12.0节	香港天货船务公司	中国船舶及海洋工程设计研究院设计/山东威海船厂建造

续　表

年份	船型	主要参数	船东	设计/船厂
1997年试航交船	382TEU多用途集装箱船	总长99.50米，型宽18.00米，型深8.20米，设计吃水6.00米，服务航速14.5节	湖北省晴川号船股份有限公司	中国船舶及海洋工程设计研究院设计/武汉青山船厂建造
1998年试航交付	408TEU多用途集装箱船	总长100.93米，型宽18.00米，型深8.20米，设计吃水6.00米，服务航速14.5节	山东省烟台国际海运公司	中国船舶及海洋工程设计研究院设计/黄海造船厂建造
1999年交船	502TEU多用途集装箱船	总长100.8米，型宽18.8米，型深8.4米，设计吃水6.1米。设计航速15.4节	德国Komrowski公司	中国船舶及海洋工程设计研究院设计/首批共造6艘，分别由青山船厂、宜昌船厂及温州东方船厂建造
1999年11月	1 714TEU集装箱船	总长：189.0米，型宽26.5米，型深14.2米，设计吃水9.0米，服务航速20.4节	德国阿伦基尔航运公司	沪东造船厂/德国NOELL沪东造船厂建造
1998—2000年交付使用	1 700TEU集装箱船	总长179.70米，型宽167.00米，型深15.90米，服务航速20.2节	中国远洋集装箱运输总公司	上海船舶研究设计院设计/上海船厂和大连造船厂建造
2002年6月交付使用	4 350吨多用途集装箱船	总长99.99米，型宽16.00米，型深7.35米，设计吃水4.88米，服务航速12.0节	德国船舶公司	中国船舶及海洋工程设计研究院设计/舟山船厂建造

第五章
集装箱船快速发展阶段(2001—2014年)

第一节 综 述

20世纪90年代,国外大型集装箱船的设计建造技术突飞猛进,载箱量和高平均箱重的载箱率大幅度提高,我国急需有针对性的攻关研究。特别是进入21世纪以来,世界经济全球化进程加快,生产、分配、消费一体化,全球经济相互依存,数字技术广泛应用,导致全球生产要素加速流动,集装箱运输量猛增,集装箱船向大型化方向发展,1998年世界第一艘超巴拿马集装箱船问世,到2000年已增至213艘。

世界范围内,2004年船东首次开始订购万箱以上的超大型集装箱船。当时,马士基航运公司从其旗下的欧登赛船厂订购了8艘15 550TEU集装箱船。从那时开始,各大集装箱航运公司纷纷订购超大型集装箱船,截至2011年4月7日,共订购227艘超大型集装箱船。其中,2006年、2007年和2008年为集中订购年份,这些订单订购的船大部分集中在2010—2012年交付。由于超大型集装箱船的建造难度大,这些超大型集装箱船的订单主要集中在韩国几家大型造船厂,我国中远川崎也占有一定的市场份额。在所有造船厂中,现代重工(含现代三湖)获得的订单量最多,共获得88艘船订单,其次为三星重工和大宇造船海洋,分别为53艘和51艘。

超大型集装箱船船型越来越多地采用环保技术和主机废热回收技术、在港口停泊时采用岸电技术和环保涂层技术等。超大型集装箱船为了产生规模效应,降低营运成本,在油价越来越高涨的现实下,船东对推进效率高、营运成本低的船型需求多。随着集装箱船的主尺度越来越大,国际公约、规则、规范要求不断更新,使得集装箱船的设计与建造必须持续开发新船型。

中国经济从“九五”期间起保持高速增长,国际货物流通量增多,对大型集装箱船的需求更加迫切。2010 年,我国已成为世界第一造船大国,但在集装箱船的设计与建造水平方面与世界造船工业发达国家的差距明显,急需加大研发力度,瞄准世界集装箱船设计建造先进水平,按国际最新造船规范和标准,快速研发设计建造大型集装箱船,使我国集装箱船的设计与建造水平尽快迈入世界第一方阵。

为了把我国集装箱船的设计与建造提高到一个新水平,2004 年国防科工委将集装箱船系列优化研究,列为“国防科技工业民用专项科学技术研究”重点攻关项目,上海船舶研究设计院、中国船舶及海洋工程设计研究院、沪东中华造船厂、上海船厂、广州黄埔文冲船厂共同参与。该项目研究内容主要有集装箱船船型性能评估方法;若干船型国际先进水平的主要性能指标;建立集装箱船船型数据库;进行集装箱船共性技术分析。其研究对集装箱船的主尺度与总布置的确定、高速化带来的线型、螺旋桨及舵的关键技术、集装箱船结构特点、动力系统关键技术、舱口盖及绑扎系统、集装箱船型性能评估指标,提供了新的成果,这对推动我国集装箱船船型标准化、系列化具有一定的指导意义。项目的目标是充分利用我国已经具有的集装箱船的设计、建造经验,按国际最新造船规范和标准,对集装箱船进行系列开发研究,形成具有市场竞争力及自主知识产权的系列品牌船型。同时,通过品牌船型引导市场,推动我国集装箱船设计、建造技术的发展,使我国集装箱船的设计建造能力进一步得到提升。

中国船舶及海洋工程设计研究院对集装箱船在浪波中参数横摇开展研究,国内首次采用数值模拟和模型试验相结合的方法,得到了参数横摇发生的临界区域;首次建立了模拟参数横摇运动三自由度非线型时域计算数学模型;首次研制了集航向自动保持、测试数据实时无线传输、航速测量为一体的全自由自航玻璃钢船模及测控系统，首次较完整地提出了参数横摇模型试验规程。中国船舶及海洋工程设计研究院还进行了“集装箱船快速性评价及优化研究”，取得了集装箱船快速性数值模拟计算和评价方法，其成果具有广泛的应用前景，先后应用于 4 800TEU、900TEU、10 000TEU、18 000TEU 等多型集装箱船的型线优化和快速性评价上，为集装箱船型优化和新船开发发挥了积极作用。

21 世纪的前 10 年，我国自主研发掌握了超大型集装箱船设计建造技术，产品竞争力已挤进世界前列。2005 年，南通中远川崎获得中远集运 4 艘 10 200TEU 集装箱船订单，该批船于 2008—2009 年陆续交付使用，成为首批中国自主建造的超大型集装箱船。2010 年，中国船舶及海洋工程设计研究院实现了大型箱船关键技术的突破与创新，承担设计了德国和希腊 Costmare 两家航运公司分别订购的 3 艘 9 000TEU 集装箱船，首制船于 2013 年 7 月交付。

2011 年，加拿大西斯班(Seaspan)公司向江苏新扬子船厂和扬子鑫福船厂订购了 7 艘万箱级集装箱船，这些船均采用了我国具有自主知识产权的设计方案。至此，我国的超大型集装箱船的设计建造又迈出了坚实的一大步。2013 年 2 月，南通中远川崎为中远集运建造的 13 386TEU 集装箱船“中远比利时”号(图 5 - 1 和图 5 - 2)交付使用。该船是当时我国自主设计建造的最大箱位集装箱船。该船总长 366 米，型宽 51.2 米，采用了全新的双岛型设计，是具有世界先进水平的新一代节能环保的超大型集装箱船。该船由于优良的性能，后续船东增加订单 26 艘。该船入选英国皇家造船师学会评选的 2014 年度具有代表性的先进船型。

2013 年 7 月，外高桥造船厂接获 3 艘 16 000TEU 集装箱船订单，该批船由中国船舶及海洋工程设计研究院自主设计，此批船已跻身于世界载箱量最大的集装箱船之列。2015 年 7 月，该系列船的首制船“达飞 · 马斯科 · 达伽马”号(图 5 - 3)交付使用，使国内造船企业获得约 20 亿美元的订单，与国际先进水平站到了同一条线上。首艘 18 000TEU 大型集装箱船如图 5 - 4 所示。

图 5-1　13 386TEU 集装箱船“中远比利时”号

图 5-2　集装箱船“中远比利时”号上甲板

图 5-3　超大型集装箱船“达飞·瓦斯科·达伽马”号

图 5-4　首艘 18 000TEU 大型集装箱船

这一时期我国集装箱船的设计与建造呈现高水平飞速发展，从跟跑到与造船强国同步前行的特征。

第二节 典型船型

一、1 850TEU 集装箱船

1 850TEU 集装箱船是 2000 年初中国船舶及海洋工程设计研究院设计的最大载箱量的全集装箱船，也是完全由国内自主研发设计的新一代高速支线集装箱船。

1 850 箱集装箱船是世界著名的航运公司——德国 Rickmers Reederi 公司向中国订购的首艘集装箱船。2000 年年初，江苏扬子江船厂有限公司和 Rickmers Reederi 公司签订了建造合同，委托中国船舶及海洋工程设计研究院设计，2003 年 9 月首制船顺利按时交付。

1 850TEU 集装箱船是一型支线高速集装箱船，单机、单桨，低速柴油机驱动，无限航区，可运载多种集装箱(包括危险品货物集装箱)。

该船总长 196.87 米，型宽 27.80 米，集装箱载箱量：舱内 738TEU，甲板上 1 120TEU，总计 1 858TEU。

1 850TEU 集装箱船(图 5 - 5)上层建筑和机舱位于艉后部，船首设艏楼，货舱为双底、双壳结构，双壳之间设置压载水舱；燃油舱主要位于货舱区横舱壁之间以及机舱内。上层建筑共 8 层，其中 2～7 层为生活和居住区域。货舱区域总长约为 130.8 米，共分为 5 个货舱。机舱区域总长为 31.5 米，机舱设两层机舱平台。第一层机舱平台主要用于布置分油机室和机舱油柜、淡水舱以及部分机械设备等；第二层机舱平台主要布置集控室、机修间、发电机组等。

该船的特点是“小机舱布置大设备”，尤其是机舱底部和后部区域布置非常困难。设计过程中，综合考虑各个系统和设备的功能、操作和检修的要求，将同

图 5-5　1 850TEU 集装箱船

一系统的相关设备布置为单元式和模块化，以减少管路长度和附件配置，同时充分考虑通道、消防设备的布置，最终实现了全船布置的合理性和安全性。

该船由于载荷高，导致结构复杂，线型较同等级的集装箱船瘦窄，给结构设计带来一定的困难。例如，在货舱区域，多处内壳和外板最小的间隙仅有 80 毫米，这对结构设计和施工工艺的处理提出了挑战。另外，为了提高载重量，最大限度地降低建造成本，对于空船重量，尤其是船体结构部分的重量提出了明确的限定，同时船东还限定采用高强度钢的比例不能超过 30%。设计建造既要确保结构设计的可靠性，又要追求最佳的经济性，这对结构设计提出了高要求。经过结构优化设计船体钢料使用量控制在 6 950 吨以内，达到了欧洲同类船舶的先进水平。

由于船东要求锚采用锚穴收藏型式，而该船的艏部甲板空间非常有限，制约了锚泊设备布置，给设计建造带来了较大的困难。设计团队经反复研究分析，实现了保证足够的锚链筒长度、锚上收时不会阻碍锚爪翻转的设计目标，同时还兼顾了系泊系统布置的合理性。

该船集装箱堆放在舱内及甲板上时采用不同的方式。甲板上集装箱堆高6层，规格包括20、40、45英尺标准箱及高箱，甲板上和舱盖上的堆重为70吨20(英尺)/100吨40(英尺)，载荷较大。由于甲板上堆重大，只能通过设置绑扎桥方式，满足设计要求。

在货舱内设有舱内导轨，舱内集装箱之间采用系固无间隙堆锥，使得集装箱之间的垂向距离为零，降低集装箱的堆放高度和舱口围板的高度，减少钢材用量。另外，由于重心高度降低，提高了船舶的稳性。

该船采用的主机型号为MAN B&W 6K80 MC-C。该机型使用较少，前期可供参考的技术资料有限，加上制造厂——沪东重机又是首次引进如此大功率的机型，这就使得设计前期面临着主机资料匮乏的困境。

柴油发电机组是船舶最大的辅机之一，其电站容量的合理选择是体现船舶设计先进性和经济性的重要指标之一。其容量的设置既要有合理的裕度，又要充分考虑船厂建造的成本和效益，从已交付船东的几艘船的实际营运情况来看，选用的柴油发电机组容量是合适的、可靠的、经济的和合理的。

由于主机和相关设备的大型化，而船东对安全通道和操作空间有很多个性化要求，这给系统设计带来了相当大的困难。特别是排气系统，机舱棚和烟囱都很小，不仅需要布置排气管、消音器、火星熄灭装置等，还要布置燃油废气组合锅炉。设计中尽可能减少管道阻力损失，确保总的排气阻力损失不超过主机背压，还要统筹考虑上述设备在烟囱内的合理布置。为此，通过不同方案的对比分析和不断完善，获得了最佳方案。该船满足了无人机舱AUT要求，桥楼系统和驾驶操作系统满足了NAV-O要求。

该船的电气设备主要包括配电设备、驾驶室导航设备和通信设备、主机遥控装置、综合监测报警装置、冷藏集装箱监控设备等。

为确保发电机并联运行时负载按其额定功率的比例保持均匀性和稳定性，柴油机采用了电子调速控制器。应急发电机组设有自动启动装置，当主配电板失电时能够自动启动，自动合闸在45秒内承载应急负载。

该船首侧推装置功率为 1 200 千瓦,为了避免启动时大电流冲击电站及对其他负载设备的瞬时影响,设备厂商根据设计要求,为满足大功率负载启动瞬间和自耦变压器起动方式的要求,修改了艏侧推装置的控制箱,从而有效地降低了启动电流,使电站在艏侧推装置(重负载)投入时避免了启动电流的冲击。

该船 300 个冷藏集装箱插座分别设置于主甲板上和货舱内,依靠装在甲板储藏室和抗扭箱中的 15 个电力分电箱供电。冷藏集装箱监控系统设计的特点在于不仅能接收带有 4 级监视装置的冷藏集装箱专用监控插座输出的监控信号,通过微机进行监控和显示,还可以接收当时国际上最新式的通过电源动力线载波发出的监控信号,对每个冷藏集装箱进行监控显示。对两种具有不同标准监视信号的混装冷藏集装箱也能分别进行监视和显示,并可打印纪录,其报警信号可延伸至船舶报警系统。而显示出的监视信号有多种不同的状态:全冷、低冷、零位、除霜、加热等。此外,可通过操作键盘,显示出报警的冷藏集装箱代码。另外,冷藏集装箱监控系统可与所设置的装载计算机进行通信联络,把装载信息通过串行传输给装载计算机,节省了装载信息的输入工作量,降低了操作人员的劳动强度,并保证了装载输入信息的准确性。

该船满足一人桥楼要求。一人驾驶桥楼将驾驶室内的电子海图、雷达、自动操舵仪、综合内部通信、通信导航等设备集中在一起进行监视,实行全球定位,使船舶能够按预先设定的航线自动航行。为了避免传递的信号出现混乱,传递的信号应当满足一定的接口标准。在设计中,设计团队研究德国劳氏船级社一人桥楼的规范,整理设备之间传递信息的接口标准,解决好设备接口标准不同的情况下的连接方式,使自动驾驶、通信导航和报警设备等组成一体化,达到 NAV－0 的要求。

承造厂持续收到 16 艘 1 850TEU 集装箱船订单,单艘造价约 3 200 万美元。首制船于 2003 年 9 月交付,各项技术指标达到合同要求,得到造船厂和船东的称赞。

该船分别荣获国防科工委和中船总公司科技进步奖三等奖。

二、3 500TEU 集装箱船

2001 年，上海船舶研究设计院承接了 3 100TEU 集装箱船设计任务，船东是德国 NORDDEUSCHE REEDEREI 公司，由上海船厂建造。

该船型是单桨、柴油机驱动、无限航区的集装箱船，总长 231.00 米，型宽 32.20 米，型深 18.80 米，服务航速 22.2 节。全船设 7 个货舱，货舱内设置集装箱导轨，甲板上和货舱内均可装载危险品货物集装箱，第 1 货舱可装载除 5、2 类以外的危险品货物集装箱，第 2—5 货舱可装载 1—9 类危险品货物集装箱。该船设带球鼻的倾斜船首、方艉和艏侧推装置，机舱及居住舱室设在舯后部。该船具有单层连续甲板，货舱区域为双底、双壳结构。

3 500TEU 集装箱船的研制成功使我国自行研究设计中型集装箱船达到一个新的水平。在研制中对该型船的主尺度、水动力学性能、结构性能、振动和噪声、集装箱绑扎技术及主要的建造工艺等关键技术进行了专题研究，使该船型的主要技术性能达到了当时的国际先进水平。

3 500TEU 集装箱船(图 5 - 6)是我国自行设计建造、供出口的中型集装箱船。

图 5 - 6　3 500TEU 集装箱船

至 2004 年 3 月,上海船厂签订的建造合同中,集装箱船订购量已经增加到 8 艘。

三、5 688TEU 集装箱船

5 688TEU 集装箱船是沪东中华造船厂于 2000—2001 年与韩国 KOMAC 公司联合研发的当时国内最大的、国际先进的第六代集装箱船。2001 年 10 月,首制船正式开工。该船是在沪东中华船厂新建的大型船坞中建造的第一艘船舶,采取边建坞,边造船的施工方法。在技术准备阶段就运用"数字化样船"技术,推行"设计、制造、管理一体化",并开展了船用厚板结构有效焊接技术攻关,完成了多道、多层垂直自动焊等 4 项关键工艺研究。

同时,沪东中华造船厂还积极应用现代造船管理模式,先后用 120 天、132 天、4 天时间,分别完成坞内搭载、码头安装和航行试验,创下了国内同类型船舶建造的 3 项指标领先的纪录。

2003 年 2 月,沪东中华造船厂建造的 5 688TEU 集装箱船首制船"新浦东"号(图 5 - 7)交付船东。随后,该型船便进入连续生产阶段,建造周期明显缩短,后 8 艘船均比合同交船期提前 1～5 个月交付,创下了国内同类型船舶建造周期领先的新纪录。

图 5 - 7　5 688TEU 集装箱船"新浦东"号

“新浦东”号集装箱船载箱量 5 688TEU 集装箱(图 5 - 8),冷藏集装箱 618 个。该船自动化程度高,满足一人桥楼驾驶的要求,并设有无人机舱,还设有具有最新规范要求的自动识别系统和黑匣子等。

图 5 - 8　5 668TEU 集装箱船

该型船共设 7 个货舱,每舱中间设有支撑舱壁,采用大开口结构,无序开启风雨密吊离式舱口盖。货舱内设有导轨,甲板上设有绑扎桥;货舱区两侧设有安全通道,船首设侧推装置;上层建筑为 9 层。

该型船沪东中华造船厂共建造 9 艘,首制船“新浦东”号于 2003 年 2 月 13 日交付,后续的 8 艘船(“新青岛”“新宁波”“新厦门”“新赤湾”“新秦皇岛”“新福州”“新烟台”和“新常熟”号)分别于 2005 年 7 月交付船东中国海运(集团)总公司。

该型船的成功建造,标志着我国造船工业在高新技术船舶领域取得了新进展,造船技术水平迈上了一个新台阶,对我国造船工业产品结构调整、促进产品升级换代具有重要的意义。交船当天,中央电视台、新华社上海分社、香港凤凰卫视、《大公报》《解放日报》和《文汇报》、上海电视台等中央和沪上 14 家新闻单位的记者出席了签字仪式,并分别在第一时间报道了“新浦东”号集装箱船签字交船的消息。

2003 年,5 668TEU 集装箱船获上海市新产品奖和第五届上海国际工业博览会银奖。2004 年,5 668TEU 集装箱船“设计与建造关键技术研究项目”分别获得国防科工委科技进步成果奖一等奖、中国船舶工业集团公司科学技术进步奖一等奖、上海市优秀新产品二等奖。

四、900TEU 集装箱船

900TEU 集装箱船是一型出口船,其后续订单达 40 余艘。

该船东为 Herman Buss GmbH & Cie 公司,承造单位为扬帆船舶集团有限公司舟山船厂。2003 年年初,浙江扬帆造船集团公司委托中国船舶及海洋工程设计研究院进行 900TEU 集装箱船(图 5 - 9)的合同设计和详细设计。

图 5 - 9　900TEU 集装箱船

该船为钢质单甲板、单桨、柴油机驱动的全导轨式集装箱船,设有球型船首、倾斜艏柱、方艉和流线型半悬挂舵;除了第一货舱外,其余货舱均可以载运冷藏集装箱;航区为无限航区;入级德国劳氏船级社。

该船总长约 139.10 米,型宽 22.60 米,型深 11.80 米,设计吃水 8.00 米,结构吃水 8.80 米,载重量(结构吃水)11 788.5 吨,载箱量 890TEU+36FEU(货舱内 312TEU,甲板上 578TEU+36FEU),主机为 MAN B&W 8L48/60B 一台,

MCR为9 600千瓦×500转/分，航速：在设计吃水和100%MCR情况下约为18.8节；在设计吃水90%MCR、15%海上功率裕度(S.M)时约为18节，续航力约10 000海里。

该船是一艘设计难度较大的集装箱船。由于船东选用德国的非常规线型，并在总布置及使用习惯上提出诸多要求，特别是船东为了提高该船的经济性，将原来货舱内装载94个冷藏集装箱的指标提高到126个，给结构设计带来了相当大的返工量，经与船级社和船东多次沟通，对技术设计方案进行了多次修改，最终满足了船东的要求。

1. 第一次修改

德国劳氏船级社对总布置进行初步校核时提出两个舱盖之间的横向距离结构强度不够；货舱内第四层的冷藏集装箱不能装载，至少是最靠近舷侧处冷藏集装箱不能装载。通过对货舱区域的布置作局部修改，货舱内第四层全部不装冷藏集装箱，减少货舱内的冷藏集装箱数量，将集装箱放置在甲板上，而原设计的货舱内冷藏集装箱数量相应减少，这样，使得全船装载冷藏集装箱的数量达到合同说明书的要求。

2. 第二次修改

船东希望货舱内冷藏集装箱数量达到100个以上。同时，船东委托德国一家设计公司设计出了货舱区域的布置方案，这个方案将货舱内的冷藏集装箱的数量变为126个，使合同中的总布置图变动很大。虽然船东提出的布置要求超出合同所确定的布置框架很多，但出于服务船厂，满足船东要求的宗旨，各专业仔细研究分析了这种布置型式的可行性和可操作性，采取了相应的措施，避免了设计和建造过程出现重大的返工。

3. 第三次修改

2003年6月，船东要求对第三、第四货舱之间甲板上通风桅房结构进行修改，并希望考虑将布置在该区域的45英尺集装箱移至其他舱盖上。根据船东的要求设计团队和建造团队对原方案进行了修改，建议将45英尺集装箱一端的箱脚放置在舱口盖的延伸部位上，这样就解决了通风布置的问题。船东又提供了货舱通风桅房结构图纸，在研究了船东的方案后，借助与 GL 的有效沟通，解决了通风桅房的结构问题。

由于该船的上层建筑长度很短，但又十分高，在艉楼甲板以上有 7 层甲板室，特别是上层建筑前端壁位置的上甲板下无横舱壁支撑，容易引起上层建筑的振动，为此决定在艉楼和机舱内正对上层建筑外壁的位置设置了前后纵通的舱壁，在上层建筑前端壁下两舷设置了横向舱壁，中间的强横梁特别放大尺寸以抵抗甲板的变形，增加甲板的刚度。同时，在机舱内对容易引起振动的部位都预先作了加强，设置了一定数量的组合型支柱。在艉部设置了 3 道纵舱壁，以抵抗螺旋桨产生的激振力。由于采取了防振措施，在试航中振动测试结果表明，除个别点在可接受的范围内之外，绝大部分区域振动水平都在优良范围内，结构设计满足振动规范要求。

由于船东要求在货舱区域装载尽可能多的集装箱，因此把机舱位置偏向艉部，船体机舱线型狭窄，以至于给机舱布置带来了很大困难，特别是轴带发电机的布置很困难。经再三研究，最终在机舱内设置了多个小平台，充分利用机舱空间，并把机舱集控室布置于主甲板上，这样，不仅能让机舱内有更多的空间布置其他设备，而且大大降低了机舱集控室内的噪声。

该船的应急发电机需兼作停泊发电机，功率为 620 千瓦，因此，当应急发电机运行时，需要大量的空气用作燃烧及冷却。在不增加设备又不影响设备运行，在船体结构强度允许的情况下，在应急发电机室的舱壁上尽可能大地开设两扇可拆卸、可关闭的百叶窗，以提供充足的空气。

通过设计团队的不懈努力，在保证船体强度的前提下，减轻了船体重量，增加了载箱量。通过倾斜试验和试航的验证，该船的载重量、航速以及均箱数等指标均达到并优于建造合同规定的要求。经过一年的营运，得到船东的好评。鉴于该船良好的经济指标和优良的性能，船厂已得到 40 多艘姐妹船的订单，为船厂带来了显著的经济效益。

五、8 530TEU 超大型集装箱船

为适应集装箱船超大型化发展的新趋势，2002 年沪东中华造船厂自主开发了 8 000TEU 大型集装箱船等一批新产品，并通过国家级评审和验收。2004 年 11 月 8 日，该厂与中海(集团)签订了(4+1)艘 8 530TEU 集装箱船的建造合同。首制船“新亚洲”号于 2007 年交付使用。

该船总长约 335.0 米，型宽 42.8 米，型深 24.8 米，设计吃水 13.0 米，结构吃水 14.65 米，主机采用 12KMC－C 型柴油机，功率为 68 520 千瓦，航速 27 节，可装载 8 530 个标准集装箱。经优化，该厂又设计出 8 600/8 888TEU 集装箱船。

在 8 530 箱船的研发阶段，沪东中华造船厂针对该型船的关键技术，在总体设计、动力装置设计、船体建造及制作工艺等方面逐一突破，并在施工过程中运用了多项新工艺，从而使该型船的技术指标达到了当时国际同类型船的先进水平。

该船实施了抗扭箱工艺图册化编制，机舱区域采用分段大型总组吊装、艉柱分段侧身落地滚翻吊装、厚板分段制造、焊接技术研究等多项新工艺、新技术。

在该船舱口围板、抗扭箱分段制造过程中，首次大量应用强度级别为 EH40 的 68 毫米厚的高强度钢板。其中，抗扭箱分段是该型船最关键的分段之一，经过近一个月的研究，编制了《8 530TEU 集装箱船抗扭箱分段制造工艺》。该工艺突出数字化、图册化、精细化的特点，为造船生产向数字化、精细化方向发展探索出了新路。按照工艺要求，高强度超厚板焊接前要加温预热，焊接后要保温，仅预热就需要一天多时间。为了节省时间，焊接人员不畏高温连续作业，抗扭箱分段建造难题被一举攻克。

为保证建造进度和质量，在该型船建造过程中，采用管子及设备单元模块化安装技术，使得部分管子在分段未完工时就开始组装，等到分段完工后，组装完毕的单元便直接吊入进行分段安装。同时，沪东中华造船厂不断改进生产工艺，成功实施了大型总组分段整体吊装工艺。在加工 8 530TEU 集装箱船首制船的轴舵系过程中，面对该型船尾轴毛坯重达 92 吨、长 14.18 米、轴承档跳动量为 0.03 毫米,舵叶重 130 多吨,不锈钢轴套内孔镗床加工至 Ra3.2 等难题,成立攻关小组,并通过增强车床托架的承受力,提高机床尾顶针锥度、硬度和加工精度,完善工艺流程,采取安排经验丰富的工匠承担加工任务等一系列措施,确保了艉轴管前后轴承、舵系和轴系装配一次提交船东,船级社验收合格。

沪东中华造船厂在建造 8 530TEU 集装箱船过程中,还先后攻克了高强度大厚度板焊接工艺,大型轴系、舵系和螺旋桨加工及安装技术,大型舱口盖、舱口围板、绑扎桥的制造、安装程序和精度控制技术,模块化制造应用范围扩大等一系列难题。

沪东中华造船厂自主开发设计的 8 530TEU 集装箱船,具有完全自主知识产权,填补了国内造船工业的空白,也是当时世界航运市场中具有先进水平的第六代巴拿马型超大型集装箱船。该型船不受巴拿马运河的限制,轻载时不需用大量压载水就能确保其稳性,船上 4 台发电机完全能满足船舶运行和冷藏集装箱对电力的需要。整艘船可一人驾驶,舱内还设置有延伸的报警系统、通信导航系统,驾驶室的设计和布置完全满足 NAV - OC 船级符号的要求。

沪东中华造船厂建造的 8 530TEU 集装箱船继首制船“新亚洲”号交付中海集运公司后,又分别交付了“新欧洲”号、“新美洲”号、“新非洲”号和“新大洋洲”号。

2006 年 7 月,沪东中华造船厂与希腊高世迈航运公司签订了 4 艘 8 530TEU 集装箱船建造合同,这是我国建造的大型集装箱船首次打入国际市场。

2007 年,沪东中华造船厂又与香港东方海外货柜航运有限公司签订了建造 8 艘 8 600 箱集装箱船合同。

在这批 8 530TEU 集装箱船中,首制船“新亚洲”号(图 5 - 10)建成后就首航美国;“新非洲”号交付船东后,即投入了海峡两岸直通首航。

2009 年 10 月,8 530TEU 集装箱船被国家科技部列入首批国家自主创新

图 5-10　8 530TEU 集装箱船首制船“新亚洲”号

产品名单，并被上海市科委授予“上海市自主创新产品”称号，列入《2009 年度上海市自主创新产品目录》。

六、4 250TEU 集装箱船

2005 年，大连造船集团分别为新加坡 PIL 公司和德国 Richmers 公司建造 4 250TEU 集装箱船(图 5-11)。该型船是新型巴拿马最大型集装箱船，入级英国劳氏船级社，分别悬挂新加坡旗和马绍尔旗，航行于无限航区。

该船设计特点为设置球鼻艏，单机、单桨驱动，机舱设在舯后部，机舱为双底结构，上层建筑共 9 层，使用 6 叶螺旋桨和全悬挂舵。

该船货舱区为双底、双壳结构，分 7 个货舱，第七货舱在机舱棚之后。布置压载舱共计 13 个，第一货舱前半部分为边舱/底舱，第一货舱后半部分的边舱、艉尖舱和艏尖舱作为空舱。燃油深舱划分为 3 对，分别布置在第三、四、五货舱区舷侧位置。日用燃油舱、沉淀舱和柴油舱等设在机舱内，淡水舱设在第七货舱边舱位置。

图 5-11　4 250TEU 集装箱船

该型集装箱船纵向设置 16 个 40 英尺箱位,其中前面布置 12 个 40 英尺箱位,无绑扎桥;舱内横向装载 11 列,垂向装载 5 层标准集装箱两层高箱;甲板上横向装载 13 列,垂直方向上最高可装载 8 层标准集装箱,前面位置最高可装载 7 层标准集装箱。交船后经验收性能指标均达到设计要求。

七、10 000TEU 集装箱船

2008 年 4 月,中国自主建造的国内首艘 10 000TEU 集装箱船——“中远大洋洲”号(图 5-12)在南通中远川崎船厂交付使用。该船的成功建造使中国成为继韩国之后第二个能够自主建造 10 000TEU 集装箱船的国家。

该船总长 348.5 米,型宽 45.6 米,型深 27.2 米,满载吃水 14.5 米,航速 24.9 节,一次可装载 10 062 个 20 英尺标准集装箱,为当时亚洲最大、装备先进的超巴拿马型集装箱船之一。

该船机舱设在舯后部,主机为一台 MAN—B&W 12K98MC MAK6 二冲程低速柴油机,转速在 94 转/分时,功率为 68 640 千瓦,耗油量约为 250 吨/天。

图 5－12　10 000TEU 集装箱船“中远大洋洲”号

艉轴系由中间轴和艉轴组成，前端连接大功率主机，后端连接一只重约 100 吨、直径约为 9 米的 6 叶螺旋桨。轴系直径为 810～980 毫米，长度超过 50 米，总载重量约 250 吨。

该船一次可装载 10 020 个标准集装箱，且不仅可装载标准集装箱，还可装载多种等级的危险品货物集装箱。

该船从设计到建成交付历时两年。该船在整体设计、动力装置、建造工艺、船舶安全以及节能减排等方面均达到了国内领先、国际先进的水平。

“中远大洋洲”号集装箱船首航从大连启程，经天津、青岛、香港、苏伊士运河，抵达荷兰鹿特丹港，全程共挂靠 8 个港口，航程 22 800 海里，相当于绕地球赤道一周。2008 年 12 月 15 日，“中远大洋洲”号从天津港启程，17 日抵达台湾高雄港，拉开了两岸直航的序幕。

八、5 100TEU 巴拿马极限型集装箱船

5 100TEU 集装箱船(图 5－13)是上海船舶设计研究院 2005 年为中国远

洋(集团)公司及德国船东 RHL 开发的,在江南造船厂长兴二号线建造的巴拿马极限型集装箱船,共计建造 9 艘。该船型总长 294 米,型宽 32.2 米,型深 21.8 米,结构吃水 13.5 米,名义总载箱量 5 089TEU,服务航速 25.3 节。

图 5 - 13　5 100TEU 集装箱船

该船型是上海船舶研究设计院首次承接的 5 000TEU 级别的集装箱船,合同签订前开发时间超过两年,项目前期投入大量精力与船东反复沟通技术规格。经过对船体线型多次改型、采用扭曲舵及艉楔等节能装置,最终在德国汉堡水池的船模试验中达到合同所规定的航速,且螺旋桨与舵空泡性能均良好。

该项目的首制船于 2009 年 10 月交付使用,各项技术指标均达到合同要求。该项目在空船重量、重心控制、总体布置合理性、详细设计与生产放样沟通等方面均积累了不少宝贵的经验。

九、4 600TEU 迷你型超巴拿马型集装箱船

2006 年 10 月 22 日,巴拿马全民公投通过了《巴拿马运河扩建建议——第

三套船闸项目》,使得船宽超过 32.26 米的新巴拿马型集装箱船通过该运河成为可能。2008 年,上海船舶研究设计院开发出世界首款“迷你型超巴拿马(Baby Post-Panamax)”4 600TEU 宽体集装箱船(图 5－14),并成功赢得德国船东 RHL 的订单,由上海船厂建造 4 艘。2012 年,首制船在上海船厂崇明基地厂区码头交付。

图 5－14　4 600TEU 宽体集装箱船

该船总长 260 米,型宽 37.3 米,型深 19.6 米,结构吃水 12.5 米,名义总载箱量 4 672TEU,服务航速 23.1 节,入级德国劳氏船级社。与之前大批量建造的传统巴拿马型 4 250TEU 集装箱船相比,4 600TEU 宽体集装箱船结构吃水时均质 14 吨/TEU 装载量提高了 24%。该装载工况携带的压载水量大幅度减少 74%,大大提升了船舶的营运经济性。

十、3 800TEU 迷你型超巴拿马型集装箱船

2008—2009 年全球金融危机,集装箱船市场急剧萎缩。在空前萧条的国际市场环境下,上海船舶研究设计院凭借积极的市场调研和敏锐的观察力,于

2010 年为德国著名班轮公司 Hamburg Süd 量身开发非洲最大型(Africa-Max)的 3 800TEU 迷你型超巴拿马型集装箱船,成功获得 4 艘新船订单。该系列船顺利交付之后,德国船东 F.A.Vinnen、Carsten Rehder 和以色列船东 Ofer Maritime 又相继下单,订购了 6 艘同类型集装箱船。该 10 艘船均由上海船厂承接建造。该型船总长 228 米,型宽 37.3 米,型深 19.6 米,结构吃水 12.5 米,名义总载箱数 3 884TEU,冷藏集装箱插座 500 只,服务航速 20 节,配备 2 台克令吊。

2015 年,随着国际生鲜易腐货物海运的载体从传统冷藏船向更加高效便捷的冷藏集装箱船加速转移,上海船舶研究设计院将 3 800TEU 集装箱船型按照南美航线特殊需求进行调整和升级,开发出新一代浅吃水 3 800TEU 高冷藏箱集装箱船型,再次获得船东 Hamburg Süd 的青睐,向江苏新扬子造船有限公司下单建造 4 艘,入级美国船级社(American Bureau Shipping, ABS),挂德国旗,如图 5-15 所示。该船总长 230 米,型宽 37.3 米,型深 19.6 米,设计吃水 9.5 米,结构吃水 12.5 米,名义总载箱数 3 947TEU,冷藏箱插座 1 000 只,结构吃水时服务航速 19 节。船体线型基于营运模式进行 CFD 优化设计,配备 MMG 高效螺旋桨、Bercker 全悬挂扭曲舵、桨前节能装置。该型船配备两台克令吊,甲板上布置一层绑扎桥及一层冷藏集装箱操作平台,并配备艏侧推装置和艉侧推装置各一台。该船型满足 ABS 关于冷藏集装箱的“IRCC-SP”船级

图 5-15　3 800TEU 集装箱船

符号要求，采用变频控制的海水冷却泵、机舱风机及货舱风机，配备船体状态监测系统、舵效监测系统、高度集成化的自动化控制系统、先进的智能化网络系统，并配备中压岸电系统。该型船以其国际先进的综合性能和高规格的设备系统配置。

十一、3 600TEU 集装箱船

2010 年 7 月 20 日，上海船厂船舶有限公司建造的 3 600TEU 集装箱船首制船“雨果・肖特”号(图 5－16)在其崇明基地提前 182 天交付船东德国 TS 公司。该船的顺利提前交付，为上海船厂该型船的后续生产开了个好头。3 600TEU 集装箱船是上海船厂为应对国际金融危机与上海船舶研究设计院联合开发的新型集装箱船。该型船的设计充分体现了环保、低碳、经济的理念，不仅载箱量有所增加，而且额定航速更为合理，具有省油、排放少等优点，特别是配置了 4 台克令吊，使得其具备了自装自卸能力，码头靠泊适应性也得到了提高。该型船推向市场后，受到了德国 TS 公司等一批主流船东的关注。

图 5－16　3 600TEU 集装箱船首制船“雨果・肖特”号

该船总长 239.63 米,型宽 32.2 米,型深 19.2 米,设计航速 23 节。该船的合同交付期为 2011 年 1 月,上海船厂在“造好船、快造船、降成本、防风险”的思想指导下,积极加强与 TS 公司的沟通,并于 2010 年 4 月下旬与其达成了提前交船的协议。据统计,该船船台周期仅 97 天,码头舾装周期仅 90 天,均为该公司首制船相关生产周期的最短纪录。

十二、4 300TEU 集装箱船

4 300TEU 集装箱船是大连造船集团在 2011 年 1 月承接的为新加坡 PIL 公司建造的新型巴拿马最大型集装箱船。该型船在原有 4 250TEU 集装箱船的基础上进行了升级换代,主要是快速性优化及为提高甲板上的装载量而增加了绑扎桥。

4 300TEU 集装箱船入级英国劳氏船级社(LR),挂新加坡旗,无限航区。

该船设有球鼻艏、单机、单桨驱动;机舱及桥楼设在艏后部,机舱为双底结构,桥楼共 9 层,舵为全悬挂扭曲舵。

该船货舱区为双底、双壳结构,分 7 个货舱,19 个压载舱,艉尖舱和艏尖舱等作为空舱。燃油深舱划分为两对,布置在第四货舱内。燃油日用舱、沉淀舱和柴油舱等设在机舱内,淡水舱设在第七货舱边舱位置。

该型集装箱船纵向设置 16 个 40 英尺箱位,其中桥楼前布置 12 个 40 尺箱位,两层绑扎桥。舱内横向装载 11 列,垂向装载 5 层标准集装箱两层高箱,甲板上横向装载 13 列;垂直方向,桥楼后最高装载 8 层标箱,桥楼前最高装载 7 层标准集装箱。

十三、4 700TEU 小型超巴拿马集装箱船

随着金融危机以及市场发展趋势,以及高涨的燃料成本,为了满足船舶能效设计指数(energy efficiency design index, EEDI),中国船舶及海洋工程设计研究院开发设计了 4 700TEU 小型超巴拿马集装箱船型(图 5-17)。

图 5-17　4 700TEU 小型超巴拿马集装箱船型

该船船东为中海集装箱运输股份有限公司，入级中国船级社(CCS)。该系列船型共 8 艘，由江南长兴重工建造，首制船于 2012 年 5 月交付，各项指标均达到技术规格书要求，截至 2012 年底完成交船 5 艘。

该船为钢质、单甲板、单桨、柴油机驱动，无限航区，设有球鼻艏，7 个货舱，是具有倾斜艏柱、方艉的常规船型。

该船总长约 255.10 米，型宽 37.30 米，型深 19.60 米，总箱位数 4 738TEU。

该船的设计特点：

(1) 燃油舱保护设计。MARPOL12A 要求，燃油舱布置应满足双壳，双底的最小间距或符合溢油参数标准，虽然对两种方式都予以认可，但主要是采取完全双壳、双底保护方式，因而环保效果更好。

(2) 结构设计。该船型的宽度比常规的巴拿马集装箱船更宽，这对于集装箱船的大开口扭抗刚度十分不利。作为新型集装箱船，本船不仅要进行舱段有限元计算、局部强度计算，还首次进行了全船有限元的计算。

(3) 压载水管理结构设计。由于设计的集装箱船满载时的稳性比较紧张，故在压载水转换时只能采用溢流法,以避免有的压载舱在压载水转换时成为空舱。而溢流置换时,压载水置换的时间又较长,一般单个压载舱需要1~2个小时,因此对压载水交换时产生的附黏阻压力就要给予特殊考虑。集装箱船干舷相对较高,纵向抗扭箱区域板材较厚,所以尽量在厚板区域减少开口,一般可采用总管溢流方式。该船采用溢流的压载水处理方法,不改变压载舱的装载状态,所以对船体结构强度没有太大的影响,只需要在管弄内增加一套管系。

(4) 船首、船尾抗砰击和拍击设计。集装箱船作为航速较快的船舶,在压载航行时,最小艏吃水也较低,所产生的船首底部砰击压力较大。在校核该处结构强度时应考虑到由于线型升高而导致局部纵骨间距增大,相应地该区域的结构构件尺寸也要求增加。为了获取更大的空间,装载更多的集装箱,艏部线型往往外飘较严重,外飘角也很大,往往超过了40度,故该区域内的纵骨在强框处需要加设补板及防倾肘板。

虽然该船的艉部拍击载荷没有艏部严重,但是载荷还是有明显增加,故在进行局部的构件以及节点的设计时也应予以重视。

(5) 其他结构以及节点的处理。节点设计时应尽量避免应力集中,优化节点的设计方案,以提高节点处材料的疲劳寿命,特别是在高应力区域以及应力集中比较明显的部位,一般对该区域的连接构件采用全焊透焊或深熔焊,在高应力部位的开口应尽量增大角隅半径,以降低应力集中系数,提高结构的疲劳寿命。

集装箱船有许多局部加强结构,如舱内的箱脚加强结构、甲板上箱脚及箱柱加强结构,舱口围板局部加强结构以及绑扎桥和导轨的加强结构。本船对简单的结构采用了单跨梁计算,如局部加强构件;而结构复杂的,载荷较大部分则采用交叉梁系确定构件尺寸,如对锅炉基座、机舱上甲板装有集装箱的区域进行加强处理。

该船舾装设备的设计,机舱布置、船舶管系、空调、冷藏等设计,均有不同程度的创新和改进。

4 700TEU 是中国船舶及海洋工程设计研究院首个超巴拿马型集装箱船的研发项目，通过此项目的研发积累了经验，收集了第一手资料，作为母型船对以后同型船有较高的参考价值。正因为该船的设计成功，为以后陆续开发的 4 800TEU、5 000TEU 等中型集装箱船开拓了市场，且均具有较强的市场竞争力。该船是首次入级中国船级社的中型集装箱船。

十四、4 800TEU 集装箱船

2010 年 11 月由江苏新扬子江造船有限公司委托中国船舶及海洋工程设计研究院在原 4 250TEU 集装箱船及 4 700TEU 集装箱船的基础上，以通航拓宽后的巴拿马运河为目标航线，开发设计了一小型超巴拿马集装箱型 4 800TEU 集装箱船(图 5－18)。

该船为钢质、单甲板、单桨、柴油机驱动，无限航区，设有球鼻艏、倾斜艏柱、方艉，总长约 255.40 米，型宽 37.30 米，型深 19.60 米，设计吃水 11.00 米，结构吃水 12.50 米，定员 30 人，服务航速(结构吃水)21.5 节。

图 5－18　4 800TEU 集装箱船

为保证该船航速和节能环保的需要,该船加装了舵球,经船模试验验证,航速提高了 0.2 节。为了精确校核拆桨对其影响,对船体艉部(含舵和舵球)和螺旋桨进行了三维建模拟合拆桨试验。

为满足续航力的要求,该船燃油舱容量达到 4 000 立方米,相对于母型船 4 700TEU 集装箱船增加了 1 000 立方米的燃油,因此,布置更加困难。设计中参考国内标准化要求,严格校核燃油舱各剖面位置,并在船厂放样后将燃油管系位置和走向反映在完工图纸上,避免后续船建造时发生错误。

该船采用滤器-消毒的方式进行压载水处理,以满足压载水管理公约中关于 D-2 的标准要求,获得了德国劳氏船级社的认可。

为了满足最大载箱量,货舱开口比较大,开口宽度与型宽之比达到了 0.89,同时横向甲板宽度一般不足 2 米,考虑到主机功率,对上层建筑的抗振设计带来了诸多的不利因素。同时,高航速也会引起比较严重的底部砰击和舷侧拍击压力,这些问题在设计中都得到特别关注。

由于集装箱船的装载特点,静水弯矩主要是中拱弯矩。需要在满足所需要的静水弯矩最小剖面模数,以及装载产生最大弯矩的前提下,选取合理的弯矩值。为了尽量控制船体重量,在满足最小剖面模数的基础上增加了一定裕度进而选取了一个设计静水弯矩值。该弯矩值尽量控制了结构重量,又不至于过小。

集装箱船内壳由于艏、艉的线型变化,这些纵向内壳参与总纵强度的有效性需要特别考虑。由于方形系数较小,船体底部线型收窄得比较快,而为了能更多地装载集装箱,船体上部的线型收窄得较慢。因此,艏、艉处的底部剖面模数趋于紧张,为此对机舱后面的艉货舱区域的剖面模数及机舱底部的剖面模数给予特别关注。

对于大开口的船,斜浪状态下的扭转翘曲应力在总纵强度应力计算中所占有的比例会明显提高,可运用薄壁梁理论校核抗扭刚度,各家船级社都有相应的计算软件。在设计中,除了考虑波浪产生的水动力扭矩外,集装箱船还要考虑装载不平衡所产生的货物扭矩。

当获取剖面各处的翘曲应力后，再与垂向弯曲应力以及水平弯曲应力进行合成，以校核斜浪状态下的总的合成应力。在船中处，一般舱口围板顶部以及舭部的合成应力比较大，设计时给予了特别关注。

疲劳强度设计。对于纵骨的疲劳强度直接运用船级社的计算软件进行计算；对于甲板抗扭箱厚板区域，注意到了该处的开口对疲劳强度的影响。对板架的疲劳强度，尤其是横骨架式的分段接缝处的疲劳强度，也应特别加以注意。对于舱口角隅处，由于应力集中的出现，疲劳强度尤其需要关注。机舱前端壁处，由于刚度突变及纵、横构件的交汇，应力集中达到了最大，因此该处主甲板一般采用负角隅的角隅型式，其他位置的主甲板角隅一般采用圆弧或椭圆型式，在不影响装载集装箱的条件下，应增大角隅半径。

4 800TEU 集装箱船成功的设计与建造，在当时船市不甚景气的情况下，创出了一条以技术创新为导向的新路。

十五、9 000TEU 系列集装箱船

9 000TEU 集装箱船(图 5 - 19)是当时新一代南美航线最大型的集装箱船型。该船共建造 6 艘，船东分别为德国 Bernhand Schulte 公司(前 3 艘)和希腊 Cost mare 公司(后 3 艘)。

中国船舶及海洋工程设计研究院 2010 年 9 月设计，江南长兴重工有限公司建造，首制船于 2013 年 7 月交付使用。

该船采用单柴油机，定螺距螺旋桨推进，带艏侧推装置和球鼻艏，单层连续甲板，有艏楼，艉部设艉系泊甲板。机舱棚与上层建筑分列成双岛式布置，生活舱室位于中前部，下方设置燃油舱。该船采用中艉机型布置，设有 7 个货舱，货舱区域为双壳、双底布置，设置底压载舱及边压载舱，机舱区有双层底。燃油舱满足纯双壳单独布置。

图 5-19　9 000TEU 集装箱船

该船总长 299.9 米,型宽 48.2 米,型深 24.8 米,载重量为 111 860 吨,总载箱量 9 403TEU(平均箱重 14 吨时为 7 190TEU)。

针对船东对南美航线的需求,船长限制在 300 米以内,最大吃水不超过 14.5 米,载重量要求高,同时需兼顾航速和油耗。为平衡这一矛盾,在线型及螺旋桨的设计上进行了大量优化工作,严格控制重量,特别是结构重量。通过合理结构布置、优化结构构件使本船的空船重量指标达到国际先进水平,节约了建造成本,提高了营运经济性。

该船为新巴拿马船型,船宽 48.2 米,可以顺利通过拓宽后的巴拿马运河,停靠世界各主要集装箱码头。该船采用双岛设计,充分利用船长增加载箱量和载重量,与传统的 8 500TEU 级集装箱船相比,本船船宽增加了 5.4 米,总载箱量达 9 000 多箱,载重量增加约 10%。

燃油舱满足纯双壳单独布置要求,环保和安全性高。舱内和甲板可容纳 1 000 多个冷藏集装箱,舱内可实现标准集装箱和高箱的无序混装,提高了船舶营运的经济性。

低油耗设计。本船在设计中采用了 MAN 最新的高效主机 9S90ME－C9.2，具有更长的冲程和较低的转速，单缸功率得到较大提高，同时转速的降低，提高了螺旋桨的推进效率，大大降低了船舶营运油耗。

该船舶能效设计指数(EEDI)较低，达到的指数(A)为 11.59，低于基准线(阶段 0)约 33%，可满足 2025 年 1 月 1 日要求的阶段三的指标。

该船在最少压载水设计中，在船型主尺度和分舱布置时确保主要营运状态下减少压载水的使用，增加了有效货运能力，极大提高了货运效率和营运效率，降低了建造成本。

该船在船舶系统设计和设备选型中采取整体环保设计技术，以满足国际海事组织的最新规范要求以及欧盟、美国等排放控制区域对压载水置换以及硫氧化物排放控制的要求。

船舶的设备和材料选型考虑了国际海事组织的香港拆船公约，控制船舶在全寿命周期内对环境的影响，达到环境友好的绿色集装箱船型要求。

中国船舶及海洋设计研究院通过广泛的市场调研和充分的研究论证，制订了符合客户使用需求的技术方案。在开发建造过程中，积极开展设计方、建造方与船东、船级社之间的交流沟通，解决了多项设计难题，使项目顺利进行。从实船完工测试及之后的营运情况反馈来看，本船在载重量、载箱量和经济性等方面均具有一定的先进性和优势。

该船瞄准市场需求，以高总载箱量、高均箱数、高冷藏集装箱数、低油耗和良好的操作性、舒适的居住条件为设计目标，是一型优秀的集装箱船型。该型船方案推出后，得到市场的积极响应，获得了大量订单，其船东有 Bernhard Schule、希腊 Costamare、地中海航运 MSC、法国达飞 CMACGM 和中远集运等，生效的订单数十艘，分别由江南造船集团、沪东中华造船集团和外高桥造船集团建造，总产值约 30 亿美元，在建造过程中一些船东还在追加新船订单。

该系列船投入营运后状态优良，船东给予较高的评价：营运性能优秀，所有技术指标，如服务航速、燃油耗量、装载量及载箱量等性能指标均满足要求。

该船的成功设计建造,树立了优秀船型品牌,塑造了企业形象,提高了设计和建造单位的综合研制能力,为争取新船订单奠定了基础。2011 年和 2013 年该院又与国内一流船厂密切合作,取得了 10 000TEU 集装箱船和 18 000TEU 集装箱船的实船订单。

该船于 2015 年荣获中国船舶工业集团公司科学技术进步奖一等奖。

十六、13 000TEU 集装箱船

2013 年 2 月 2 日上午,我国当时新建造的最大集装箱船 13 000TEU 集装箱船"中远川崎 111 号"离开码头,开启其试航之旅。

"中远川崎 111"号(图 5 - 20)是新建的 8 艘同类 13 000TEU 集装箱船型中的首制船。该船总长 366 米、型宽 51.2 米、型深 29.85 米,总箱位达 13 000 多个。作为超大型集装箱船的典型代表,该船具有油耗低、载箱量大、建造精度高、适港性强等优点,能效设计指标比国际同类标准船型低 25%,船舶装载量、营运快速性及灵活性和安全性能指标等,均属世界先进水平。

该船驾驶台位于舯部偏艏,距船首 143 米,解决了船舶操作过程中盲区过大的问题;采用无人控制机舱、触摸屏控制等先进技术。

早在 2007 年至 2009 年期间,南通川崎曾自主设计建造了 4 艘当时国内最大的 10 000TEU 集装箱船,获得众多关注。

该船是南通川崎继 2010 年自主设计完成 10 000 箱系列集装箱船建造后的又一型超大型集装箱船。上一艘 10 000TEU 集装箱船在船坞内的建造周期为 79 个工作日,此次 13 000TEU 集装箱船通过串联建造的方式,进一步压缩了工期,坞内周期仅为 58 个工作日,再次创下了超短工期造船的最新纪录。双岛型结构设计是该船的一大亮点,并对舱室的布置进行了优化,较好地控制了空船的重量,提高了整艘船的稳性。

13 000TEU 集装箱船的建造,标志着我国从造船大国迈向造船强国。

图 5-20　13 000TEU 集装箱船“中远川崎 111”号

十七、10 000TEU 集装箱船

2014 年 1 月，由我国完全自主研发、自行设计建造的一艘 10 000TEU 集装箱船（图 5-21），在大连船舶重工签字交付。该船的交付，不仅实现了国内建造超大型集装箱船的新飞跃，而且使我国成为继韩国、日本之后，能够自主研发、自主设计、自主建造超大型集装箱船的国家。

10 000TEU 集装箱船是大连造船集团为中海集装箱运输股份有限公司设计建造的新一代超大型集装箱船，适应市场环境和新的技术要求。该船总长 335 米，型宽 48.60 米，型深 27.20 米，结构吃水 15.00 米，可装载 10 036 个 20 英尺标准集装箱，续航力 20 000 海里。该船试航期间各项技术性能指标均达到或超过合同的要求，尤其是航速、油耗、振动等各项性能指标优越，各项技术指标均达到了国内领先、国际先进水平。

该船为单机、单桨驱动的大型集装箱船，入级德国船级社（Germanischer Lloyd，GL）和中国船级社（CCS），挂中国香港旗，船首部区域满足中国船级社（CCS）关于 B 级冰区加强的各项要求，满足 NO_X Tier II、SO_X 排放要求，满足压载

图 5－21　10 000TEU 集装箱船

水管理的相关规定。

该船船体结构经系统优化，空船重量指标先进，提高了船舶的载货能力和装载的灵活性，设计能效指数(EEDI)满足 2025 年实施的第三阶段减排标准。

该船设有球鼻艏、倾斜艏柱、方艉，单层连续甲板并有艏楼；机舱及甲板室设在艉部，甲板室共 8 层；设 9 个货舱，货舱双底、双壳，并设有艏侧推装置舱；设燃油舱 5 个，在 4 个货舱区域内对称分布；在舯部，设有一对左右对称的边压载水舱，可用于调节横倾；艏侧推装置舱位于第一货舱和艏尖(空)舱之间；从第二货舱后端到机舱前端的双层底内设有管路通道；在二甲板上，货舱两舷设有纵向安全通道。全船可载运 700 个空冷式冷藏集装箱，甲板上 647 个，舱内 53 个。

十八、10 000TEU 宽体型集装箱船

同期，由中国船舶及海洋设计研究院设计的 10 000TEU 集装箱船(图 5－22)首制船于 2014 年 3 月交船。该船是国内自主开发建造的新一代宽体型集装箱船，由江苏扬子江船业集团公司承造，入级挪威船级社。

图 5－22　10 000TEU 集装箱船首制船

该船型的开发以经济、安全、环保、舒适为设计理念，并结合船东提出的“4E”理念：船舶经济性、能源效率、环境友好型和建造经济性。船东将本船型命名为“节能型万箱船”。

通过设计优化，该船的综合油耗下降了近 20%，满载营运状态下无须压载水，提高了营运效率。船东充分认可该船型的各项性能，交船后分别租赁给韩进、商船三井、马士基等国际一流航运公司，实际营运表现受到租船方的一致肯定，尤其是马士基航运公司，他们通常只在日韩建造和租赁超大型集装箱船。该船是马士基在我国租用的首型超大型集装箱船，体现了该船型的各项性能得到了国际一流航运公司的充分肯定。

10 000TEU 系列船的成功开发为国内在此后的超大型箱船的设计建造提供了多方面的参考，打下了深厚的技术基础，提供了宝贵经验。与国内、外多家设计公司的相似船型相比，该船型指标具有一定的优势，进一步巩固了中国船舶及海洋工程设计研究院在大型集装箱船设计领域的优势地位，为国内接下来赢得更多的超大型集装箱船设计建造合同奠定了基础。

由于巴拿马运河新船闸最大允许通行船宽放宽到49米，加之国际燃油价格上涨及航运市场波动带来的船舶降速营运的浪潮，宽体集装箱船受到更多关注。相比传统超巴拿马型船(船宽42.8～45.6米)，船宽约49米的新巴拿马型船拥有更大的载箱量，并且可以提供更好的稳性，在正常装载状态下可以少用甚至不用压载水，增加了载货量，提高了营运的经济性。该型船船宽为48.2米，船型主尺度可通过巴拿马运河新船闸。船型开发立足于使用需求，在充分了解船东的各项营运指标及习惯的基础上开展优化设计。通过分析船东的空载率及靠港需求，不断地改进设计，最终实现更优的综合油耗性能，进而成为该型船的独有优势。

该船为艉机型单岛船型，无艏楼，设置艏侧推装置，带球鼻倾斜船首，单层连续甲板，货舱区为双壳结构，边舱和底舱为压载水舱，其中一对边压载水舱兼作防横倾舱。深油舱布置在中货舱区域，有利于控制浮态及总纵弯矩。

该船共设有9个货舱，其中7个货舱布置在机舱前部，两个货舱位于机舱后部，货舱区设置抗扭箱；货舱内可堆放17列10层集装箱，其中包括两层高箱，并且可以实现无序混装；甲板上可堆放19列9层集装箱，总箱位数为10 100TEU，配置了1 000只冷藏箱插座；上甲板设两层箱高绑扎桥；1～6号货舱可装载危险品货物集装箱，其中2号货舱可装载一类危险品货物集装箱。

通过采取线型合理设计、布置优化、合理分舱等措施，有效地提高了均箱数。该船的冷藏集装箱插座数量多于同类船型，且单货舱内的插座数最多，该船达到90只。该船对电力负荷和货舱通风设计都有很高的要求，根据电力负荷情况发电机配置为“两大两小”，具有更大的营运灵活性；货舱通风量要求较高，风管数量较之前的船型多，且同时满足通道要求，在设计展开之初即对此问题予以了充分关注，提出了合理的方案，为生产设计扫除了障碍。

该船充分考虑绿色环保方面的要求，采用集成式舱底水处理系统，进行系统设计和设备选型，并采取整体环保设计技术，满足国际海事组织的最新规范

要求以及欧盟、美国等控制排放区对硫氧化物排放及压载水排放的控制要求，严格控制船舶的各项排放指标。

该船采用的分段划分方案，提高船坞搭载速度和舾装预装的完整性，如油舱形成整体，在预装和吊装时形成单元，提高区域完整性；部分横舱壁划归舷侧分段，既能增加舷侧分段在合拢时的稳定性，减少对合拢支撑的需求，又能使横舱壁分段重量降至能适合整体建造和吊装的水平，提高货舱导轨整体预装的完整性、预装精度和合拢精度。

在该船建造中，充分发挥吊装设备极限，形成整货舱完整的立体总段后合拢，通过合拢形成整个艉货舱的完整区域；对集控室区域的分段进行总组，使集控室在结构上形成完整的六面体，为集控室进行全面预装提供条件，使集控室在合拢前形成分段。

NAUT－OC 是挪威船级社(Det Norske Veritas, DNV)为满足人机工程学的更高要求的一人桥楼的船级符号。

NAUT－OC 船级符号对驾驶室的设计提出了更高要求，包括工作站设置、视野盲区控制、仪器设备布置、桥楼工作环境设置、仪器仪表安装便于读取和操作、仪器及系统的功能发挥、桥楼报警系统设计等内容。

该船比较有特色的设备是电子海图系统及桥楼值班报警系统。该船电子海图系统采用网络型式，将三台电子海图、一台航行信息系统及航行设备报警系统结合成一个综合网络，各种航行设备的信息及报警在网络中传输、共享，简化了其他设备与电子海图之间的接口。与传统的航行设备报警系统不同，该船没有配置独立的报警灯板，而是设置了一个显示屏，将各个报警显示在显示屏上，也可在显示屏上对各个报警进行单独复位。

设计时，该船对驾控台进行了特殊设计，尽可能加大中台面积，方便驾驶员操作，如需要在两个驾驶位置布置都能操作的设备，中台是唯一可布置的地方；如无法满足两侧都可方便操作，则需要在两侧都配置设备。

我国快速发展阶段集装箱船建造一览表(2001—2014 年)如表 5－1 所示。

表 5-1　我国快速发展阶段集装箱船建造一览表(2001—2014 年)

年份	船型	主要参数	船东	设计单位/建造船厂
2003 年 9 月首制船交付	1 850TEU 集装箱船	总长 196.87 米,型宽 27.80 米,型深 16.6 米,设计吃水 10.5 米,服务航速 22.2 节	Rickmers Reederi 公司	中国船舶及海洋研究院设计/江苏扬子江船厂建造
2004 年 3 月首制船交付	3 500TEU 集装箱船	总长 231.00 米,型宽 32.20 米,型深 18.80 米,服务航速 22.2 节,设 500 只冷藏箱插座	德国 NORDDEVS-CHEREEDEREI 公司	上海船舶设计研究院/上海船厂建造
2004 年首制船交付	900TEU 集装箱船	总长 139.100 米,型宽 21.600 米,型深 11.800 米,设计吃水 8.0 米,航速 18.8 节	Herman Buss GmbH &Cie	中国船舶及海洋设计研究院/扬帆船舶集团有限公司舟山船厂建造
2007 年 9 月首制船交付	8 530TEU 超大型集装箱船	总长 334 米,型宽 42.8 米,型深 24.8 米,设计吃水 13 米,航速 27 节	中海(集团)总公司	沪东中华造船厂设计建造
2008 年 4 月交付	10 000TEU 集装箱船	总长 348.5 米,型宽 45.6 米,型深 27.2 米,满载吃水 14.5 米,航速 24.9 节	中远集运	南通中远川崎船厂建造
共 9 艘首制船 2009 年 10 月交付	5 100TEU 集装箱船	总长 294 米,型宽 32.2 米,型深 21.8 米,结构吃水 13.5 米,服务航速高达 25.3 节	中国远洋(集团)公司及德国船东 RHL	上海船舶研究设计院设计/上海江南长兴重工有限责任公司建造
2012 年 5 月首制船交付	4 600TEU 集装箱船	总长 260 米,型宽 37.3 米,型深 19.6 米,结构吃水 12.5 米,服务航速 23.1 节	德国 RHL	上海船舶研究设计院设计/上海船厂建造
2013 年 5 月	3 800TEU 集装箱船	总长 228 米,型宽 37.3 米,型深 19.6 米,结构吃水 12.5 米,冷藏箱插座 500 只,服务航速 20 节	德国 Hamburg Süd,德国 F. A. Vinnen、Carsten Rehder 及以色列 Ofer Maritime	上海船舶研究设计院设计/上海船厂建造

续 表

年 份	船 型	主 要 参 数	船 东	设计单位/建造船厂
2010年7月	3 600TEU集装箱船	总长239.63米，型宽32.2米，型深19.2米，设计航速23节	德国TS公司	上海船厂
2012年5月交船	4 700TEU集装箱船	总长255.10米，型宽37.30米，型深19.60米，设计吃水13米，设计航速18节	中海集运	中国船舶及海洋设计研究院设计/江南长兴重工建造
2012年交付	4 800TEU集装箱船	总长约255.40米，型宽37.30米，型深19.60米，设计吃水11米，服务航速21.6节	德国	中国船舶及海洋设计研究院设计/江苏新扬子江建造
2013年7月交船，共造6艘	9 000TEU集装箱船	总长299.9米，型宽48.2米，型深24.8米，设计吃水14米，服务航速22.2节	德国Bernhand Schulte公司/希腊Costnare公司	中国船舶及海洋设计研究院设计/江南长兴重工建造
2012年3月交付	13 000TEU集装箱船	总长366米，型宽51.2米，型深29.85米，设计吃水14.5米，服务航速24.2节	中远集运	南通中远川崎船厂设计、建造
2014年1月交付	10 000TEU级集装箱船	总长335米，型宽48.60米，型深27.20米，结构吃水15.00米，可装载10 036个20英尺标准集装箱	中海集运	大连造船集团设计建造
2014年3月交船	10 000TEU级集装箱船	总长337米，型宽48.2米，型深27.2米，设计吃水13米，服务航速25.1节，配置1 000个冷藏箱插座	加拿大西斯潘（SEASPAN）船舶管理公司	中国船舶及海洋设计研究院设计/江苏扬子江船业集团建造

第六章
集装箱船创新超越阶段(2015 年至今)

第一节 综　　述

科学无止境,技术在发展。2015 年至今,集装箱船承担的世界海运货运份额不断增加,超大型集装箱船由于其具有经济、节能、环保、规模化的优势,促进了该船型的迅速发展,集装箱船已从 18 000TEU 级迈入了 20 000TEU 级时代,超大型集装箱船订单持续增加,2010 年后全球订造再掀热潮。韩国和日本凭借其先进的船舶科技研发能力率先突破了超大型集装箱船设计建造的关键技术,不断刷新集装箱船单船载箱量的纪录,在万箱级以上超大型集装箱船领域的市场份额领先,全球 85.7%的万箱级以上超大型集装箱船订单由韩国船企获得。

在这一期间,国内对超大型集装箱船的设计建造技术的研究不断得到突破和创新,新一轮科技革命和产业变革迅速兴起,船舶制造朝着大型、节能、环保和信息集成化等方面发展。20 000TEU 级以上超大型集装箱船是典型的高技术、高附加值船舶产品,是实现我国集装箱船产品结构升级的重点方向之一。20 000TEU 级以上超大型集装箱船由于其载箱量大的特点,对于保障我国进出口货物的运输、支撑国民经济稳定发展具有重要意义。为了贯彻建设海洋强国的战略,我国必须拥有具有自主知识产权的 20 000TEU 级以上超大型集装

箱船的设计与建造能力，从而掌握海上集装箱运输的主动权。

为了加快我国集装箱船的研发速度，做到生产一代、开发一代、预研一代，赶上和超过世界先进水平，国家工业和信息化部、财政部，于2015年8月，将超大型集装箱船列为国家高技术船舶科研项目，组织中国船舶及海洋工程设计研究院、上海外高桥造船有限公司、大连船舶重工集团有限公司、沪东中华造船(集团)有限公司、中国船舶重工集团公司第七〇二研究所、中船华海船用设备有限公司、上海船舶运输科学研究所、九江海天设备制造有限公司、中国船舶重工集团第七〇四研究所、中国船舶重工集团第七二五研究所、中国船舶重工集团公司第七一一研究所等11家国内船舶科研设计院所联合大型国企船厂和船舶设备制造厂商，对20 000TEU级以上超大型集装箱船的设计建造进行专项研究。

针对集装箱船向20 000TEU级及以上规模发展的市场趋势，深入研究开发了3型20 000TEU级及以上集装箱船，EEDI低于IMO参考线40%以上，船舶SO_X和NO_X排放量满足Tier-Ⅲ级要求。一型为传统推进20 000TEU集装箱船基本设计，一型为双燃料动力20 000TEU集装箱船基本设计，一型为25 000TEU集装箱船基本设计。

在船型开发的过程中，我国船舶设计团队针对20 000TEU级及以上集装箱船具有基础共性的关键技术、关键配套设备与材料国产化研制应用开展了研究。其中，基础共性关键技术方面开展了双燃料推进技术、高效建造技术、波浪载荷与结构性能、水动力性能等研究，夯实技术基础，提升我国船舶工业的原始创新力；在配套设备与材料方面，开展了对绑扎系统、中压岸电系统、全悬挂舵、燃油及废气锅炉、结构安全监测、高强度止裂厚钢板、可剥离漆、低阻防污漆等的研究，实现关键配套设备和材料的国产化，使20 000TEU级及以上集装箱船的配套设备国产化率达到80%以上。

我国集装箱船设计单位和建造单位在前期工作的基础上，对超大型集装船进行了一系列开发研究。

1. 20 000TEU 级集装箱船型开发

围绕 4E 设计理念(船舶经济性、能源效率、环境友好型、建造经济性),开发满足安全、环保、经济需求的 20 000TEU 级集装箱船,使其综合技术经济和环保指标达到国际领先水平。

2. 25 000TEU 集装箱船型开发

开展船型概念设计与综合论证、结构设计、高效推进系统与节能技术、智能配载等关键技术研究,开发一型 25 000TEU 级集装箱船,完成船型基本设计。

3. 双燃料推进技术研发

通过对 IGF CODE 规则对策研究、双燃料船型风险识别及管控应对分析研究;LNG 燃料储存舱的设计研究以及燃气供给系统的配置及集成技术研究等,形成了可以在 20 000TEU 集装箱船上应用的双燃料动力系统设计方案。

4. 非线性波浪载荷及船体结构性能研究

对超大型集装箱船的非线性波浪载荷和结构性能进行评估,通过强度计算评估 IACS 关于集装箱船最新要求对 2 万箱级超大型集装箱船的适用性;通过自主开发的基于目标性标准的集装箱船全船有限元评估软件,对 2 万箱级超大型集装箱船进行基于等效设计波的直接强度评估,并在此基础上对特殊结构进行优化设计;通过对国内自主开发的弹振/颤振计算软件和国外船级社相关软件的计算结果对比,以及与国内外模型试验结果对标,提高国内弹振/颤振计算软件的可靠性和实用性;通过对冲击载荷的 CFD 计算和必要的模型试验,掌握甲板上浪和艏、艉砰击载荷对局部结构的影响;通过对参数横摇现象的分析和必要的模型试验,研究其对砰击颤振、艏、艉砰击和甲板上浪的影响;通过弹振/颤振/砰击等引起的结构响应评估,对船体梁极限强度和疲劳强度等进行分析,重点考察横向不对称冲击载荷引起的底部板架双向应力以及砰击颤振引起的船体梁载荷增量等。

5. 超大型集装箱船水动力性能研究

开展母型船方案论证及优化、母型船系列试验及系列化图谱研发、船体线型/螺旋桨/组合节能装置水动力性能一体化优化设计技术和综合预报与优化方法研究。

6. 中压大容量交流岸电系统国产化研制

根据国际公约和国内、外法规对船舶节能环保的新要求，结合船舶电力系统技术发展趋势，通过对船舶中压大容量交流岸电系统和设备、船岸中压大容量电力传输及控制技术的全面研究，突破系统设计、制造、试验过程相关关键技术，实现关键设备、部件的国产化，研制能够满足世界主要港口要求的 20 000 箱集装箱船需要的船舶中压大容量交流岸电系统。

突破 20 000TEU 集装箱船新型高效全悬挂扭曲舵设计制造关键技术，形成国内自主配套能力，并应用于实船。

7. 高强度止裂厚钢板实船应用

针对 2 0000TEU 级以上超大型集装箱船对 EH47 和 EH40 高强度止裂厚钢板的应用需求，开展 80 毫米以上板厚规格的 EH47 和 EH40 高强度止裂厚钢板的国产化研究，以满足超大型集装箱船对高强度止裂厚钢板材料的需求；开展 EH47 和 EH40 高强度止裂厚钢板应用研究，明确高强度止裂厚钢板及焊接接头的耐疲劳性能和耐腐蚀性能，为船体结构设计提供基本的设计参数，制订高强度止裂厚钢板的配套焊接材料选材要求、焊接工艺、冷加工工艺；开展配套焊接机冷加工工艺的船厂适应性研究、对船厂条件下的模拟分段建造进行解剖分析，对国产化高强度止裂厚钢板及配套的材料和工艺进行考核验证；在一型或多型 20 000TEU 级超大型集装箱船上局部使用国产化 EH47 和 EH40 钢板，实现国产化高强度止裂厚钢板的实船应用。

随着这一时期实船的成功交付，证实我国集装箱船的设计建造已经达到国际先进水平，获得世界航运界的青睐，超大型集装箱船已进入 2021 年订单中，超大型集装箱船作为高性能船和高端海洋装备代表之一，它的研制成功，表征着我国造船业实现了从“跟跑”到“领跑”的重大飞跃。

我国集装箱船的设计与建造呈现创新型和领跑型的特征。

8. 支线型集装箱船研发

支线型集装箱船是主要用于中、小港口间的集装箱货物直接运输及主干航线港口与中、小港口的集装箱中转运输的集装箱船。支线集装箱船载箱量在 3 000TEU 以下,营运区域涵盖全球,主要营运于地区航线以及部分南北航线。支线运输是集装箱班轮航线的重要组成部分,是集装箱枢纽港和干线运输的重要支撑,也是干线运输网络顺利运转的重要保障。截至 2020 年 1 月,全球营运的支线型箱船船队保有量为 2 989 艘、412 万 TEU,营运船运公司大约有 600 家。

支线型集装箱船主要配置在区域性的航线上,主要涉及的经济区域包括亚洲、欧洲、非洲和拉丁美洲,部分运力配置在南北航线上。

全球相关支线型集装箱船建造企业不断推出适应市场需求的新船型,如节能环保型、经济型。符合新规则、规范的以及能够满足船东特殊需求的船型成为市场订造热点。我国造船企业在支线型集装箱船方面接单业绩显著,如欧华造船就与德国 NS 设计院合资成立了舟山欧之星船舶设计有限公司,研发出 1 700TEU 集装箱船等系列产品。其中,1 700TEU 集装箱船是欧华造船自主研发的船型,采取了创新性的宽体设计,不携带压载水,该型船的租金明显高于同类船舶,获得国际船东和市场的认可。浙江扬帆也积极推出新型支线集装箱船,其自主研发的 2 600TEU 集装箱船采用了超常规宽度船型的设计,使其具有更好的稳性和均质箱的装载量,并且能在多数营运状况下无须使用压载水,具有油耗低、载箱量高等特点。

由于支线型集装箱船的建造难度较小,全球约 300 多家船厂拥有小型集装箱船建造业绩,其中 74 家船厂的建造业绩在 10 艘以上,19 家船厂拥有 50 艘以上的建造业绩。德国、波兰和日本船厂在 20 世纪的支线型集装箱船建造市场上占有较高的份额,之后随着造船业陆续向亚洲转移,中国造船企业在该领域的市场份额逐步提升,黄埔文冲船厂、浙江扬帆、江苏扬子江、浙江欧华、福建马尾船厂和金陵船厂,2017 年建造数量已达 500 余艘,如表 6 - 1 所示。

表 6－1 支线型集装箱船船厂建造业绩排名

序号	建 造 船 厂	艘 数	万 TEU	国 家
1	J. J. Sietas	188	15.0	德 国
2	台船国际	137	24.2	中国台湾
3	黄埔文冲	129	24.3	中 国
4	大鲜造船	109	9.3	韩 国
5	Stocznia Szczecinska	100	14.6	波 兰
6	现代尾浦	98	22.8	韩 国
7	浙江扬帆	97	12.3	中 国
8	Stocznia Gdynia	75	16.1	波 兰
9	今治船厂	70	10.3	日 本
10	现代重工	68	16.3	韩 国
11	江苏扬子江	61	10.4	中 国
12	浙江欧华	61	9.7	中 国
13	福建马尾	59	4.4	中 国
14	Aker Ostsee	54	13.1	德 国
15	旭洋造船	52	4.2	日 本
16	Shin Kurushima	52	7.1	日 本
17	金陵船厂	51	5.6	中 国
18	Peene Werft	51	6.8	德 国
19	Volkswerft	51	10.7	德 国
20	Hegemann Rolandwerft	46	3.8	德 国

资料来源：克拉克松

全球支线型集装箱船手持订单排名前 10 的船厂中，中国有 8 家，中国的船厂已成为支线型集装箱船设计建造的主力军，如表 6－2 所示。

表 6－2 支线型集装箱船船厂 2017 年手持订单排名

序号	建 造 船 厂	艘 数	TEU	国 家
1	江苏新扬子	32	56 354	中 国
2	黄埔文冲	31	55 650	中 国
3	福建马尾	12	11 856	中 国

续　表

序号	建造船厂	艘数	TEU	国家
4	常石舟山	12	32 400	中　国
5	今治造船	10	28 000	日　本
6	泰州三福	10	24 000	中　国
7	广州中远船务		15 750	中　国
8	金陵船厂	8	16 448	中　国
9	厦船重工	8	19 200	中　国
10	台船国际	9	24 082	中国台湾
11	大鲜造船	6	6 066	韩　国
12	光大船业	6	6 840	中　国
13	现代尾浦	6	10 800	韩　国
14	Daya Radar Utama	5	500	印度尼西亚
15	上海船厂	5	12 500	中　国
16	浙江欧华	5	10 726	中　国
17	Brodosplit	4	8 000	克罗地亚
18	福建东南	4	2 560	中　国
19	Kyokuyo Shipyard	4	4 196	日　本
20	南通象屿	4	2 560	中　国

资料来源：克拉克松

未来，世界航运市场对支线型集装箱船的需求主要来源于船队更新，成交的主要船型为 1 000/1 100TEU、1 700/1 800TEU、2 200/2 300TEU 和 2 700/2 800TEU 集装箱船。预计这些船型仍将是 3 000TEU 以下支线型集装箱船市场的主要成交船型。

我国除了在超大型集装箱船设计建造领域屡获突破，不断打破超大型集装箱船纪录外，支线箱船市场先后推出了 1 100TEU、1 800TEU、2 200TEU、2 300TEU、2 500TEU、2 700TEU 和 3 500TEU 系列支线型集装箱船，这些支线型集装箱船以优异的节能经济、灵活环保，深受国内外多家船东的青睐。

第二节 典 型 船 型

一、18 000TEU 集装箱船

为了打破国外对超大型集装箱船设计建造的垄断，2011 年 9 月，中国船舶及海洋工程设计研究院超大型箱船研发团队开始了 16 000TEU 集装箱船的预研开发工作。

就当时的我国技术和储备而言，我国在超大型集装箱船的设计及建造领域中，与韩国的差距仍较明显。这种差距不仅体现在船型设计以及船舶的性能上，还体现在船价以及建造周期上。

在承接该批集装箱船订单之前，国内并没有此类超大集装箱船型的设计及建造经验，这意味着连参加竞标的资格都不具备。因此，拿出能够打动船东的船型，并按期、保质地将我国设计并建造的第一艘超大型集装箱船交付给船东，成为我国成功迈入超大型集装箱船国际市场的关键。

中国船舶及海洋工程设计研究院加强与国际主流班轮公司的互动，调查了解相关船东对超大型箱船的使用需求，并就一系列的技术应用与船东进行了技术研讨，做好前期的调查和预研工作，为随后开展的研发工作提供了有的放矢的指导。研发团队在调研了班轮公司对各类船型的需求后，在各设计专业间进行了多次协调，不断优化最初方案，以求达到该型船总体性能上的平衡和优化，并且摒弃了“闭门造船”的做法，提出了专业化合作的思路，通过与船级社、船厂、世界著名船模试验水池以及设备厂商展开合作的方式来开展技术和系统集成。

CMA 航运公司的 18 000TEU 集装箱船是我国首艘自行设计建造的超大型集装箱船，由中国船舶及海洋工程设计研究院设计，中船工业集团外高桥造船集团公司（含下属子公司江南长兴重工）承建，2015 年 7 月交船，入级法国船级社（BV），船东为中船租赁，法国达飞（CMA CGM）航运公司承租营运。

18 000TEU 集装箱船（图 6－1）是具有新一代 4E 特征的超大型集装箱船。

图6-1　18 000TEU集装箱船

该船型采用艉机型双岛布局，机舱位于船尾偏后，生活楼位于船中部，船上共设置11个货舱，其中5个货舱布置在生活楼前部，4个货舱位于生活楼和机舱之间，两个货舱位于机舱后部。货舱内可堆放21列11层集装箱，甲板上最多可堆放23列11层集装箱，可装载20英尺、40英尺、45英尺、48英尺和53英尺集装箱，以及欧洲宽箱等多种箱型的集装箱，船上配置了1 400只冷藏箱插座，设置3层箱高绑扎桥，甲板和货舱内均可装载危险品货物集装箱。

该船总长约399.20米，型宽54.00米，型深30.20米，载重量约185 000吨，载箱量17 859TEU。

在前期研发期间，船东为了验证中国船舶及海洋工程设计研究院的设计能力是否满足要求，对其进行了一次“闭卷考试”。而经过中国船舶及海洋工程设计研究院研发团队将18 000TEU集装箱船设计方案和计算结论与船东提供的国外设计数据进行比较，竟然惊人的一致，从而取得了船东对中国船舶及海洋工程设计研究院研发团队能力的认可。

由于此前缺乏超大型集装箱船的设计经验，现在所用到的相关设备的实际

数据又超过了以往船舶设计的范围，加之水动力性能评估、重量重心估算、设备容量估算、结构弹振和颤振的影响，以及 85 毫米厚的高强度钢板的焊接工艺等，都使新型船舶的设计开发面临着许多困难。经验数据的缺乏成为影响研发团队迅速推进研发工作的“拦路虎”，为了打破这种瓶颈，需要进行相对合理的数据假定和创新。

对于船长 350 米以上的超大型集装箱船而言，其船体的结构设计方案极为重要，这是该型船舶设计的关键之处。为了突破难关，经过多次试验，通过大量的分析比较，研发团队终于在众多方案中筛选出满意的解决方案，顺利地解决了结构优化和结构疲劳等问题，并在设计总纵弯矩、空船重量以及航速等方面取得了较好的效果。

在项目推进过程中，遭遇到的最艰难的时刻是欧债危机蔓延之时。因为“融资难”，相关的合作船东取消了订购相关船舶计划。该项目是否还要继续，成为当时研发团队必须要回答的问题。没有订单却投入巨资进行研发的风险极大，但是要进入超大型集装箱船市场，这种经济风险必须要冒，这些前期的技术准备工作必须要做，晚做不如早做，半途而废必然是前功尽弃。在各方的大力支持下，研发团队继续开展该型船多项设计及试验工作，为之后迅速拿出方案奠定了坚实的基础。2013 年 6 月，通过各方努力，我方终于与船东签订了设计和建造合同。

详细设计开始后，船东又希望将载箱量从 16 000TEU 升级为 18 000TEU，在交船期不变的情况下，装载的稳性和强度计算、绑扎桥的设计要全部推倒重来，大大影响了设计和建造的周期。即使这样，经过研发团队、建造团队的辛勤努力，最终取得了极佳的成果：该型船的实际建造周期为 14 个月，提前实现交船目标，与日本、韩国先进造船水平旗鼓相当，该船的质量、性能指标全部满足合同的要求，达到国际先进水平。18 000TEU 集装箱船如图 6－2 所示。

当时面临全新的营运需求，具有尺度规模效益优势的超大型集装箱船越来越受到班轮公司的青睐。中国船舶及海洋工程设计研究院基于“4E”的研发设

图6-2　18 000TEU集装箱船

计理念,重点关注船型的综合优化设计,切实提高船型的燃油效率和载货效率,从而提高船型的营运效率。该型船较之前一代集装箱船能有效减少10%的二氧化碳排放量,平均承载一个集装箱所产生的二氧化碳排放量为每海里37克,成为全球最环保的运输工具之一。

该船型采用多点优化,覆盖实际营运吃水深度和航速范围,不仅有较高的设计航速,同时在常用的中低航速段有很好的燃油经济性。

该船采用超大直径低转速螺旋桨,配合全悬挂扭曲舵和舵球,有效地提高了推进效率。另外,采用双岛的布置型式,驾驶室位于前部,改善驾驶视线并增加了艏部载箱量,生活区和机舱区域分开,提高了生活区域的舒适性。

该船还设置了中压岸电系统,通过岸电连接插头及变压器等设备为船舶供电。对低压为220 V的网络结构进行优化,采用分区馈电的型式;引入绿色电站理念,提高了全船能源利用率。

该船船体采用屈服强度为47千克/平方毫米的高强度钢,在确保船体强度的前提下,有效控制了结构重量,而且可以避免因板的厚度过大而使内部结构出现缺陷,确保船体结构的安全。

本船在结构设计中考虑了弹振和颤振对疲劳强度和极限强度的影响,采用新型角隅设计型式,既满足疲劳寿命的要求,又可以适应集装箱装载的要求。设计中充分考虑了振动对全船的影响,通过采取调整局部结构等综合设计优化措施,将振动响应控制在规范许可的范围内。针对超长大直径轴系设计,综合评估弹性轴系校中分析,并对艉管后轴承按最小轴承油膜厚度进行了双斜镗孔的优化设计,确保了推进轴系在恶劣海况下安全运行。

该船主机选用新型超长冲程的机型和新型的油耗优化技术,确保了在低速巡航时油耗更低。机舱采用变频通风系统,既降低了能耗,又提高了工作环境的舒适度。

该船的绑扎系统设计满足最新的国际规则规范要求,采用3层箱高绑扎桥,有效提高了甲板载货能力。绑扎桥采用新型剪力墙型式,有效控制了绑扎桥的重量。

该船为了满足最新环保要求,确保EEDI达到最高标准,满足排放控制区(emission control area, ECA)对温室气体排放的要求,燃油舱采取双壳保护和破舱快速回收系统,采用压载水处理装置等。

18 000TEU集装箱船合同规定建造3艘,总产值约23亿元。第一、二艘船分别于2015年7月和2015年9月交付,并分别以著名的航海家“瓦科斯·达伽马”和“郑和”名字命名,彰显出船东对“中法”友谊及对中国造船能力的充分肯定。

18 000TEU集装箱船被誉为当时集装箱船中的“巨无霸”,数项指标创下了中国造船业新纪录,这是中国建造的船体最长的船舶,也是载箱量最多的集装箱船,同时也是甲板面积最大、高度最高的民用船舶。这种超大型集装箱船带动了船舶配套企业的发展,具有显著的社会效益。

18 000TEU集装箱船被投入到连接欧洲和亚洲的具有集团标志性航线——FAL航线,停靠11个国家。从法国的勒阿弗尔(Le Harve)港出发,运送法国出口的日常消费品(水果、奶酪、肉类)或奢侈品(香水、红酒和烈性酒、皮具等),以及工业产品(汽车、电子、航空工业等),成为法国对亚洲及中东贸易的重要货运船舶。

该船的顺利交付使用不仅意味着我国已经完全具备了设计、建造超大型集装箱船的能力,并已成功进入超大型集装箱船设计建造的第一方阵,也标志着我国船舶工业发展战略取得了重大进展,并将推进国内船舶配套产业的发展。

二、G4型45 000吨滚装集装箱船

G4型45 000吨滚装集装箱船是沪东中华造船厂为瑞典大西洋货柜航运公司建造的5艘同型滚装集装箱船,首制船"大西洋之星"号(图6-3)于2015年10月建成后投入地中海—大西洋—美洲航线。该系列船的总长约296米,型宽37.6米,型深22.95米,设计吃水10.25米,设计航速18节。

图6-3　45 000吨滚装集装箱船"大西洋之星"号

为提高船体空间利用率,集装箱货舱布置在船首和船尾,滚装区域布置在船舯部,这样布置不仅可以减少压载水,增加载货量,而且配货更加方便灵活。

该型滚装集装箱船共设置汽车滚装甲板7层，上4层为轻型汽车甲板，用于搭载小轿车；下3层为重型甲板，既能搭载超高超大工程机械车辆，也可搭载集装箱；汽车装载面积达28 900平方米，最大载箱量为3 800TEU。滚装甲板可停放最长达35米的特种车辆，甚至可以装载类似C919大型商用飞机机身分段的超大件货物。

为满足欧美最新环保要求，船上配备了废气洗涤塔系统，经洗涤塔排出的废气可达100％的相对饱和湿度，保证排放的气体中硫氧化物基本被洗尽。

该船的艉跳板由三段可折叠的跳板组成，展开后跳板长50.73米，宽21.6米，重约330吨。

该船精密繁杂的内部机械控制、液压控制、光电控制三大系统全部实现了智能化操控；在滚装通道内还配备了目前全球最大的单片侧开式水密门，门的宽度8.42米、高度4.9米、重约12吨。该船的滚装设备是迄今为止世界上较先进、操控较复杂的系统。

为了满足更高操纵性能的要求，该船安装了全悬挂襟翼舵，并设置了舵球。舵球与螺旋桨桨帽的间隙仅为70毫米，提高了推进效率。

“大西洋之星”号为第四代45 000吨集装箱滚装船，首次设置了3层重型甲板，50毫米厚的钢板能够搭载超级卡车、大巴和工程机械车辆，在战争时期，还可承载军用坦克。在每层4 000多平方米的甲板上安装了多种系固设施：十字形的卡口用来固定汽车，长方形的卡扣用来固定集装箱，集装箱和汽车可实现混装。

三、11 800TEU集装箱船

2015年9月，新加坡太平船务有限公司与扬子江船业集团一举签订了12艘11 800TEU集装箱船建造合同。该批集装箱船由中国船舶及海洋设计研究院研发设计，2017年10月交船。

这批11 800TEU集装箱船（图6－4）是太平船务公司订造的最大集装箱

船。该船总长约330米,垂线间长为316.4米,型宽48.2米,型深27.2米,设计吃水13米,结构吃水16米。

图6-4　11 800TEU“KOTA PUSAKA”号集装箱船

该船的设计特点:

(1) 节能环保。为了提高燃油的燃烧效率,主机采用增压器直接进风的设计,满足Tier-Ⅲ排放要求。另外,对不同结构进行精准计算以降低空船重量,这样既节省了生产成本,又能降低EEDI指数。

(2) 装载量大。该船采用全新双岛结构设计,上层建筑内的驾驶室、居住区域,与机舱、烟囱区域分开布置,驾驶室后方的集装箱堆叠数量有所增加,从而提高了载箱量,与相同主尺度的集装箱船相比,装箱数增加了1 193TEU,重箱数增加了132TEU,使得新船型更具竞争力。

(3) 安全宜居。该船型改善了船舶的驾驶视线,提高了船舶安全性,降低了船员生活区域的噪声,改善了船员的居住环境。

(4) 多港停靠。该船是最大的新巴拿马型集装箱船,优化了船的总长,满

足了停靠更多港口的要求，减少了船舶靠港装卸时间，节省了营运成本，受到了船东的欢迎。

“KOTA PUSAKA”号在太仓码头举行命名仪式如图 6 - 5 所示。

图 6 - 5 “KOTA PUSAKA”号在太仓码头举行命名仪式

四、13 500TEU 系列集装箱船

2015 年 7 月，中海集团与江南造船、沪东中华及扬州中远海运重工签订了 8 艘 13 500TEU 集装箱船的建造合同。2018 年 5 月首艘船交付，2019 年 8 月该系列集装箱船全部交付使用，项目圆满收官。该船由中国船舶及海洋设计研究院设计。

13 500TEU 系列集装箱船是国内当时自行设计建造的可通行巴拿马运河新船闸的新一代主力船型。其航速、油耗和载箱量等指标均达到国际先进水平。该船总长约 366 米，型宽 48.20 米，型深 30.20 米，设计吃水 13.5 米，最大吃水深度 16 米，设计航速 23 节，最大载箱量约 13 800TEU，甲板上可装载 1 000TEU 冷藏集装箱。该型船的主要性能指标和绿色环保水平均达到世界先进水平，在船舶智能化方面，实现了“智能航行”、“智能机舱”、“智能能效”和“智能平台”于一体，EEDI满足IMO Phase－Ⅲ排放要求，船用设备和材料取得了中国船级社GREEN SHIP Ⅱ入级符号。新巴拿马型集装箱船“中远海运牡丹”号如图6－6所示。

图6－6　新巴拿马型集装箱船“中远海运牡丹”号

根据航线集装箱种类及配载需求，对船型进行了优化设计，采用冷藏集装箱插座的新型交叉布置设计理念，使冷藏集装箱、危险品货物集装箱、重箱和高箱均能有效地装载，加强了配载灵活性，提升了船舶运输能力。一人驾驶桥楼集合了最先进的航行控制系统、全船局域网系统及船岸卫星通信系统。

该船具备先进的智能化水平，配备了智能航行系统、智能机舱系统和智能能效管理系统等，可对超长冲程高效主、辅机废气经济器、高压岸电系统、压载水处理装置、机舱海水泵/风机变频控制系统、机舱监测报警系统和闭路电视监控系统等高科技设备实现实时监控，并对无人机舱运行状态及全船各关键部位的设备进行智能管理。

该船采用高效螺旋桨及节能装置，大幅度提高燃油经济性，从而使船舶的

EEDI 提前达到防止船舶污染国际公约 2030 年的指标要求，减少了二氧化碳排放量；采用 GAS READY，使其具备未来双燃料改装的可行性，满足英国劳氏船级社的 GR(A)船级符号要求，成为绿色节能环保的智能型船。

“中远海运牡丹”号是该系列 8 艘船中的首制船，投入美东部航线——AWE4 线营运，直航通过巴拿马运河，停靠纽约、萨瓦纳、查尔斯顿等美国东部港口，然后继续向东航行，经苏伊士运河返回国内，单次航程 77 天，是我国国内设计建造的可通过巴拿马河新船闸的新一代主力船型。

2019 年 5 月 8 日，我国研发的智能型“牡丹”号的姐妹船 13 500TEU 集装箱船——“荷花”号(图 6－7)智能型集装箱船交付营运，为我国大型远洋集装箱船开启了智能发展的新篇章，如图 6－8 所示。

图 6－7　13 500TEU 智能集装箱船“荷花”号

“荷花”号智能集装箱船顺应了 E 航海战略和 MV 规则的要求，利用船舶状态感知、大数据和人工智能等先进技术手段，为船员操作决策提供支持，实现船岸联动的智能管控，提高航运安全性，降低船舶能耗，提升营运效率。“荷花”号智能集装箱船设计建造中研发团队率先提出了“1＋N”智能应用体系框架，

图 6-8　全球首艘智能集装箱船“荷花”号交付仪式

通过搭建汇集各类功能系统的集成平台,实现智能机舱、智能能效、智能航行等功能,面对船舶远航遇到的复杂海况与气候变化,使之具备智能应对能力。

“荷花”号智能设计主要体现在下面几方面:

(1) 智能集成平台。通过遍布全船的信息感知神经末梢,实时敏锐地获取船舶全方位动态信息,建立船舶决策的大脑智能机舱系统,通过该智能系统对船舶机电设备进行诊断和预判,并进行状态评估和健康管理,实现设备故障事前预警,推动设备运行维护从被动管理向主动管理转变。

(2) 智能能效系统。通过船舶能耗模型,实现单船及船队能效评估和监管。利用航速优化和纵倾优化等智能辅助手段,提高船舶航行效能。

(3) 智能航行系统。通过感知航行态势,智能切换船岸通信路由,构建船岸协同的航路选择模式,实现船舶航行风险、时效、成本、能耗的综合优化,保障航行安全。

“荷花”号智能集装箱船，在关键技术和应用前景两个方面实现了跨越式发展。

“荷花”号智能集装箱船（图6-9）是全球第一艘同时取得中国船级社i-ship（N，M，E，I）船级符号和英国劳氏船级社Smart Ship符合性证书的大型集装箱船，开创了同类船舶之先河。

图6-9 俯瞰大型集装箱船“荷花”号智能船

“荷花”号智能集装箱船构建的网络系统，符合IACS网络信息安全保护要求，为智能船舶集成系统的稳定运行提供了保障条件，获得了中国船级社颁发的全球首张智能船舶网络安全证书。

“荷花”号智能集装箱船完整地创建了船岸一体化的岸基条件，通过岸基云数据中心，实现基于大数据分析的船岸信息对接和协同智能应用，满足了航运公司对船舶航行、设备维护保养、能效管理等的远程管控需求。

船岸无缝衔接为智慧航运体系的构建提供了坚实基础。基于智能船舶的海量数据资源，进行信息共享和价值挖掘，打通航运公司上下游企业的数据链，提供了协同应用和增值服务，以利于智慧航运的生态构建。

“荷花”号智能集装箱船的成功交付，是我国造船业界通力合作的成果。上海船舶运输科学研究所作为牵头单位，联合中国船舶及海洋设计研究院、中国船级社、中远海运集装箱运输有限公司、中海电信有限公司、中远海运科技股份有限公司等单位协同开展智能船舶关键技术研究，共同铸造了“荷花”号智能集装箱船精品工程。

智能船舶时代，如同智能手机颠覆了人们的生活一样，将对船舶设计、船舶建造和船舶营运的格局带来巨大变革。智能船舶的未来发展将跨越辅助决策、协同控制、岸基遥控，最终走向无人操控的自动航行。

13 500TEU 系列集装箱船型主要性能指标和绿色环保水平均达到世界先进水平，在船舶智能化方面，实现了“智能航行”、“智能机舱”、“智能能效”和“智能平台”为一体的船舶智能化新格局，13 500TEU 系列集装箱船“山茶花”号如图 6 - 10 所示。

图 6 - 10　13 500TEU 系列集装箱船“山茶花”号

五、20 000TEU 级集装箱船

这是一型经过重新设计的集装箱船，2015 年 9 月，中远集团和国内 4 家船

厂分别签订了总计 11 艘 19 150～20 000TEU 超大型集装箱船建造合同，按照十二星座命名，其中 6 艘由中远旗下的南通中远川崎和大连中远川崎设计建造，其余 5 艘 20 000TEU 集装箱船由中国船舶及海洋设计研究院研发设计，3 艘由外高桥造船厂承造，2 艘由大连造船集团建造。20 000TEU 集装箱船如图 6－11 所示。

图 6－11　20 000TEU 集装箱船

2018 年 1 月，由上海外高桥造船厂建造的“中远海运金牛座”号(图 6－12)命名交付。该船是外高桥造船公司为中国远洋运输集团建造的 3 艘 20 000TEU 超大型集装箱船中的首制船，由中国船舶及海洋设计研究院与上海外高桥船厂联合设计，适合于无限航区，主要营运于亚欧航线或泛太平洋航线，入 DNV－GL 和 CCS 双船级。

该船总体性能设计具有超前性，是针对未来营运的多样性设计的，即多个吃水、多个航速营运状况下的型线优化，极大地增加了设计难度。在营运多样性的复杂状况下，也能保持较好的节能效果，还提前采用了未来使用 LNG 清洁动力燃料的设计方案，满足船级社 GAS－READY 的有关设计要求，以适应

图 6-12　20 000TEU 集装箱船“中远海运金牛座”号

未来更为严苛的排放需求，并降低船东的营运成本；配备了船舶能效管理系统，具有航线优化、纵倾优化及气象优化等多种“软”节能技术手段，将诸多节能措施进行了集成，使之具有更佳的可操作性，方便了船东的营运管理；还根据营运环境的变化，指导船员合理规划航线，调整纵倾等，以达到最佳的航运效果。

2018 年 1 月，由中国远洋海运集团所属南通中远川崎船舶工程有限公司自主设计建造的 20 000 箱集装箱船“中远海运白羊座”号成功交付，再次刷新了我国建造交付最大集装箱船的纪录，标志着我国已完全具备超大型集装箱船的设计和建造能力。

该船线型设计运用数字水池优化技术、船模试验验证等多种手段，船舶线型优良，其能耗水平远低于市场上同级别集装箱船，能效指数仅为基准值的 50%，综合油耗达到国际领先水平。该型船还具有绿色船舶入级符号和特定航线入级符号，满足 CSSCODE、香港公约、最新生效的压载水公约等要求，通过使用防污漆，对污水管理、垃圾管理、油污控制、压载水管理、岸电系统、拆船管理等进行优化，使该船成为最新一代全寿命周期的“环境友好型”超大型集装箱

船。该船同时获得中国船级社和英国劳氏船级社智能船级符号，并采用了LNG作为动力预留设计（LNG-Ready），以满足未来采用LNG燃料动力的升级需要。

2018年3月，由南通中远海运川崎船舶工程有限公司建造的又一艘具有完全自主知识产权的2万TEU级集装箱船——“中远海运狮子座”号（图6-13）在南通命名，并将其加入中远海运“星座快航”号系列，开启了新的航程。20 000TEU级超大型集装箱船的连续建造、交付，对振兴我国船舶工业、建设海洋强国、践行“海上丝绸之路”具有积极意义。

图6-13　20 000TEU级集装箱船“中远海运狮子座”号

2018年4月，大连造船集团建造的“中远海运双子座”号（图6-14和图6-15）交付使用。2019年1月，大连中远海运川崎船舶工程有限公司建造的“中远海运双鱼座”号（图6-16）船命名交付。

“中远海运双鱼座”号是大连中远海运川崎建造的智能化程度较高的集装箱船。该船通过配备智能能效管理系统，实现了燃油管理、能效监控、航行报告、纵倾优化、船速优化等全方位的能效监控与管理；通过“一人桥楼”技术实现

图 6-14　20 000TEU 集装箱首制船“中远海运双子座”号

图 6-15　“中远海运双子座”号靠泊洋山港

图 6-16　20 000TEU 集装箱船“中远海运双鱼座”号

了航行设备的互联，大幅度提高了船舶智能化水平，实现了一人驾驶和计算机管理；通过配备的航线优化系统，利用数学模型对以往航行数据的分析，智能规划最优的航速和航线，并通过 Voyages+将修正后的转速自动提供给主机遥控系统，实现了从航速优化决策到决策执行的智能化控制。智能技术的应用，使“中远海运双鱼座”号成为新一代“智能船舶”。同时，在该船建造过程中，大连中远海运川崎还大力推进智能制造，启用了全面印字机、小组焊接机器人、中管智能焊接机器人等智能设备，使该船总建造工时较前船缩短了 7.7%，船东一次报检合格率达到了 99%，大幅度提高了建造效率和建造质量。

该船由中国船舶及海洋工程设计研究院设计，总长约 400 米，型宽 58.6 米，最大吃水 16 米，设计航速 22.5 海里/小时，最大排水量约为 26 万吨，甲板上最大载箱量 11 644TEU，货舱内最大载箱量 8 475TEU，名义总载箱量 20 119TEU；船上设置了两个冷藏集装箱货舱，可装载冷藏集装箱 160TEU，甲板上可装 840TEU 冷藏集装箱，入挪威船级社和 CCS 双船级；废气排放满足 IMO TierⅡ要求，绑扎桥系统满足 CSS Code 要求；舱内实现高、低箱无序混装,舱盖满足无序吊离,可以灵活地装卸集装箱。同时,部分箱位可以从甲板上第一层开始装载 45 尺重箱,提高了装载的灵活性。该船驾驶室满足 DNV GL 一人桥楼布置要求。

该型集装箱船在设计和建造上有如下特点:① 大量使用高强度止裂钢,且集中分布在抗扭箱、舱口围板区域;② 横舱壁采用大尺寸板式框架组合结构;③ 由于艉部线型收缩较快、空间狭小,导致轴系和其他舾装件布置及安装较为困难。

自 2016 年 7 月 20 000TEU 集装箱船首制船开工以来,外高桥造船企业先后解决了多项建造技术难点,例如超厚度高强钢焊接变形控制,大量壁薄、宽幅、刚性小的船体分段或总段吊装变形控制等。在长轴系的安装技术上,该造船企业通过有效控制安装质量,避免了艉轴管轴承迅速磨损甚至烧毁、艉轴管的密封元件迅速磨损而造成润滑油泄漏、主机曲轴的臂距差不允许的增大,以及船体振动等问题。

在大幅度提升船舶装载能力的同时,该型船在设计建造中充分考虑了航线揽货种类和配载操作的实际需求,加大配载灵活性,提高冷藏集装箱、危险品货物集装箱、重箱和高箱等的有效装载能力。配备了超长冲程高效主、辅机废气经济器、高压岸电、机舱海水泵/风机变频控制、机舱监测报警和闭路电视监视等先进设备,可实行无人机舱的运行状态及全船各关键部位的实时监控,实现了先进的智能化的能效管理,一人驾驶桥楼集合了最先进的航行控制、全船局域网及船岸卫星通信等系统,可确保船舶在全球海域的安全航行和信息交流。

新船从设计到建造,始终坚持科技智能、节能环保的理念,取得了一系列的创新突破。优化整合了当前全球领先的航行控制系统和通信设备,配备了最先进的能效管理系统,有效地确保了船舶的低油耗、低排放,超前达到了国际公约规定的绿色排放指标,标志着“中国制造 2025”在船舶工业中已经开花结果。新船的交付,将为中远海运集团贯彻落实交通强国战略和积极融入“一带一路”建设加油助力,不断推进企业做强做优做大。

作为中国造船界和航运界的领军企业，中船集团和中远海运集团在实施“国轮国造”和“21世纪海上丝绸之路”的国家战略、推进造船强国和航运强国的建设中，围绕开发绿色环保低碳产品、实行清洁能源运输，以及创新合作模式等方面，创新思维，寻求合作最大化，推进了两大集团的战略发展，成果丰硕，成为央企之间友好合作的典范。20 000TEU超大型集装箱船“室女座”号如图6－17所示。

图6－17　20 000TEU超大型集装箱船“室女座”号

2018年7月，大连造船集团建造的“中远海运天秤座”号命名交付。2019年5月，由南通中远海运川崎船舶工程有限公司建造的20 000TEU集装箱船举行命名仪式，命名为“中远海运水瓶座”号（图6－18）。它是南通中远海运川崎为中远海运集团建造的4艘20 000TEU级超大型集装箱船中的最后一艘，也是中远海运集团20 000TEU超大型集装箱船“星座系列”的最后一艘。20 000TEU集装箱船“中远海运水瓶座”号如图6－19所示。

在当时集装箱船运力已过剩的情况下，船东仍然积极订造大型集装箱船，目的就是降低营运成本、提高经济效益。

图 6 - 18　20 000TEU 集装箱船“中远海运天秤座”号

图 6 - 19　20 000TEU 集装箱船“中远海运水瓶座”号

20 000TEU 级集装箱船已赢得市场的认可,“马士基航运”“地中海航运”“法国达飞轮船”“东方海外”“日本正荣汽船”和“商船三井”等世界主要的班轮公司都已订造或正在计划订造该船型。20 000TEU 集装箱船将成为未来集装箱船市场需求的热点和集装箱船发展的重要方向。

超大型集装箱船具有明显的规模经济的竞争优势。所谓规模经济,系指在货运量充足的前提下,随着集装箱船的大型化,其(船舶建造)箱位边际成本和单箱营运成本均呈下降趋势。以远东-欧洲航线为例,13 500TEU 船的单箱运输成本比 4 250TEU 船的单箱成本低 17%,比 8 400TEU 船的单箱成本低 6%左右。据“马士基航运”核算,在同一航线情况下,其 3E 级 18 000TEU 超大型集装箱船的运输成本要比 10 000TEU 集装箱船的运输成本低约 15%。

六、21 000TEU 集装箱船

2015 年 10 月,上海外高桥造船与中国海运(香港)控股有限公司在上海签订了 6 艘 21 000TEU 级集装箱船的建造合同。该型船由中国船舶及海洋工程设计研究院开发设计。根据中海集运的要求,对该型船的主尺度、冷藏集装箱数进行了技术升级和优化设计。该船型是当时世界上主尺度最大、载箱量最多的超大型集装箱船,总长约 400 米,型宽 58.6 米,型深 33.5 米,设计吃水 14.5 米,结构吃水 16 米,航速 22 节,载箱量 21 237TEU,其中冷藏集装箱数 1 000FEU,入级英国劳氏船级社和中国船级社(CCS)取得双船级。在外高桥造船公司出坞的 21 000TEU 集装箱船如图 6 - 20 所示。

21 000TEU 集装箱船“中远海运宇宙”号(图 6 - 21)是中国船舶及海洋工程设计研究院为中国远洋海运集团有限公司设计的,属当时世界上最大型集装箱船,也是当时国内自主设计建造的最大型集装箱船,拥有完全自主知识产权。该船综合装载性能优异,舱内可装载 12 层集装箱,甲板上可装载 11 层集装箱,并且货舱及甲板上均可载运危险品货物集装箱。甲板上可载运 1 000 个 40 英尺冷藏集装箱,并设有专用的 45 英尺箱的箱位。

图 6－20　在外高桥造船公司出坞的 21 000TEU 集装箱船

图 6－21　21 000TEU 集装箱首制船“中远海运宇宙”号

该船针对船东营运特征，定制化设计了船体线型和舵桨，EEDI 值比基线值低 50%，提前满足 IMO 有关碳排放的 Phase 3 的标准要求，配备了能效管理系统，可获得更优异的营运节能效果。该船结构设计提前满足 URS11A、URS34 的统一要求，全船结构进行了优化设计，并对大型舾装设备的重量进行了有效控制，实行的轻量化设计效果明显。

21 000TEU 系列船共 6 艘，均取得双船级 Gas Ready 相关符号，具备后续改装为双燃料动力集装箱船的条件。该船智能化程度高，相关功能模块包括智能集成平台、智能机舱、智能能效管理、智能航行，并设有船体应力监测系统。通过试航等综合验证，该型船的各项技术指标全部达到了合同要求，得到了船东的认可和赞许。

21 000TEU 集装箱船“中远海运星云”号如图 6-22 所示。

图 6-22　21 000TEU 集装箱船“中远海运星云”号

七、23 000TEU 双燃料动力超大型集装箱船

2017 年 9 月，中国船舶工业集团公司与法国达飞航运公司正式签订了9 艘

23 000TEU集装箱船建造合同。这是中国船舶及海洋工程设计研究院作为中国船舶工业集团公司的技术方，与集团内两家船厂以及中船贸易公司密切合作的产物。在竞标过程中，中国船舶及海洋工程设计研究院提交了包括船舶主要性能指标、总布置、系统选型以及相应计算分析的技术方案。厚实的技术储备和相关课题的研究成果，为完成相关合同文件和基本设计等技术准备工作，打下了坚实的基础，并使该船的综合功率指标、油耗指标、载箱量指标等多个方面达到了全球领先。最终，在与国外厂商进行的五轮竞标过程中，中国船舶工业集团公司凭借其卓越的技术能力、强大的造船业绩等多方面的综合优势，先后战胜了日本今治造船、韩国韩进重工等5家竞争对手，成功与达飞集团签订了建造合同。

该系列船型由中国船舶及海洋工程设计研究院设计，分别由江南造船建造4艘、沪东中华建造5艘。2018年7月，这批船分别在沪东中华造船和江南造船举行首制船开工典礼。

该型船总长400米，型宽61.3米，服务航速22节，货舱深度33.5米，甲板面积为23 978平方米，相当于3. 5个标准足球场，比目前世界上最大的航空母舰还要长60多米。该型船被业界形容为“绿巨人”，载箱量超过2.3万箱，并可运载2 200个40英尺冷藏集装箱。为了满足巨大的载箱量，研发制造了集装箱船领域先进的4层箱高绑扎桥，甲板上最大堆箱层数高达13层，货舱内最大堆箱层数为12层，堪称海上“巨无霸”。

该船拥有一颗独一无二的“绿色心脏”，安装了一个18 600立方米的MK－Ⅲ薄膜式燃料舱。由于采用了LNG动力设计，能满足全球最严格的排放要求，船舶能效设计指数(EEDI)达到第三阶段标准。与同型燃用船用燃油的集装箱船相比，该型船单个航次二氧化碳排放量减少了约20％，氮氧化物排放量减少高达85％，颗粒物、硫氧化物排放量减少了99％。船体线型和结构更加优化，大容量冷藏集装箱布局和系统进一步完善，使单箱营运成本大幅度降低，满足了船东多样化的营运要求。

MK－Ⅲ薄膜式燃料舱属国内首次制造，由于国外的技术封锁，沪东中华船自主创新，攻坚克难，先后克服了三维坐标激光定位、次屏蔽粘连、波纹板装焊等十多项技术瓶颈，首次制造就创造了次屏蔽密性试验零漏点的奇迹。江南造船自2002年开始对薄膜式围护系统进行了技术储备，先后取得了NO 96型及MK－Ⅲ围护系统的建造资质，掌握了薄膜式围护系统的核心技术。

该船集一人桥楼、无人机舱、抗横倾自动平衡、全船闭路电视监控系统、自动检测报警等一系列智能化、安保化自动控制系统于一身，可抗10级风力，仅需26名船员即可轻松驾驭。

为减少对环境的污染，避免生态破坏，该船采用了中国船舶工业集团旗下的温特图尔发动机有限公司自主研发制造的全球最大功率的双燃料动力W12X92DF型主机。该型主机既能燃用天然气又能燃用燃油，无论远海航行还是近海航道航行，均可依靠天然气来提供动力。

天然气作为一种清洁高效优质的能源，为了便于运输，必须在零下163摄氏度的超低温度下转化为液态，体积比气态时缩小了约620倍。该船采用了可靠的Mark－Ⅲ型液货围护系统，将LNG保持在超低温液态下进行储存及运输，为实现以天然气作为大型常规船舶动力奠定了基础。

航行中，燃料供给系统将LNG输出、气化、调压，提供给主机和发电机燃用。18 600立方米LNG转化为动力，可确保23 000TEU双燃料动力集装箱船连续航行20 000多海里，轻松一次完成欧洲到远东的往返航程，接近于沿赤道绕行地球一圈。沪东中华建造的23 000TEU集装箱船如图6－23所示。

2017年11月，法国达飞集团正式确认9艘23 000TEU超大型集装箱船全面采用LNG作为动力，这是LNG动力超大型船订造方面的率先示范，这标志着超大型集装箱船进入了LNG动力“新时代”，也将进一步推动LNG动力船舶的快速发展，如图6－24所示。

该集装箱船是当时全世界载箱量最大、技术最先进、最绿色环保的集装箱船，中国船舶工业集团公司拥有完全自主知识产权。这批订单是全球超大型集

图 6-23　沪东中华建造的 23 000TEU 集装箱船

装箱船市场沉寂了 22 个月以后的首批订单。该订单的签订是我国先进制造的重大突破,标志着我国高端海洋装备制造实现了从跟随到引领的重大飞跃,是我国实现海洋强国战略和“中国制造 2025”战略的重要成果。

图 6-24　采用 LNG 为动力的 23 000TEU 集装箱船

该船设计建造突破多个难点：基于营运特点的综合线型优化；满足 IACS 最新规范的全船结构设计分析优化；LNG 储存舱布局优化；燃气系统配置和布局的优化；绑扎系统的综合优化；大容量冷藏集装箱布局和系统优化；推进系统和电站系统采用双燃料系统优化；现代时尚的生活空间创新优化。

23 000TEU 双燃料动力集装箱船项目不是一次简单的主尺度提升，它见证了中船集团集装箱船研发历史的高峰。现在，我国自主研发设计的大型、超大型系列集装箱船包括 9 400TEU、10 000TEU、11 800TEU、13 500TEU、18 000TEU、20 000TEU、21 000TEU、23 000TEU 等一批性能指标先进的绿色节能环保型的超大型集装箱船，已获得实船订单达 100 艘。其中，9 400TEU 系列集装箱船、10 000TEU 系列集装箱船、18 000TEU 集装箱船和 20 000TEU 系列集装箱船均已批量交付使用，其性能指标全部达到或超过合同要求，达到国际先进水平，深受船东的好评和认可。

在这里，让我们回顾一下我国设计建造大型、超大型集装箱船的历史：

我国在设计建造 8 530TEU 集装箱船时，国外已经交付 14 000TEU 集装箱船，我们远远落后；

我国在设计建造 18 000TEU 集装箱船时，国外同期研发了 3E 型集装箱船和 19 000TEU 集装箱船；

我国在设计建造 21 000TEU 集装箱船时，已与国际领先水平保持同步；

我国在设计建造 23 000TEU 集装箱船时，赫然发现，自己已经处在领跑之位。

通过设计建造 9 000TEU 集装箱船和 10 000TEU 集装箱船，实现了零的突破；从 18 000TEU 集装箱船到 21 000TEU 集装箱船，直至拿下了 23 000TEU 超大型集装箱船，实现了技术引领。

23 000TEU 集装箱船开创了多项第一。

当前世界上最大的巨型集装箱船型，载重量到达 22 万吨，比 21 000TEU 集装箱船大 11%，载箱量超过 2.3 万箱，比 21 000TEU 集装箱船增加了 10%；

23 000TEU 集装箱船可载运 2 200 个 40 英尺冷藏集装箱，占总箱位量的 20%。

23 000TEU集装箱船具有三个第一：

第一个采用LNG双燃料动力的超大型集装箱船；

第一个采用薄膜型LNG Mark－III液货围护系统的超大型集装箱船；

第一个采用全球装机功率最大的二冲程低速机，同时也是最大的双燃料主机。

23 000TEU集装箱船订单的签约是各方努力取得的硕果，在整个中国船舶行业都有标杆意义。

2019年9月，沪东中华为法国达飞航运集团建造的23 000TEU双燃料动力集装箱船(图6－25)在上海长兴岛船坞下水。江南造船建造的23 000TEU超大型集装箱船"达飞香榭丽舍"号命名交付。

图6－25　沪东中华建造的23 000TEU双燃料集装箱船

23 000TEU集装箱船，是世界上首个以LNG为主要动力，集成世界上最先进技术，环保性能最优的超大型集装箱船项目。该项目打破了日本、韩国等国在该领域的技术封锁，是我国实施海洋强国战略的重大战略成果，标志着我国高端海洋装备制造实现从"跟跑"到"领跑"的重大飞跃。

面对全球海运和造船市场处于格局重构、技术迭代升级的深度调整期，特别是在以绿色化、信息化、智能化为代表的新技术驱动下，作为全球造船界的重要一员，中船集团牢牢把握全球航运市场发展新趋势，不断加大自主创新力度，努力实现关键核心技术和产品研发的新突破，23 000TEU 双燃料集装箱船项目就是成功的典范，是高端海洋装备“中国设计、中国建造、中国智造”的典范。全球首艘 23 000TEU 双燃料动力集装箱船“达飞皇家宫殿”号如图 6－26 所示。

此后，在中国国家主席习近平、法国总统马克龙的见证下，双方互换了战略合作协议，为推动集装箱船性能指标和物量指标进一步优化开展了长期的、卓有成效的交流合作，对绿色航运发展进行了有益探索，为推动航运业和造船业高质量发展作出了表率。

2020 年 9 月，由沪东中华造船和中国船舶工业贸易有限公司作为联合卖方为世界著名航运公司——法国达飞集团建造的世界首艘 23 000TEU 双燃料动力集装箱船“达飞雅克 · 萨德”号(图 6－28)，在上海长兴岛造船基地命名交付。

图 6－26　全球首艘 23 000TEU 双燃料动力集装箱船“达飞皇家宫殿”号

图 6-27　23 000TEU 双燃料动力集装箱船“达飞雅克·萨德”号正式加入达飞集团

图 6-28　“达飞雅克·萨德”号集装箱船

法国达飞集团将该船视为“旗舰”，并以集团创始人的名字命名，他们称赞该船优质交付开创了国际造船新纪元，是中法双方友谊长存、合作共进的生动展现。建造中的“达飞雅克·萨德”号集装箱船如图 6-29 所示。

图 6-29　建造中的“达飞雅克·萨德”号集装箱船

自该船签订合同以来，一直受到国际航运界、造船界的关注，产品的高端化、智能化、绿色化，代表了目前造船业的最高水准和发展趋势。它的成功交付，标志着我们实现了从“中国制造”到“中国创造”的历史性跨越。

这艘闪耀着中国“智”造光芒的巨轮将驰骋重洋大海，展现中国高端海洋装备制造的非凡成就，在“一带一路”倡议引领下，作为繁荣贸易的使者，续写国际友好合作新篇章。

八、15 000TEU 双燃料动力集装箱船

法国巴黎当地时间 2019 年 3 月，在中国国家主席习近平和法国总统马克龙的见证下，中国船舶集团有限公司与法国达飞海运集团签署战略合作协议，由中国船舶及海洋工程设计研究院为达飞海运公司设计 15 000 箱超大型集装箱船(图 6 - 30),分别由江南造船和沪东中华建造,法国达飞集团共订购 10 艘该型集装箱船。

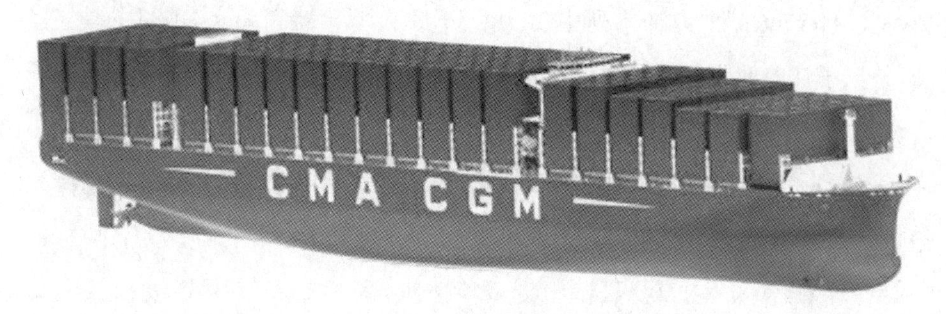

图 6 - 30　15 000TEU 超大型集装箱船

该型集装箱船的主机、发电机、锅炉均为双燃料型式,可大幅减少二氧化碳、硫氧化物、氮氧化物以及颗粒物的排放,满足国际 Tier III 排放标准,这是又一型高效绿色环保的超大型集装箱船,将用于亚洲-地中海航线。

该船总长约 366 米,型宽 51 米,型深 30.2 米,服务航速 22.0 节,双燃料系列,载箱量 15 242TEU,其中包括冷藏集装箱 1 800FEU,具有载箱量大、技术先进、节能环保等特点。LNG 储存舱布置在上层建筑下及部分货舱下,容积约为 1 4800 立方米,使用的是 GTT Mark III 液货围护系统。该型船采用中船集团全资公司生产的 WinGD 双燃料主机。首次采用 WinGD 主机对打破国外对船舶动力市场的垄断、逐步树立中船集团船舶动力品牌、抢占主机市场具有重要意义。

该船型开发基于多维营运特点进行线型优化、货物堆装和绑扎系统优化等,采用最新排放控制技术,满足最新环保要求。

九、12 690TEU 集装箱船

2019 年 5 月 6 日,扬子江船业为希腊船东 COSTAMARE 建造的第一艘 12 690TEU 集装箱船举行了启动仪式,随后第二艘 12 690TEU 集装箱船也点

火开工。本次开工的两艘 12 690TEU 集装箱船，是扬子江船业集团史上建造的最大箱位的集装箱船。

12 690TEU 系列集装箱船是中国船舶及海洋工程设计研究院研发设计的新一代“Hercules”大力神系列中 12 000TEU 大型集装箱船，本项目共建造 5 艘，是扬子江船业集团目前建造的最大型集装箱船，分别在扬子鑫福和新扬子造船两个厂区建造。

该船总长约 332.0 米，型宽 48.2 米，最大吃水 16 米，设计航速 23 节，载箱量：甲板上为 8 026TEU，货舱里为 4 700TEU，共计 12 726TEU，配备 1 000 只冷藏箱插座，400 只备用冷藏箱插座，入级 DNV GL 船级社。该船主机采用世界上首制的 MAN 8G95 ME－C10.5 主机，配置 4 台 HHI 的发电机组和艏侧推装置，采用中压系统，风机和海水冷却系统均采用变频控制，并采用开式脱硫系统。由于该船具有较短窄的船体，可灵活通行于巴拿马运河及全球主要港口，而新型双岛式设计，增加了货物装载空间并提高了视野。

该船线型基于船东营运特点进行多目标优化，能效设计指数(EEDI)值比基线值低约 50%，提前满足 IMO 有关碳排放的 Phase 3 的标准要求。该船配备了开式 Scrubber 脱硫装置并预留后续改装为混合式 Scrubber 所具备的条件。其航速、油耗与载箱量等重要指标通过试航验证，均达到或超过了合同指标要求。

2020 年 9 月 25 日，扬子江船业集团为希腊船东 COSTAMARE 建造的 12 690TEU 系列集装箱船的第三艘“YM TOTALITY”集装箱船(图 6－31)顺利交付。

2021 年 5 月 27 日，扬子江船业集团为希腊船东 COSTAMARE 建造的“YM TIPTOP”船顺利交付。该船是扬子江船业集团为希腊船东 COSTAMARE 建造的第五艘 12 690TEU 集装箱船，也是该系列船收官之作。项目自 2019 年 5 月启动，2021 年 5 月底收官，5 艘船均按期交付。

图 6-31　12 690TEU"YM TOTALITY"集装箱船

十、23 000TEU 常规动力集装箱船

随着集装箱航运市场运价飙涨，越来越多的船东重返新造船市场。2020 年 11 月，东方海外公司(以下简称"东方海外")公布，该公司 7 家间接全资附属公司分别与各建造厂商签订了 7 艘 23 000TEU 超大型集装箱船建造合同，总价约为 11.038 76 亿美元(折合人民币约为 74.21 亿元)。

东方海外的 3 家附属公司分别在南通中远海运川崎订造 3 艘 23 000TEU 集装箱船，预计将于 2024 年第一季度至 2024 年第三季度期间交付。另外 4 家附属公司分别在大连中远海运川崎订造 4 艘 23 000TEU 集装箱船，预期将于 2023 年第三季度至 2024 年第三季度之间交付。另外，2021 年 3 月订造的 5 艘 23 000TEU 超大型集装箱船，将于 2023 年第一季度及 2023 年第四季度初之间交付，累计订单金额约为 128 亿元，东方海外已经成为 2020 年订造超大型船数量最多的集装箱运输公司，而中远海运集团与全球前两大集装箱运输公司马士基航运和地中海航运的运力差距也在进一步缩小。

凭借东方海外的订单，南通中远海运川崎和大连中远海运川崎也成为继沪东中华、江南造船之后，最新加入 23 000TEU 超大型集装箱船建造阵营的中国船企。

十一、24 000TEU 超大型集装箱船

2020 年 12 月，江南造船和沪东中华相继宣布各自获得了两艘 24 000TEU 超大型集装箱船新造船订单，如图 6－32 和图 6－33 所示。

图 6－32　24 000TEU 超大型集装箱船效果图

本次 4 艘船舶也将选择加装 Scrubber 脱硫设备以满足 IMO2020 限硫规定。

该型船首制船“长益(Ever Alot)”号于 2022 年 6 月交付，创下了全球超大型集装船的纪录，也是目前全球载箱量最大的集装箱船。继“长益”号之后，首艘由江南造船建造的“长颖(Ever Apex)”号以及第二艘由沪东中华建造的“Ever Aria”号、第二艘由江南建造的“Ever Atop”号将于 2022 年夏季交付，其余 3 艘将在 2023 年至 2026 年交付。

图6-33　24 000TEU超大型集装箱船

该船总长399.99米,载箱量24 004TEU。由沪东中华设计,其独有的小球鼻艏、大直径螺旋桨和节能导管等,使船舶的快速性能和低能耗得到充分体现,配备的双塔固定式水炮灭火系统提升了甲板面的消防安全性能。

扬子江船业集团于2020年12月获得6艘全球最大的24 000TEU超大型集装箱船订单,刷新了集装箱船业界最大载箱量的纪录。这是扬子江船业建造史上载箱量最大、载重量最大的集装箱船船,也是中国第一家建造24 000TEU超大型集装箱船的民营造船企业。该船由中国船舶及海洋工程设计研究院设计。

该船总长399.90米,型宽61.3米,总载箱量达到24 232箱。是基于客户营运需求定制研发的全球载重量最大、载箱量最多的新一代超大型集装箱船型。具有载货灵活、载箱量大、冷箱数多的特点。我国创新超越阶段集装箱船建造一览表(2015年至今)如表6-3所示。

表 6-3　我国创新超越阶段集装箱船建造一览表(2015 年至今)

年份	船型	主要参数	船东	设计单位/建造船厂
2015 年 7 月首制船交付	18 000TEU 集装箱船	总长约 399.20 米,型宽 54.00 米,型深 30.20 米,设计吃水 14.5 米,服务航速 22.5 节	中船租赁(CMA 达飞航运公司)	中国船舶及海洋工程设计研究院设计/外高桥造船(含江南长兴重工)建造
2015 年 10 月首制船交付	G4 型 45 000 吨集装箱滚装船	总长约 296 米,型宽 37.6 米,型深 22.95 米,设计吃水 10.25 米,设计航速 18 节	瑞典大西洋货柜航运公司	中国船舶及海洋工程设计研究院设计/沪东中华造船建造
2017 年 10 月交付首制船	11 800TEU 集装箱船	总长约 330 米,型宽 48.2 米,型深 27.2 米,设计吃水 13 米,航速 22 节	新加坡太平船务有限公司(PIL)	中国船舶及海洋工程设计研究院设计/江苏扬子江船厂建造
2018 年 5 月首制船交付	13 500TEU 集装箱船	总长约 366 米,型宽 48.20 米,型深 30.20 米,设计吃水 13.5 米,结构吃水16 米,设计航速 23 节	中海集运	中国船舶及海洋工程设计研究院设计/江南造船和沪东中华造船建造
2018 年 1 月首制船交付	20 000TEU 集装箱船	总长约 400 米,型宽 58.6 米,型深 30.2 米,设计吃水 14.5 米,结构吃水 16 米,航速 22.5 节	中远集运	中国船舶及海洋工程设计研究院设计/3 艘由外高桥船厂建造,2 艘由大连大船集团建造,6 艘由南通中远川崎和大连中远川崎设计建造
2018 年 6 月首制船交付	21 000TEU 集装箱船	总长约 400 米,型宽 58.6 米,型深 33.5 米,设计吃水 14.5 米,结构吃水 16 米,航速 22 节	中海集运	中国船舶及海洋工程设计研究院设计/外高桥造船厂建造
2020 年 9 月首制船交付	23 000TEU 双燃料集装箱船	总长约 400 米,型宽 61.3 米,型深 33.5 米,结构吃水 16 米,服务航速 22 节	CMA 达飞航运公司	中国船舶及海洋工程设计研究院设计/江南造船和沪东中华造船建造

续　表

年份	船型	主要参数	船东	设计单位/建造船厂
2021年10月首制船交付	15 000TEU双燃料集装箱船	总长约366米，型宽51米，型深30.2米，服务航速22.0节	CMA达飞航运公司	中国船舶及海洋工程设计研究院设计/江南造船和沪东中华造船建造
2020年10月签订合同，共7艘	23 000TEU常规推进集装箱船	总长约400米，型宽61.3米，结构吃水16米，服务航速22节	东方海外	南通中远海运川崎和大连中远海运川崎建造
2020年12月签订合同，共4艘，2022年6月首制船交付	24 000TEU超大型集装箱船	总长约400米，型宽61.3米，型深33.2米，结构吃水17米，服务航速22节	长荣	沪东中华设计/江南造船和沪东中华造船建造
2020年12月签订合同，共4艘	24 000TEU超大型集装箱船	总长约400米，型宽61.3米，型深33.2米，结构吃水17米，服务航速22节	地中海租赁	中国船舶及海洋工程设计研究院设计/江苏扬子江船厂承建

十二、1 100TEU系列集装箱船

自2003年开始，上海船舶研究设计院(以下简称“上海船院”)成功研发了第一代1 000TEU级集装箱船并获得批量订单。该船型总吨位控制在10 000以内，适合中日短程航线。2010年，上海船院又对该船型进行了优化和升级换代，开发出第二代1 100TEU级集装箱船，均质重14吨/TEU箱数显著提升，并将振动和噪声控制到当时国内外同类型船的最优水平。该型支线集装箱船先后获得中外运、锦江航运、希腊Lomar Shipping、宁波远洋等四家船东的认可，这批船分别由青山船厂、江南船厂、新扬子船厂、文冲船厂、舟山扬帆船厂建造，累计建造了20艘。2018年，又向市场推出了第三代1 100TEU级集装箱船，均质重14吨/TEU箱数指标超越日韩设计的同级别船型，EEDI满足IMO第三阶段要求，加装废气清洗系统，预设LNG双

燃料系统。该型船目前已获得韩国船东 Sinokor 的批量订单，黄埔文冲船厂一家就建造了 4 艘。

此外，该院还曾于 2016 年为美国船东 Tropical Shipping 开发设计了适宜北美寒冷地区航线的 1 100TEU 船型，黄埔文冲船厂承建 4 艘，入级法国船级社。该船型服务航速 20 节，按芬兰、瑞典制定的世界通行的冰区航行要求的 1C 冰级设计，满足“Cold DI”船级符号要求，氮氧化物和硫氧化物等满足三阶段排放标准，振动和噪声分别满足“Comf - vib 3”和“Comf - noise 3”船级符号要求。该船型曾被英国皇家造船工程师学会评选为 2018 年度世界杰出船型。

2010 年，中国船舶及海洋工程设计研究院(MARIC)成功研发的支线箱船(图 6 - 34)获得了多个实船订单，并于 2012 年陆续交船。

图 6 - 34　1 100TEU 系列集装箱船

该型船为无限航区全格栅式集装箱船，具有前倾艏柱、球鼻艏、方艉和带艏楼的连续主甲板，总长 143.2 米，垂线间长 133.4 米，型宽 22.6 米，型深 11.3 米，设计吃水 6.7—7.4 米，结构吃水 8.3，设计服务航速 17.8 节，载箱量 1 042TEU

(726+316)。

该船由单台二冲程低速主机驱动定螺距螺旋桨,机舱顶棚局部升高,采取了燃油舱完全双壳保护和一人驾驶桥楼设计,满足压载水管理公约(BWM 2004)D-2新标准以及燃用低硫油、国际劳工组织MLC2006、巴拿马(PANAMA)运河和澳大利亚货舱梯(AMSA)的最新要求。该船共设置7个货舱,能载运ISO标准集装箱和两层高箱,第一货舱满足用密闭集装箱载运IMDG规定的1.4S/2/3/4/5.1/6.1/8/9类危险品货物,货舱开口配置无序开启吊离式舱口盖,舱口盖强度满足堆重为70吨/20英尺和90吨/40英尺要求该船舱内和舱盖上共有145只冷藏集装箱插座。

该船交船后实测数据表明,各项技术指标已接近或超过日、韩同期在建的1 100TEU集装箱船(表6-4)。

表6-4　中、日、韩同时在建的1 100TEU集装箱船对比表

项　　目	1	2	3
建造船厂	中国船厂	韩国某船厂	日本某船厂
开工建造	2011年初	2011年初	2010年底
入级	GL	ABS	NK
总长/米	143.2	143.9	141
型宽 B/米	22.6	22.6	22.5
型深 D/米	11.3	11.2	11.4
设计吃水/米	7.4	7.4	7.4
结构吃水/米	8.3	8.2	8.2
最大载重量/吨	12 730	12 750	11 650
舱内箱数/TEU	316	316	312
甲板箱数/TEU	726	724	791
总箱数/TEU	1 042	1 040	1 103
14吨TEU均箱数	650	650	650
总吨	9 734	—9 800	—9 800

续　表

项　　目	1	2	3
主机	Wartsila 6RT－Flex48T	MAN B&W 6S46MC－C8	MAN B&W 6S46MC－C8
主机最大持续功率/千瓦	8 730	8 280	8 280
主机常用持续功率/千瓦	7 246	7 452	7 452
服务航速/节	18.0	18.0	18.4
日耗油量/[42 700 千焦/千克(吨/天)]	28.93	31.37	31.37
载重量与主尺度比值	0.999 2	1	0.913 2
载重量、航速与主机功率比值	1	0.986 1	0.989 1
14T TEU 均箱舱容利用率	1	0.999 2	0.998 6
吨海里耗油量	0.876 2	0.930 2	1.000 0

中国船舶及海洋工程设计研究院基于开发标准船型的理念，根据国内、外船舶市场需求，针对国外船东的 1 100TEU 集装箱设计有冰区加强的要求，而国内船东无冰区加强的要求，在基础标准不变的情况下推出了两款船型，均入级德国劳氏船级社。

国内曾经在 2001—2007 年期间，基于欧洲先前的 1 100 箱集装箱船的设计基础上，分别为德国等船东建造过一批 1 100TEU 集装箱船。该船总长 148.00 米，垂线间长 140.30 米，型宽 23.25 米，型深 11.50 米，设计吃水 7.30 米，结构吃水 8.50 米，最大载重量约 13 760 吨，带双克令吊，主推进系统为 MAN B&W 7L 58/64 型四冲程中速机驱动齿轮箱和可调螺距螺旋桨，功率 9 730 千瓦，航速约 19.6 节，油耗约 36 吨/天。中国船舶及海洋工程设计研究院新开发的 1 100TEU 集装箱船，是适应当时市场需求、拥有自主知识产权的新型小支线型集装箱船。中国船厂交付的 1 100TEU 集装箱首制船如图 6－35 所示。

2008 年世界金融危机，国际经济中心逐步转向亚洲。新型 1 100TEU 集装箱船主要适合中、日、韩等亚洲沿海航线，船型特征主要表现在：降低航速和

图 6 - 35　中国船厂交付的 1 100TEU 集装箱首制船

油耗、注重最大载重量和重箱指标、增加主机排放和压载水等环保措施，2008 年后国际海事组织实施了包括三吃水概率论破舱稳性、燃油舱双壳保护和控制排放等针对船舶安全和环保等方面的新规则，这些变化促使该院加强新型 1 100TEU 集装箱船船型开发的力度，通过技术推进来抢占市场。

2010 年底，经市场调研，有关船东针对新型 1 100TEU 集装箱船船型开发提出了要求：总长不超过 145 米，总吨位须控制在 10 000 吨以内，在降低油耗的要求下，主机采用二冲程低速主机，设计吃水时航速大于 18 节，不设克令吊，除确保载运集装箱常规指标外还应尽量提高载重量和重箱数指标。中国船舶及海洋工程设计研究院研发团队通过对前期方案优化和关键技术的反复论证，验证了各项指标并完成了这款新船型的开发工作，最终确保了顺利交船。

该船的设计特点：

1) 主尺度和总布置

在分析了中、日、韩停泊港口和国内船厂建造能力的基础上，确定船长、型宽以及吃水等主要参数。

由于受当时国内部分船厂批量建造工艺水平的限制，边舱双壳宽度较大，取为2.2米，与日、韩船厂相当。但随着当时大批船厂建造工艺水平的提高和抢占订单的迫切需求，为提高均箱数等指标，新型集装箱船项目均趋向于压缩边舱宽度，以便多放置一行集装箱。

对于上层建筑布置型式，艉部主要有两种，一种是上层建筑位于主机上方，不需要为低速主机专门设置局部升高的机舱棚，在上层建筑后方还可堆放一排(Bay)40英尺集装箱；另一种型式相比前者，上层建筑相对靠后，甲板区域专门为主机设置了局部升高的机舱棚，机舱棚顶可堆有一排40英尺集装箱。比较两者的布置，考虑到码头集装箱卸货的便利性以及将来改装时加装吊机的可行性，最终选择了后者。此外，在设计该船首楼型式时，考虑到总吨位限制等因素，在干舷和艏部储备浮力满足要求的前提下未采用国外设计中经常将艏楼延伸到与第一个货舱顶部齐平的布置型式。1 100TEU集装箱船上层建筑布置比较如图6-36所示。

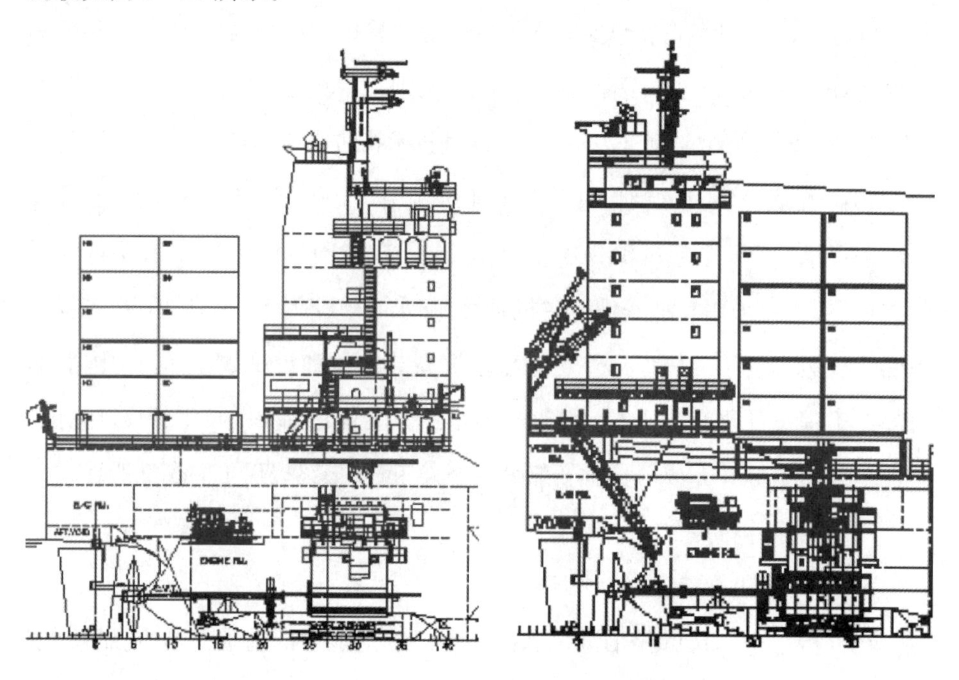

图6-36　1 100TEU集装箱船上层建筑布置比较

2）型线优化

市场上 1 000～1 100TEU 集装箱船主要采用两种线型：

大方形系数：主要考虑增加载重量；

小方形系数：主要考虑增加航速或降低油耗，对载重量考虑得较少。

这两种设计趋势从线型优化的角度讲是互相矛盾的。同时，这两种设计趋势经常随着市场货运量和油价变化而变化。本项目在前期方案论证时，船东提出在总长度受限的前提下加大载重量(尽量大于 12 000 吨)，而总吨位必须小于 10 000 的设计要求，中国船舶及海洋工程设计研究院研发团队在分析国内、外同类型集装箱船线型特点的基础上，采用了大方形系数船型。与目前韩国某船厂建造的同型集装箱船线型同属一个设计趋势。

采用大方形系数方案，可增加载重量，但对于快速性优化存在较大压力。通过前期对水线长度、浮心位置、舵球装置等各种方案对比以及运用 RAPID 等 CFD 软件进行辅助分析，不断优化线型，最终确定了最优的线型方案。1 100TEU 集装箱船船模自航试验如图 6-37 所示。

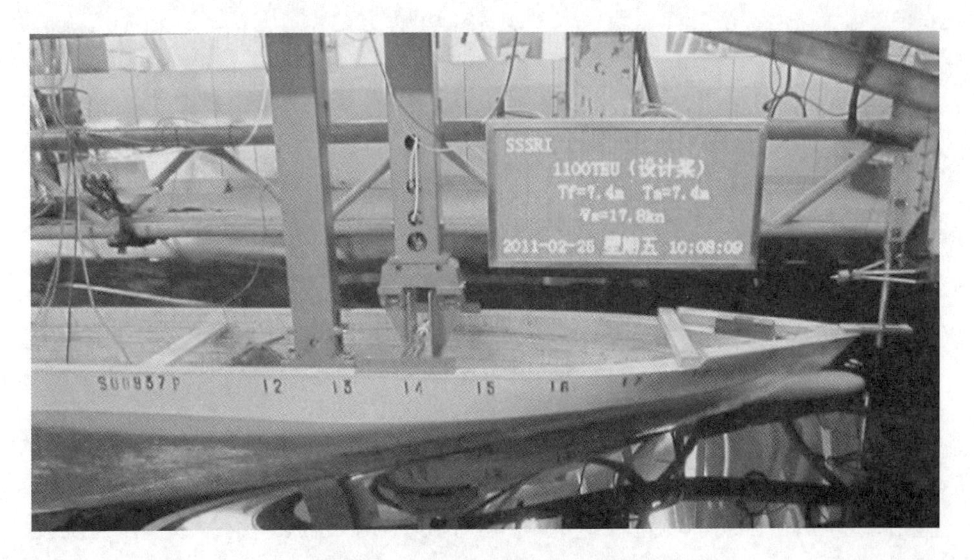

图 6-37　1 100TEU 集装箱船船模自航试验

在型线优化的过程中，研发团队遇到了一些难题但最终得到了解决。例如，在评估浮心位置时如何兼顾水动力性能的优化和实际配载对弯矩、剪切力和浮态优化；在确保艉部线型水动力性能的前提下，如何确保主机输出端的合理空间；在光顺线型的同时如何兼顾集装箱箱角与船体之间的施工空间；如何在优化设计吃水和水动力性能的同时尽量提高结构吃水的航行性能等。

实船试航证实，该船在规定考核功率和设计吃水时，试航航速达到 18.3 节。同时，艉部振动、噪声均达到规范要求且螺旋桨运转正常，表明该船型的型线优化取得了成功。

3）空船重量控制

新一代 1 100TEU 集装箱船，无论是对设计单位还是建造单位都属于正在开发的新船型，该院研发团队在各自专业的设计工作中始终坚持“减重意识”，大胆采用新的设计理念和标准，并与船厂一起共同努力，最终做到了降低空船重量，增加载重量的目标，使得该船经济性大为提高，也为后续船的持续优化奠定了基础。

结构设计中，在肋距设置、典型剖面型式、高强钢使用、抗扭箱、机舱纵舱壁和艉部结构大构件等结构的优化方面开展研发，并取得了很好的效果。

(1) 典型横剖面对比。日本某船厂在 1 100TEU 的船型典型剖面设计建造中采用了横骨架式且增加了一道纵舱壁，但在结构重量控制上的对比借鉴意义不大。图 6 - 38 是该院设计的 1 100TEU 集装箱船的舯横剖面图。

与韩国采用骨架型式近似的 1 100TEU 集装箱船比较来看，该院设计的集装箱船的舯横剖面的纵向构件设计占结构重量的 1.6%，比韩国设计的要轻；强框架轻 0.4%，但比其他横向构件要重 1.6%，总之，该院设计的集装箱船货舱区域的结构重量依然比韩国的略轻，不过该数值未计及横舱壁处的平台及纵向垂直桁重量(由于本船横舱壁较窄，重量相对较小，对结构影响不大)。在该院设计的集装箱船中拱弯矩比韩国 1 100TEU 集装箱船取值大的前提下，依然能确

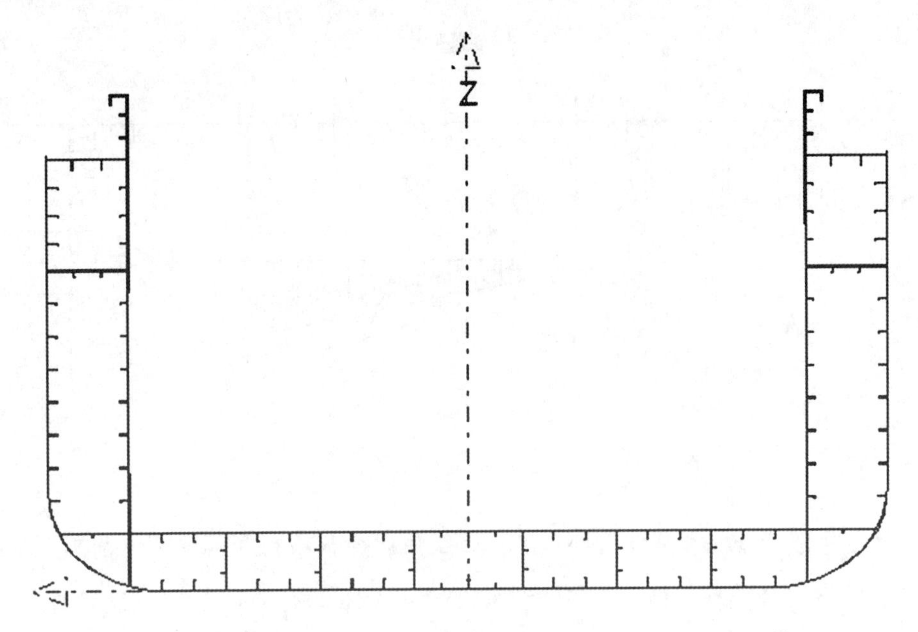

图 6-38　中国船舶及海洋工程设计研究院设计的 1 100TEU 舯横剖面图

保结构重量低于韩国厂家建造的集装箱船,舯横剖面设计从重量控制角度来看仍优于韩国设计的集装箱船。

(2) 机舱纵舱壁延伸。该船在机舱前端壁处由纵骨架式转变为横骨架式。本船原机舱区空间较为紧张,在机舱布置和结构优化的同时,改变了原内壳纵舱壁延伸至机舱后端壁的常规思路,将内壳纵舱壁中断在机舱区域前端,同时加大了附近区域结构尺寸以满足总纵强度要求(图 6-39),该设计得到了德国劳氏船级社(GL)的认可。

(3) 高强度钢的使用。高强度钢的使用是该船控制结构重量的措施之一。在设计中,货舱区域部分的双层底及主甲板区域结构使用了 AH32 高强度钢,为满足总纵强度的要求,在较高的舱口围板使用了 DH36 高强度钢。此外,适当加大了舱口围板的板厚,使得主甲板及主甲板下列板可以相应地减薄。而在中和轴附近,横向强框架及横舱壁结构基本采用普通钢。从船厂最终统计的钢料重量可知,本船采用高强钢比例的控制令人满意。

内壳纵舱壁(S.)

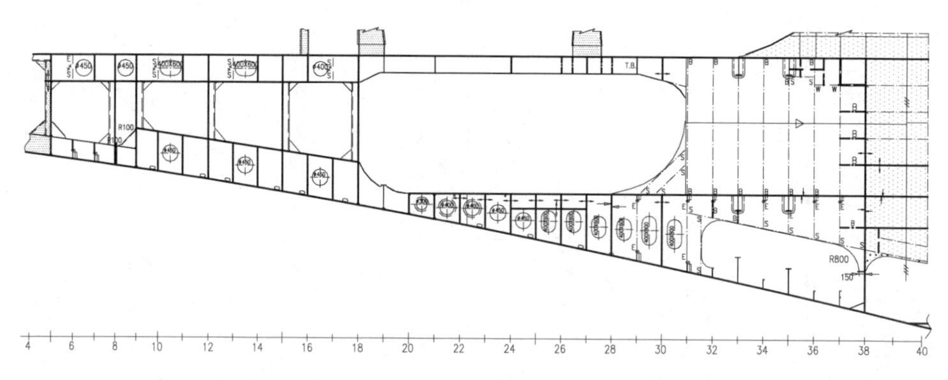

图 6－39　机舱区域内壳纵舱壁的过渡型式

（4）节能环保和其他设计考虑。该船在满足各项新规范要求的前提下尽量提高各种节能环保指标。该船型符合 SOLAS 2009 有关三吃水破舱和标准双层底的最新公约的要求，并通过德国劳氏船级社（GL）审批，获得了 MLC 2006 规则、澳大利亚货舱梯（AMSA）规则和巴拿马运河 ACP 2012 规则的认可。同时，该项目是该院设计的首个通过安装压载水处理装置满足 D－2 压载水排放标准的新船型。此外，为了防止燃油污染，新船型在设计中采用了双壳结构来达到保护燃油舱的目的。该船型在满足欧盟港口低硫氧化物排放要求的同时，开展了大量工作，以此降低船舶油耗和提高船舶 EEDI。该船被 IMO EEDI 中国课题组选定为测试对象，并于 2012 年 6 月试航中进行了 EEDI 数据采集。

随着经济形势的变化和船厂建造经验的积累，该院又联合船厂，推出了“窄边舱低油耗”新方案，在原有的 1 100TEU 集装箱船设计基础上一方面压缩边舱宽度并适当增加船宽，使货舱内能多放置一行集装箱。同时，开展水动力性能分析和研究，想方设法降低该船型阻力，提高推进效率，并进行主机降功率使用的分析，从而最大限度地降低油耗。表 6－5 是新近推出的 1 100TEU 窄边舱升级方案，并对已建成的 1 100TEU 集装箱船以及国外某公司设计方案的参数进行对比。

表 6－5　1 100TEU 集装箱船窄边舱的优化升级方案

项　　目	1 100TEU 窄边舱	MARIC 1 100TEU	1 112TEU
设计单位	MARIC 的最新开发	MARIC 设计/已建	国外某公司设计
总长/米	148.8	143.2	149.99
型宽/米	23.23	22.6	23.4
型深/米	11.4	11.3	11.75
设计吃水/米	7.3	7.4	7.6
结构吃水/米	8.4	8.3	8.0
最大载重量/吨	13 000	11 850	13 250
舱内载箱量/TEU	334	316	358
甲板载箱量/TEU	762	726	754
总载箱量/TEU	1 096	1 042	1 112
14T TEU 均箱数	730	630	730
总吨	9 990	9 750	10 500/10 370 no crane
主机	MAN 6S46ME－B8.2	Wartsila 6RT－Flex48T	MAK 9M 43(中速机)
主机最大持续功率/千瓦	7 200	8 730	9 000
主机常用持续功率/千瓦	6 480	7 246	7 650
航海功率储备/%	10	15	0
航速/节	18.0	18.0	18.5
日耗油量/[42 700 千焦/千克(吨/天)]	25.8	29.35	36
边舱宽度/米	—1.5	2.2	—1.4
行数(舱内/甲板上)	8/9	7/9	8/9
层数(舱内/甲板上)	4/6	4/6	4/6

中国船舶及海洋工程设计研究院开发的 1 100TEU 集装箱船作为小型支线集装箱船型，具有主尺度紧凑、功能完备、节能环保的特点，同时满足目前最新国际规则、规范的要求，近期实船项目陆续顺利交船，投入了实际营运，获得船东的好评。

十三、1 700～1 800TEU 曼谷型系列集装箱船

2011 年，上海船舶研究设计院抓住东南亚地区支线型集装箱船市场需求增长的机遇，成功地自主开发出 1 700TEU 曼谷型系列集装箱船，在 2011～2014 年期间接连获得德国船东 Buss Capital、新加坡船东 Soon Fong、希腊船东 Eastern Mediterranean、希腊船东 Allseas 等多家船东的批量订单，该型船舶在广州文冲船厂累计建造了 18 艘并全部按期顺利交付。该系列船型投入营运后，获得船东和租船方的广泛肯定与好评，成为文冲船厂享誉国际支线集装箱船市场的标志性品牌船型。

1 700TEU 曼谷型集装箱船在国内首次采用基于营运模式的船体线型优化理念，使得船舶在全寿命周期内的燃油经济性达到最佳。该船总长 172 米，型宽 27.4 米，型深 13.8 米，结构吃水 9.5 米，名义总载箱量 1 714TEU，服务航速 19.7 节，冷藏集装箱插座多达 362 只，可装载各类危险品货物集装箱，并可在货舱内兼装包装件杂货，配备了两台克令吊，大大提升了船舶的营运灵活性和盈利能力。此外，该项目以最小的成本成功解决了浅吃水、高航速、艉机舱布置小型化的集装箱船型的振动问题，实船振动和噪声性能优良，为后续同类船型的设计树立了技术标杆。1 700～1 800TEU 曼谷型系列集装箱船如图 6－40 所示。

1 700TEU 曼谷型集装箱船荣获 2013 年度中国船舶工业集团公司科技进步奖三等奖。

此外，为适应国内、外不同船东的多元化营运需求，上海船舶研究设计院在曼谷型集装箱船基础上推出了载箱量为 1 668TEU 、1 868TEU、1 800TEU、1 900TEU 等 4 型集装箱船，分别获得 RCL、宁波海运、海丰国际、日本伊藤忠、MTT、中谷海运等船东的订单，累计逾 30 艘。其中，1 800TEU 和 1 900TEU 曼谷型集装箱船设计采用了上海船舶研究设计院最新的 S－BOW 船首技术。

2015 年 1 月 15 日，欧华造船建造的 1 700TEU 集装箱船“652”号顺利交付船东（图 6－41）。

图6-40　1 700～1 800TEU曼谷型系列集装箱船

图6-41　欧华1 700TEU集装箱船“652号”

十四、1 750～1 900TEU 宽体曼谷型系列集装箱船

2015年，上海船舶研究设计院推出宽体曼谷型集装箱船，该船总长172米，型宽28.4米，型深14.2～14.5米，结构吃水9.5～9.7米，名义总载箱量约1 770TEU(艉机型)或1 940TEU(中艉机型)，服务航速18.5节。该型设计先后获得中外运、德国RICKMERS、希腊LOMAR Shipping、印度尼西亚Meratus Line、江苏远洋、海丰国际等多家船东青睐，分别在广州文冲、江苏扬子江、舟山长宏国际等船厂批量建造，累计逾40艘。

该型船通过5年间不懈的迭代和升级，主机日油耗量持续优化，自最早一型39.9吨/天(中外运1 900TEU集装箱船，2015年设计)降至36.3吨/天(海丰国际1 800TEU集装箱船，2020年设计)，降幅达9%，成为上海船舶研究设计院支线集装箱船设计不断取得优化突破的典范船型。其中，最新一型海丰国际1 800TEU集装箱船的设计，综合采用了上海船舶研究设计院S-BOW船首技术、STAR扭曲舵及舵球、高效螺旋桨，水动力性能达到德国汉堡水池推出的同类型集装箱船的最优化水准。此外，通过采用宽体设计，相同结构吃水下的均质重14吨集装箱数从1 250TEU跃升至1 380TEU，增幅达10%，有效地提升了该船型的载箱能力和船型竞争力，并且甲板通道空间的维护便利性和舒适性得到显著的改善。1 750～1 900TEU宽体曼谷型系列集装箱船如图6-42所示。

该系列船型中的中外运1 900TEU集装箱船荣获2018年度中国船舶工业集团公司科技进步奖三等奖。

十五、2 200TEU 系列集装箱船

上海船舶研究设计院继设计1 700TEU曼谷型集装箱船后，又开发出一款新船型——2 200TEU集装箱船，受到支线箱船市场的追捧，接连获得希腊3家船东(Lomar Shipping、Cape Shipping和Eastern Mediterranean)、德国(Essberger和Bernhard Schulte)、荷兰船东Seatrade的批量订单，在广州文冲船厂和舟山

图 6-42　1 750～1 900TEU 宽体曼谷型系列集装箱船之一

扬帆船厂累计建造了 33 艘。

该船型港口适应性强，燃油经济性佳，冷藏集装箱插座多，振动、噪声小，配备 3 台克令吊，是一款综合性能较出色、适用航线比较广泛的支线集装箱船。

该系列船型总长 185～189 米，型宽 30～30.4 米，型深 16.5 米，服务航速 19 节。其中，Bernhard Schulte 船东订购的 12 艘船，其货舱均采用较窄边壳设计而增加装载一列集装箱，名义总箱位达到 2 339TEU，均质重 14 吨集装箱率达到 74.4%，均高于同类型集装箱船。船东 Seatrade 由于其营运的航线对冷藏集装箱运输的个性化要求高，货舱内需要能够兼装风冷式冷藏集装箱和水冷式冷藏集装箱，并配备绑扎桥系统以提高甲板堆装能力，使得该船型的冷藏集装箱插座数量达到 776 只，远高于同类型船。该船型(Seatrade Orange)凭借其高冷藏集装箱定制化设计的鲜明特色，曾入选英国皇家造船工程师学会评选的 2016 年度世界杰出船型(Significant Ships)，成为上海船舶研究设计院设计的首次入选该名录的集装箱船型。2 200TEU 系列集装箱船如图 6-43 和图 6-44 所示。

图 6－43　2 200TEU 系列集装箱船之一

图 6－44　2 200TEU 系列集装箱船之一

2017 年，上海船舶研究设计院开发了 600FEU 全冷藏集装箱船，为广州文冲船厂赢得了 6 艘订单。该船型总长 192 米，型宽 30 米，型深 15.3 米，设计吃水 9.3 米，服务航速 21.5 节，冷藏集装箱插座数 634 只，配备 4 台克令吊，配备混合式脱硫塔系统、中压岸电系统。该船型的货舱散热首次创新性地采用“横向通风系统”设计,攻克了货舱全部箱位装运风冷式冷藏箱散热的关键性技术难题。600FEU全冷藏集装箱船的设计理念符合当今国际专用冷藏集装箱船的最新趋势和发展潮流,成为上海船舶研究设计院设计的冷藏集装箱船家族中的标志性船型之一。

同期,由中国船舶及海洋工程设计研究院自主研发设计、江南造船为工银租赁建造的批量2 200TEU支线箱船首制船“NAKSKOV MAERSK”2020年4月15日命名交付(图6-45)。

图6-45　2 200TEU支线集装箱船

2 200TEU支线集装箱船是中国船舶及海洋工程设计研究院针对市场需求研发的新一代绿色高冷箱船型,入级中国船级社(CCS),总长172米,型宽32.2米,载箱量约2 298TEU,其中包括396FEU冷藏集装箱及100个备用冷藏集装箱箱位,并自带3台40吨克令吊。

该船首次采用三维体验平台对货物安全、船员操作、机舱系统、电气系统、消防、救生、系泊等多因素进行风险评估,经三维模型论证和与船东及中国船级社(CCS)多次沟通,对研制中碰到的问题,提出了解决预案,为大幅提升产品实

际营运安全水平奠定了基础。2 200TEU 集装箱船的三维模型如图 6-46 所示。

图 6-46　2 200TEU 集装箱船的三维模型

该船设计具有五大亮点：

一是营运条件灵活。对线型优化时充分考虑了船东对航速营运策划的要求，兼顾多个营运工况点，油耗低，更环保；考虑到支线集装箱船的营运港口和营运航线复杂，进行了操纵性和耐波性的优化及测试，进一步提高了实船营运的便利和安全。

二是安全可靠。因为有保障，所以具有更加安全的稳性破舱标准，为船员提供了安全可靠的营运条件；全船强度和有限元分析以及高标准的结构设计，提高了船舶安全裕度；消防系统满足 FOC 要求，消防安全有保障。

三是多方位节能系统。全船大量采用绿色变频设计，如海水冷却及淡水冷却系统，通风风机系统等，根据工况差异，合理使用船舶能源，降低全船能耗。

四是自动监控系统高度集成。CAMS 凸显人性化设计，自动化程度高，采用集装箱船领域最高标准的全船自动化监控系统，降低船员工作强度，优化工作环境。

五是工作和居住环境舒适。通过系统优化设计,降低了设备容量和噪声,在节能的同时保证舒适度;对全船进行了噪声、振动分析和预报,并采取预防措施,提高船员生活舒适度。

中国船舶及海洋工程设计研究院除了在超大型集装箱船设计领域屡次突破外,在支线集装箱船市场同样硕果累累,先后推出 2 300TEU、2 700TEU 集装箱船、3 500TEU 系列支线型集装箱船。因其具有优异的节能经济、环保灵活,深受多家船东的青睐。

十六、2 500TEU 准巴拿马型系列集装箱船

2013 年至 2015 年间,上海船舶研究设计院开发的 2 500TEU 准巴拿马型集装箱船获得德国船东 Nord Reederei 批量订单,广州文冲船厂和威海船厂各建造了 3 艘,均顺利交付。该船型沿袭了 2 200TEU 系列船型的设计理念和风格,机电、舾装设备配置的档次更高。在船体线型、电机综合节能、紧凑型总布置、空船重量优化等方面开展了深入的研究,使得该船型的整体能效水平与设计水准在 1 700TEU 和 2 200TEU 系列船型的基础之上,再上一层楼。绿色节能型 2 500TEU 集装箱船开发设计曾获得 2016 年度中国船舶工业集团公司科技进步奖二等奖。此外,该船型还曾入选英国皇家造船工程师学会评选出的 2016 年度世界杰出船型(Significant Ships)。2 500TEU 准巴拿马型系列集装箱船如图 6 - 47 所示。

2014 年,上海船舶研究设计院以该船型为基础,为法国达飞海运集团定制而开发的芬兰瑞典 1A 冰级 2 500TEU 集装箱船,首次在集装箱船型上安装混合式废气清洗系统(Hybrid type SOx Scrubber),以满足 2020 年 IMO 国际限硫令及硫氧化物排放控制区规定的 0.1%硫含量要求。此外,该船型扩展了集装箱船适装规格品种,欧洲托盘集装箱及超宽集装箱、45 英尺集装箱的装载能力均有所提升。同时,充分考虑波罗的海冬季营运的船东的需求,在寒冷环境中防冻化设计方面达到了 DNV GL 船级社“Winterization Basic”船级符号的

图 6-47　2 500TEU 准巴拿马型系列集装箱船之一

设计标准。该船型的成功交付增强了达飞公司对上海船舶研究设计院支线集装箱船设计的能力与水平的信赖和认可。该船型曾入选英国皇家造船工程师学会评选的 2018 年度世界杰出船型。1A 冰级 2 500TEU 集装箱船如图 6-48 所示。

2018 年，上海船舶研究设计院采用最新的 S-BOW 节能船首技术，对该 2 500TEU 船型进行了全新赋能，推出新一代绿色环保的 2 500TEU 集装箱船型，在江南造船批量建造了 4 艘，入级日本海事协会(NK)。该型船服务航速 20 节，性能水平在德国汉堡水池同类型船舶数据库中得到最优评级，EEDI 满足 IMO 第三阶段要求，并配备开式废气清洗系统(Open type SO_x Scrubber)。该型船的上层建筑采用独特的全宽式、全自然采光设计，居住区域内装设置精致考究，充分体现了"以船员为本"的人性化设计理念。该型船的首制船"长旭"号于 2021 年 1 月 19 日成功交付船东，其设计和建造水平获得船东的肯定(图 6-49)。

图 6 - 48　1A 冰级 2 500TEU 集装箱船

图 6 - 49　2 500TEU 集装箱船首制船“长旭”号

同样在2018年，通过调研美国DOLE公司对新造集装箱船的要求，上海船舶研究设计院对该2 500TEU成熟船型进行了个性化深度优化，以满足美国客户和南美—美国航线的个性化需求。该船型服务航速19.5节，采用EGR、SCR、混合式废气清洗系统，中压岸电系统等多项环保措施，以满足美国及加勒比海地区氮氧化物、硫氧化物排放控制区的要求及美国港口排放控制要求。该型船冷藏集装箱插座数量提升至910只，货舱内全部箱位均可载运水冷式冷藏集装箱，冷藏集装箱装载率比传统设计的提升10%。该型首制船已于2021年1月20日成功交付船东(图6-50)。

图6-50　DOLE公司的2 500TEU冷藏集装箱船

十七、2 350～2 700TEU系列吉大港型集装箱船

上海船舶设计研究院开发的2 350TEU、2 400TEU、宽体2 600TEU、宽体2 700TEU集装箱船为代表的新一代吉大港型系列集装箱船(图6-51和图6-52)。在2017年至今的数年间，该设计接连获得新加坡太古号船东，海丰国际、台湾德翔海运等多家亚洲船东的青睐，截至2020年年底已累计建造逾20艘。

图 6-51　2 350～2 700TEU 系列吉大港型集装箱船

图 6-52　2 350～2 700TEU 系列吉大港型集装箱船

2 350TEU～2 700TEU 集装箱船在“太古”号的设计、建造过程中，为满足船东的个性化航线营运需求，船舶的布局和配置增加了杂货(Break bulk)装载功能，显著提升了船舶的揽货灵活性和盈利能力。海丰国际的 2 400TEU 及 2 600TEU、2 700TEU 集装箱船项目，采用上海船舶研究设计院 S-BOW 船体线型、高效螺旋桨、自适应扭曲舵(SATR)及舵球、节能导管(Fan duct)等一体化设计，经船模试验验证，综合性能在德国汉堡水池数据库中达到最优水准。此外，在海丰国际的上述几款船型中，上海船舶研究设计院为船东提供了自主开发研制的冷却水智能控制系统(PESS)、舱柜节能系统(TESS)两项绿色节能技术解决方案，经过试航实测和实船营运验证，各项节能效果均达到或超过设计预期，获得船东的赞许。

十八、2 500TEU 集装箱船首制船“中谷蓬莱”号

“中谷蓬莱”号是中谷海运集团向上海船厂于 2016 年 5 月订造的 6 艘 2 500TEU 内贸集装箱船中交付的首制船(图 6-53)。

图 6-53　2 500TEU 集装箱船首制船“中谷蓬莱”号

中谷海运集团与上海船厂签约造船合同期间正值整个造船和航运市场处于历史低谷期，而中谷海运集团与上海船厂逆势合作造船，为造船、航运等相关行业提振了信心。该船总长 180.00 米，型宽 32.2 米，设计吃水 10.7 米，载箱量 2 500TEU，服务航速 14 节，定员 49 人，主机采用了当时最先进的高压共轨技术，船舶节能环保的工艺、性能达到国际一流水平，适应了国家对航运业绿色环保、健康发展的要求。2017 年 10 月 18 日，“中谷蓬莱”号成功下水，引发业界关注。

十九、2 700TEU 系列集装箱船

2018 年 6 月 6 日，由中国船舶及海洋工程设计研究院设计的 2 700 箱集装箱船“Delaware Trader”号在黄埔文冲船厂命名交付(图 6 - 54)。

图 6 - 54　2 700TEU 集装箱船“Delaware Trader”号

该船于 2017 年 3 月开工，是 2 700TEU 系列集装箱船中的第五艘，船东为 Lomar。该系列船分别在江苏新扬子和黄埔文冲两家船厂建造，共有 11 艘订单。江苏新扬子造船建造的 2 700TEU 集装箱船如图 6 - 55 所示。

图 6-55　江苏新扬子造船建造的 2 700TEU 集装箱船

该型船总长约 186 米，型宽 34.8 米，型深 17.9 米，全船载箱量超过 2 700TEU，具备 600 个冷藏集装箱装载能力，入级 DNV GL。该型船采用新型宽体船型设计，满足一人桥楼和 RCP 冷藏集装箱符号要求。在研发、设计过程中考虑到船舶经济性与能源效率之间的平衡，对船体线型进行了多次优化，达到了船舶在经济航速下的低单位油耗的要求。以外，该船还具有航线适应性强、快速性优、营运成本低、环境友好等特点，在系统设计和设备选型方面，均采用整体环保设计技术，EEDI 指数满足第三阶段的要求，是一型安全环保绿色的船舶。

2018 年 11 月 8 日，舟山长宏国际船舶修造有限公司与新加坡 X-PRESS FEEDER 公司在新加坡举行 6 艘 2 700TEU 环保型支线箱船的签约仪式。

该型船由中国船舶及海洋工程设计研究院自主研发设计，其主要技术指标达到世界先进水平，具有高效节能、绿色环保、安全可靠等特点。

我国代表性支线集装箱船建造情况见表 6-6。

表6-6 我国代表性支线箱船建造一览表(2000年至今)

年份	船型	主要参数	船东	设计单位/建造船厂
2003年期间第一代;2010年期间第二代;2018年,第三代	1 100TEU集装箱船	总长148米,垂线间长140.3米,型宽23.25米,型深11.5米,设计吃水7.3米,结构吃水8.5米,航速19.6节	中外运、锦江航运、希腊Lomar Shipping、宁波远洋、美国Tropical Shipping	上海船舶研究设计院设计/青山船厂、江南船厂、新扬子船厂、文冲船厂、舟山扬帆船厂建造
2011—2020年,累计建造逾30艘	1 700~1 900TEU曼谷型系列集装箱船	总长172米,型宽27.4~27.5米,型深13.8~14.5米,设计吃水8.5米,结构吃水9.5~9.75米,服务航速18~19.7节	德国Buss Capital、新加坡Soon Fong、希腊Eastern Mediterranean、希腊Allseas、泰国RCL、海丰国际、中谷海运、宁波远洋	上海船舶研究设计院设计/黄埔文冲、扬子江船业、招商金陵、舟山扬帆建造
2012年开始,累计交付约33艘	2 200TEU系列集装箱船	总长185~189米,型宽30~30.4米,型深16.5米,服务航速19节	希腊三家(Lomar Shipping、Cape Shipping和Eastern Mediterranean)、德国两家(Essberger和Bernhard Schulte)、荷兰Seatrade	上海船舶研究设计院设计/广州文冲船厂和舟山扬帆船厂建造
2012年6—7月	1 100TEU集装箱船	总长143.2米,垂线间长133.4米,型宽22.6米,型深11.3米,设计吃水6.7米/7.4米,结构吃水8.3米,设计服务航速17.8节	英国NORWEST、青岛海丰、宁波远洋等	中国船舶及海洋工程设计研究院设计/扬帆船舶集团有限公司、泰州口岸船厂建造
2013—2018年期间设计,累计建造近20艘	2 500箱系列集装箱船	总长195米,型宽32.2米,型深17米,设计吃水9.5~10.5米,结构吃水11.5米,服务航速19~20节	德国Nord Reederei、法国CMA Ships、美国Dole、台湾长荣海运	上海船舶研究设计院设计/广州文冲船厂和威海船厂、金海智造、澄西船厂、江南船厂建造

续 表

年份	船型	主要参数	船东	设计单位/建造船厂
2015 年开始，累计交付约 40 艘	1 750～1 900TEU 宽体曼谷型系列集装箱船	总长 172 米，型宽 28.4 米，型深 14.2～14.5 米，结构吃水 9.5～9.7 米，服务航速 18.5 节	中外运、德国 RICKMERS、希腊 LOMAR Shipping、印度尼西亚 Meratus Line、江苏远洋、海丰国际	上海船舶研究设计院设计/广州文冲、江苏扬子江、舟山长宏国际建造
2016 年开始，约建造了 20 艘	2 700TEU 系列集装箱船	总长约 186 米、型宽 34.8 米、型深 17.9 米，设计吃水 8.5 米，服务航速 18.3 节	德国 Lomar、新加坡 X - PRESS FEEDER	中国船舶及海洋工程设计研究院设计/扬子江船厂、黄埔文冲、舟山长宏国际建造
2020 年 4 月首制船交付	2 200TEU 集装箱船	总长 172 米，型宽 32.2 米，型深 16.8 米，设计吃水 8.5 米，服务航速 19.2 节	CMA 达飞运营、工银租赁	中国船舶及海洋工程设计研究院设计/江南造船厂建造
2016 年 10 月首制船交付，共 6 艘	2 500TEU 内贸集装箱船	总长 180.00 米，型宽 32.2 米，设计吃水 10.7 米，服务航速 14 节	中谷海运集团	上海船舶研究设计院设计/上海船厂建造
2017 年至今，累计建造逾 20 艘	2 350～2 700 箱系列吉大港型集装箱船	总长 186～189 米，型宽 32.2～35.2 米，型深 18 米，设计吃水 8.5～9.5 米，结构吃水 10.5～11.5 米，服务航速 14 节	新加坡太古轮船、海丰国际、中国台湾德翔海运、中外运集运	上海船舶研究设计院设计/黄埔文冲、扬子江船业、招商金陵建造
2018 年共计建造 12 艘	2 038TEU 集装箱船	总长 175 米，型宽 28.6 米，型深 16.5 米，设计吃水 9.5 米，结构吃水 10.5 米，服务航速 20.5 节	中国台湾万海航运	上海船舶研究设计院设计/广州文冲船厂建造

第七章
集装箱船研发团队

自古至今，人类认识世界和改造世界所取得的成就，大都是团队共同努力的结果。团队是智慧和力量的有机结合，是取得成功的组织保证。

中国集装箱船的发展，是国内船舶科研设计院所和造船企业研制人员组成的许多团队，发扬不畏艰难、锐意进取、勇攀高峰的精神，经过数十年不懈的努力，成功地研制出具有世界先进水平的超大型集装箱船，使我国集装箱船的研制迈入世界先进行列。

我国第一艘 18 000TEU 超大型集装箱船研发设计团队，便是奋战在集装箱船研制战线上许多优秀设计团队的代表。

一、以市场为导向

超大型集装箱船是世界造船界公认的高技术、高难度、高附加值的船型，长期以来国外造船企业凭借其研发和建造技术优势，垄断了 10 000TEU 以上集装箱船这一高技术船舶领域。以中国船舶工业集团公司集装箱船设计研究学科带头人虞赉为首的集装箱船研发设计团队，为打破外国的技术垄断，从改变船型研发理念入手，准确把握市场形势变化的规律和特点，对集装箱船市场的发展趋势进行了市场调研，开展了 18 000TEU 集装箱船研发工作。

国际金融危机爆发后，全球航运和造船市场经历了一场深刻变革和调整，

最典型的特征是，技术更加先进的节能环保型船舶成为市场的“宠儿”。由于燃油价格持续上涨，全球运输市场竞争日趋激烈，千方百计降低船舶营运成本，提升单船的集装箱载箱量成为世界各大班轮公司追求的首要目标。同时，随着集装箱船的大型化，对其环保性能的要求也越来越高。在这种情况下，打造更多、更好的超大型集装箱船，优化船队结构，提升竞争力，成为世界各大班轮公司的首要选择。为抢占市场先机，中国船舶及海洋工程设计研究院汇集精兵强将，把超大型集装箱船在内的低油耗、低排放、环保，各项技术指标达到国际先进水平的绿色船型列为重点研发的战略产品，并与船东进行技术研讨，做好前期的调研和预研工作，为开展大型集装箱船的研发奠定基础。

二、执着奋战的团队

船舶研发是一项系统工程，必须依靠团体力量才能完成。

超大型集装箱船研发团队由总设计师虞赉担纲。该团队有四个特点，一是年纪轻，多数是2000年以后参加船舶研究设计、平均年龄36岁；二是团队成员具有丰富的研发设计经验。虞赉是中船集团公司集装箱船首席专家，其他成员都是从事集装箱船设计的主力，曾获得多项国家奖励和专利；三是学历高、能力强，团队中具有高级职称以上6人，中级职称7人，硕士研究生5人，本科学历8人；四是团队带头人以身作则，全身心投入，团队紧密合作，工作效率高。

该团队成员专业知识、能力、经验互补，年龄结构合理，富有合作和创新精神。成员之间在工作中有效沟通，发挥各自所长，补己之短，将每个人的优势充分展示出来，最终实现“1 + 1 > 2”的团队效应。团队内部每个人的想法都受到尊重，充分发挥技术民主、鼓励创新、集思广益，挖掘每个成员的智慧和创造力。研发团队带头人发挥核心模范作用，带领影响了这个集体，大家心往一处想，围绕工作目标，齐心协力，为我国第一艘超大型集装箱船的研制作出了贡献。

现任中国船舶及海洋工程设计研究院副总工程师、中船集团公司集装箱船研发设计学科带头人、项目总设计师虞赉，先后主持了20多型船舶的设计和开发工作，承担了多项重大课题研究，取得了出色成绩，是我国集装箱船设计领域的知名专家，具有丰富的项目研发经验。他确立了船型研发目标和思路，组织和主持船型论证、总布置、线型优化等总体技术性能；同时重视团队人才建设，注重人才培养，调动每个人的积极性，并鼓励大家创新进取。

团队在研发伊始便从机舱位置的选取等最基本的设计起步，对变量逐个评估；在详细设计中他细化确定该船总布置、总体性能参数、主尺度选取；审核关键设备选型，提升集装箱堆装综合效能；开发的船型满足船东当前以及未来需求，第一艘18 000TEU集装箱船实船交付后，让更多的船东看到了该团队的实力。

18 000TEU集装箱船船长达到400米，其船体结构设计是该型船舶的根本基础。研发团队打破常规，提出以结构为主导确定主尺度的设计思路，为后续超大型集装箱船的主尺度研发奠定了以结构为主导的基础。为了突破结构设计难关，经过大量的设计分析比较，研发团队终于在众多的方案中筛选出满意的解决方案，顺利地解决了结构优化，船体强度和结构疲劳等问题；有效降低船的振动，优化船体结构重量，确保了该项目各项技术指标完全达标。

研发团队对主尺度选取、总布置、载箱量、线型、吃水、多航速的多目标优化、多方案线型比较、重量、重心的统计与控制、平衡重量与性能、结构货舱段和局部构件等进行了详尽的分析；大胆创新地使用控制破舱水线的方法平衡与结构构件之间的关系；首次对超大型箱船进行耐波型评估，对主要关键设备的选型，与船东、船厂、船级社的充分交流和沟通，取得了满意的效果。

为了克服资料和经验较少的问题，研发团队积极查找相关资料并与船东、船厂及船级社多次沟通，明确船东需求及技术难点。为避免前期预估的重量、重心的偏差对最终结果引起较大影响，进行了多轮的重量、重心敏感性分析，确保重量、重心处在可控范围之内。细化破舱水线的计算，为结构专业的结构设计和减重提供依据。在详细设计过程中充分消化吸收已有船型技术要点，结合船东的特殊要求，按时完成图纸的设绘、送审以及对船东、船级社意见的答复，保证了船厂顺利进行施工。

舾装专业在集装箱布置方案中，研发团队对于该船特殊位置的集装箱布置，如机舱前壁位置、舱内 40 英尺集装箱及 45 英尺集装箱堆置的布置进行了合理优化及论证，确定了最佳方案，对舱内同时装载 40 英尺及 45 英尺集装箱布置设计提出了创新性方案和建议。在横舱壁综合布置中，明确绑扎桥与舱口盖及集装箱之间相互关系，对货舱通道、通风及空气管进行合理布排。在绑扎计算中，前期结合绑扎计算结果，确定了集装箱在舱口盖的合理堆重，优化舱口盖强度及重量。首次采用的 3 层箱高绑扎桥获得成功。在系泊力计算中考虑到该船型体量大，受风面积大，对于合适的系泊力的选取，通过计算评估给出合理的舾装数，以确定超大型集装箱船系泊力的合理范围。拉锚仿真设计，第一次使用平衡型大抓力锚，由于平衡型大抓力锚与普通大抓力锚的运动型式不同，锚台设计较常规大抓力锚设计也不一样。通过多次拉锚仿真试验对比，设计出合理的锚链筒及锚台、锚唇的型式。单轨吊吊梁设计，考虑到该船型宽较宽，吊机支撑梁跨度大，对轨道梁的平整度及变形要求高，同时由于其位于机舱棚，极易发生振动，在对该船的吊梁兼顾变形及振动同时，还要考虑梁的长度要求，从而选用支撑梁的支撑型式，后经实船验证，效果良好。

电气系统设计关系到全船各项功能的应用，涵盖电力系统、通信导航系统、内部通信系统、自动化系统和冷藏集装箱配电系统。为解决“双岛”型船体带来的低压配电系统电压降问题，首次提出了“分布式”低压配电系统，解决了上层建筑及船首部低压电压降等问题，保证低压设备正常工作。结合本项目实际情况，对中压岸电系统进行了深入研究，进行了合理的配电系统设计。

三、勇于创新　攻克难关

每一代“巨无霸”新型集装箱船的诞生，都意味着造船技术的创新和进步，而造船业的每一项技术创新成果和技术进步都是科技人员团结奋斗的结果。18 000TEU集装箱船号称“海上巨无霸”，采用了世界领先的创新技术，该船船长接近400米，相当于4个标准足球场的长度，船体比全球最大的豪华邮轮“Allure of the Seas”号还高，相当于一座24层酒店高度，其18 000TEU的载箱量大大超过了同时期15 500TEU马士基3E级集装箱船的运能。

超大型集装箱船研发设计，是研发团队的新课题，面临一系列问题。相关设备的实际数据超过了以往设计船舶的范围，水动力性能评估、重量、重心估算、设备容量估算、结构弹振和颤振的影响、85毫米厚的高强度钢板的焊接等，都是面临的实际困难。经验数据的缺乏成为影响研发团队迅速推进研发工作的“拦路虎”，为了突破这些瓶颈，研发团队认真研究、团结合作、奋力攻关，解决了超大型集装箱船研发设计中许多关键技术问题。

研发团队从客户要求和经济效益出发，采用多点优化设计，覆盖实际营运吃水和航速范围，这样不仅实现较高的设计航速，同时在常用的中、低速航速段有很好的燃油经济性。

这样的“巨无霸”集装箱船，要有良好的动力推进、快速性以及装载能力、操纵性等。为此，研发团队优化创新各方面的设计，采用超大直径低转速螺旋桨，配合全悬挂扭曲舵和舵球，有效地提高了推进效率；采用双岛式的布置型式，驾驶室位于前部，改善驾驶视线并增加了艏部载箱量，生活区域和机舱区域分开，提高了生活区域的舒适性。研发团队还提出了船型经济性的概念，从宏观上预测市场对船型的选择，提出综合优选的评估方法和依据；经研发团队反复研究，获得了超大型集装箱船线型可兼顾多种吃水和多个航速下综合快速性能的评估方法，并通过实船试验的验证；经过创新设计，使国内首次有机会对超大型集装箱船的耐波性及横摇参数进行评估，并对配载方案及航行操作提出了指导性建议。这些优化创新措施，使该船最终达到国际先进水平。

在结构设计创新上，研发团队首次尝试使用全船有限元加载规范载荷的方法来分析大型集装箱船的总纵强度和抗扭刚度，通过该方法可以得到一个较为合理的结果,为同类型船舶今后的设计分析找到了一个切实有效的途径。在货舱段有限元分析中,首次使用直接预报的波浪弯矩而非规范值进行计算,使得到的结果更加准确可信,同时通过采用细网格模型的方法,对高应力区域进行了分析评估,得到了该区域更准确的应力分布,为之后的结构设计提供了依据。综合利用 Mars 2000 规范计算软件,有限元分析软件等不同的计算分析工具,对目标船进行了总纵强度、抗扭刚度、准静态条件下的结构疲劳强度等计算分析,完成了对超大型集装箱船结构设计的主要技术指标的研究分析,得到了船级社认可,其计算结果应用于 18 000TEU 集装箱船,效果良好,处于国际先进水平。

计算弹振、颤振及疲劳强度也是设计中的一大技术难关,研发团队以优化创新设计,利用水弹性的方法对目标船进行了基于弹振的疲劳强度校核以及基于颤振的船体梁极限强度校核。在计算疲劳强度时采用了谱法分析法,在计算船体梁所遭受的极限弯矩时采用了设计谱法和非线性波浪载荷计算方法。设计谱法是目前在精度及效率方面都可以接受的非线性计算方法,该方法可应用于其他非线性波浪载荷的计算。经过近 3 年的攻关研究,该型船成为国内首艘基于弹振和颤振对结构强度进行校核的超大型 18 000 箱集装箱船,其相关解决方案和指标在国际上也处于先进水平。

另外,在配电、冷藏、通风等方面都有新的创新点。经过 5 年的研究、攻关及船型开发,不断地调整和改进超大型集装箱船的研发思路,研发船型的性能指标选取等均达到了国际先进水平。

18 000TEU 集装箱船设计创新采用了新型水密横舱壁扶强材和新型双侧板舱口围结构。一般水密横舱壁水平扶强材在一个集装箱箱高范围内布置两根水平扶强材,对于大型集装箱船,为了满足规范要求,同时尽可能减轻结构重量,需要在水密横舱壁增加大量屈曲筋,而这些屈曲筋无法在平面的分段生产流水线上进行焊接,只能进行手工焊接,这对船厂的建造造成很大的不便。研发团队采用在一个集装箱箱高范围内布置 3 根水平扶强材,既保证扶强材能在生产流水线上进行焊接，又减少屈曲筋数量，方便了工厂施工。在该项目设计过程中，研发团队还在机舱和上层建筑船体梁翘曲应力较大的区域，采用双侧板舱口围的结构。该型式一是对抵抗该区域的扭矩起到了很好的作用，避免了在抗扭箱区域以及舭部板厚增加，从而减轻了结构重量。实践表明，翘曲正应力可降低5%左右。二是由于舱口围板的加强筋是纵向连续结构，加强筋放大之后剖面模数增加，有利于船体总纵强度的提高，实船计算表明，剖面模数可增大4%左右。三是增大了垂直轴的剖面模数，有利于提高抵抗水平弯矩。该结构能进一步优化结构分布，减轻结构重量。创新提出的基于一体化的绑扎桥结构，一般情况下，绑扎桥设计由绑扎件制造厂商负责，其下的加强结构强度校核将依据设备厂商提供的受力数据进行。随着船东对集装箱堆重要求越来越大，设备厂商提供的受力数据也越来越大，由于绑扎桥数量很多，常规结构的加强将增加不少结构重量，且个别区域加强又受到空间的限制，会给工厂施工带来很大难度。研发团队在发现上述问题后，多次与集装箱绑扎厂商进行沟通。研发团队在国内首次提出了基于一体化的绑扎桥结构加强分析方法，将主船体结构和绑扎桥主要结构一起建立有限元模型，通过在绑扎桥上加载绑扎力，以验证绑扎桥下加强结构的强度。通过与船级社详细讨论该方法的理论基础及相关技术背景，船级社从最初质疑到最终予以认可。18 000TEU 集装箱船实船交船后的营运最终验证了这一方法的正确性和可靠性。

四、成功开发　填补空白

该船具有载箱量大、营运成本低、节能环保、高效等特点，其中不少技术是国内造船行业首次使用。经过实船试验，该船主机功率、服务航速、平均油耗、重心位置以及空船重量等重要数据都满足设计要求，获得了船东、船级社的认可。

该船采用了新优化线型，并搭配高效主机、节能扭曲舵和高效螺旋桨，日耗油量与同类船型相比降低了30%，主要经济技术指标处于世界先进水平。该集装箱船的燃油效率比当时韩国设计建造的同类船型更加符合船东的实际营运需求，EEDI 低于参考线(阶段 0)约 40%，可满足 2025 年阶段三的环保要求。

该型船在结构设计中特别针对砰击、弹振和冲荡进行了周密的建模、计算和验证，将疲劳损坏降至最小；同时有效地减小了双岛式船型的烟囱和甲板室的振动。

该船的最小压载水设计考虑了船型主尺度和分舱布置以确保主要营运状态下减少压载水的使用，增加了该船的有效载运能力，极大地提高了集装箱船的货运效率和营运效率，降低了建造成本。

该船型的系统设计和设备选型，采取整体环保设计技术，满足国际海事组织的最新规范要求以及欧盟、美国等控制排放区对压载水置换以及硫氧化物排放控制的要求，严格控制了该船型的排放指标。

在船型的设备选型和材料选用时，考虑了国际海事组织的绿色拆船公约，控制船型在全寿命周期内对环境的影响，确保该船成为环境友好型的绿色集装箱船。

交船后，船东认为该船机舱布置合理，充分考虑了设备的操作和维护，各系统设计合理。舱底水的 IBTS 设置和油渣的预处理，体现了现代船舶绿色环保的理念，该船的舱底污水排放完全符合世界各港口的要求。

2015 年 12 月，18 000TEU 级集装箱船历史上首次抵达美国港口，极大地影响了超大型箱船船型和航线船型的发展趋势。

18 000TEU 级集装箱船研发团队是我国多个集装箱船研发团队之一，它的成功研制，是船舶设计建造工作者多年来科技创新驱动发展，不断调整产品结构，抢占国际船舶市场制高点的结果，是个体智慧与团队协作成功的典范，填补了国内自主设计超大型箱船的空白，为开拓超大型集装箱船市场打下了良好的基础，为我国船舶工业全面贯彻落实国家“一带一路”建议及推进中国制造作出了贡献。

该团队获中央企业“青年文明号”称号，2015 年获上海市劳动模范集体称号。

第八章 集装箱船发展趋势

一、船型创新

科学是认识世界的知识,技术是改造世界的工具。

科学在进步,技术在发展。水面船舶的船型千变万化,但其原理和基础理论相同。集装箱船未来的发展与其他船型相比较,由于各自功能有别,表现型式不尽完全相同,但其基本特征一样:新型、智能、绿色环保等。

集装箱船超大型化。自1957年世界上第一艘全集装箱船问世60余年来,集装箱船发展最明显的特征就是大型化。一方面,国际经济和贸易的飞速发展,为集装箱船大型化提供了良好的需求环境;另一方面,各国政府的大力扶持,造船科技的发展和港口基础设施的不断改善,也为集装箱船的大型化营造了发展空间。

从经济学角度来看,边际效益不可能单向上升,一定会有一个峰值,最佳的经济性就在此峰值附近。规模效益也非无穷大,集装箱船在达到某一规模后,边际效益必然会有一个递减的问题。集装箱船的大型化到何种程度才是适当,最终将会由市场决定。从其他商船的发展历史中也能推测集装箱船可能的发展趋势。散货船、油船的发展告诉人们,其船型在最初发展阶段也是以大型化为主,随着经济性的要求,主流船型有了明显的分类,形成了几个基本船型,然后分别在这几类基本船型的基础上有了更细化的发展。

虽然集装箱船的大型化不会无止境地发展下去,但近期仍有超大型化的趋势。

未来的集装箱船基于集装箱船市场、国际公约、石油价格以及对集装箱船征收碳污染排放税等,提出了集装箱船的创新概念。

带舷侧浮体的集装箱船。根据欧洲内河交通运输的需要研发了一型舷侧浮体船型,该船型的船体由一个细长的船体和两个舷侧浮体组成,细长的船体可以减少阻力,但是不能确保足够的稳性,而舷侧的浮体能够提供所需的浮力,提高稳性,还可以装载集装箱(图 8-1)。

图 8-1 带舷侧浮体的集装箱船

集装箱采用敞开式堆放,一部分堆放在主船体上,一部分堆放在浮体上,甲板以上可以布置多层的集装箱。

多体集装箱船。为了解决集装箱船的航速和油耗问题,可采用多体集装箱船型式。为了降低阻力和所需功率,该船采用高强度钢并安装了轻型主机来降低空船重量,其最大特色是具有较高的燃油效率,效率比常规集装箱船提高30%。五体集装箱船概念设计如图 8-2 所示。

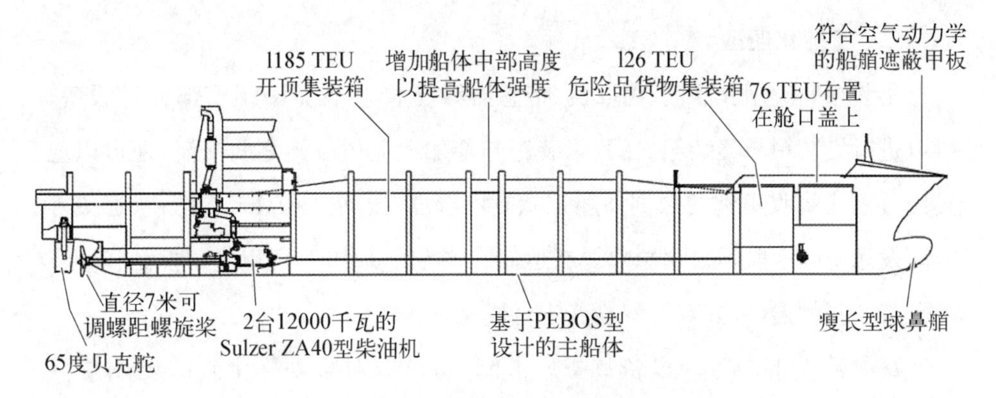

图 8-2　五体集装箱船概念设计图

X 型船首集装箱船。X 型船首集装箱船具有适应恶劣气候航行的良好性能，耐波性较佳，因此适合在北欧地区进行贸易运输（图 8-3）。

图 8-3　X 型船首集装箱船

X 型船首外形类似鸡蛋，结构强度较大，却比普通集装箱船用钢量少。在恶劣环境中，该船能更好地保护甲板上的货物。此外，X 型集装箱船的船员居住舱室布置较靠前，远离机舱，降低了振动和噪声，给船员提供了一个舒适的生活环境。

在北大西洋航行时，X 型船首集装箱船能比普通集装箱船航行节省燃油费用。

二、智能化船型

集装箱船应用互联网、物联网、传感器等技术，内置 TRAXENS 跟踪设备，可以进行集装箱与集装箱之间、集装箱与船舶上通信设施之间交流，还可以通过内置天线将收集到的数据如船位、温度、湿度、振动、冲击、未遂窃盗、通关等及时发送至陆上航运公司总部。在运输冷藏易腐货物时，可以远程控制和调节冷藏集装箱的温度，并对常规检查进行优化。

集装箱船上的智能设备具备思考能力，可以对自动采集到的船舶航行状态、耗能状况等数据进行评估分析并进行技术优化，为船舶航行提供决策建议。

随着后期航速优化，该船型基于纵倾优化的最佳配载方案的功能升级，可实现船舶能效实时监控、智能评估及优化，使船舶能效管理、节能减排能力更强，规模经济效益更可观，智能船示意图如图 8－4 所示。

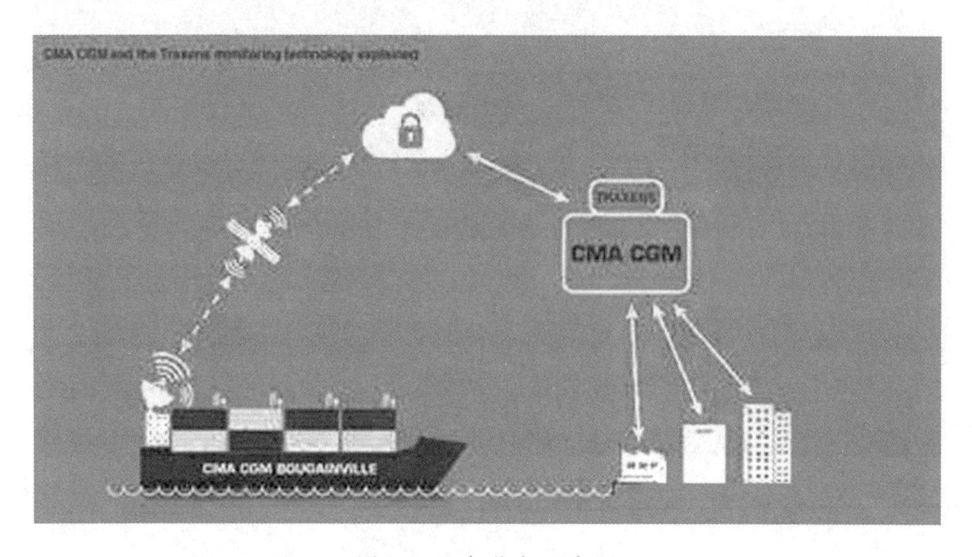

图 8－4　智能船示意图

无人集装箱船。科技改变生活，各行各业都在进行着自动化、无人化的探索。继无人驾驶汽车、无人驾驶公交车之后，航运界也将加入无人驾驶行列（图 8－5～图 8－7）。

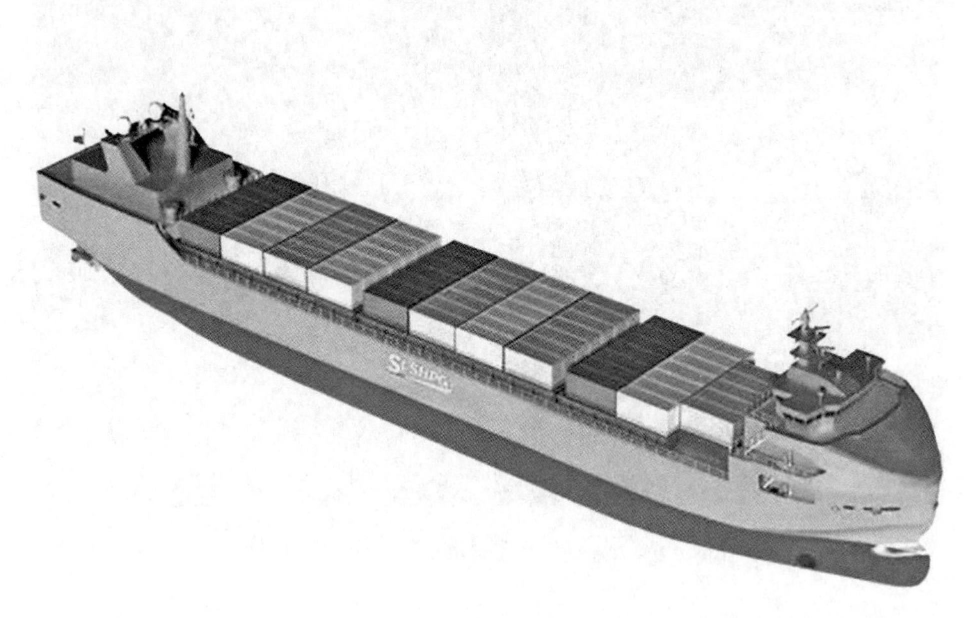

图 8－5　300TEU 无人集装箱船“智飞”号模型

图 8－6　“Yara Birkeland”号首艘全电动支线集装箱船模型

图 8-7　第一艘无人驾驶、零排放集装箱船

三、绿色环保船型

为了满足 IMO 的有关规定和排放控制区对环保的要求，采用既可以燃用 LNG、又可以燃用 HFO 和柴油作为燃料，船上可安装双燃料发动机和小型燃料电池模块，大大减少了氮氧化物和硫氧化物的排放量，使之成为绿色船舶。

为了达到日益严格的温室气体排放法规的要求，该型船的设计建造中采用了一系列优化措施，包括燃用液化天然气。LNG 有着“未来燃料”的美誉，船舶采用 LNG 燃料是目前最佳选择之一。LNG 船舶发动机较柴油机更加经济耐用，以液化气-柴油双燃料动力船舶为例，双燃料动力发动机寿命一般为 70 万小时，假设船舶全天候营运，折合寿命约 79.9 年，远长于一般船舶发动机的使用寿命。而且燃用 LNG 燃料能减少氮氧化物排放近 90%，减少二氧化碳排放量 25%～30%，硫氧化物和颗粒物排放则几乎可以忽略不计。正是 LNG 良好的环保性能，世界各国均大力发展 LNG 动力船舶。

为了实现国际海事组织(IMO)2050年碳减排目标,国际各界正在不断加强零碳排放船舶的研发力度。LNG作为过渡燃料,而更加清洁的零排放燃料为甲醇、氨气,最佳为氢气。其中部分航运公司和船厂已对甲醇、氨气作为替代燃料开展研究。氨气作为氮氢化物,在燃烧时不会排放二氧化碳,具有供应稳定和便于运输等特点。国际能源机构(IEA)发表的《2020能源展望》报告显示,预计到2060年将有60%以上的新船使用氨或氢燃料。

2020年10月,大宇造船海洋联合德国MAN ES共同推进的23 000TEU氨燃料动力集装箱船开发项目获得英国劳氏船级社颁发的原则性认可(AIP)证书。这标志着氨动力船舶项目取得了里程碑式进展。这艘23 000TEU氨动力超大型集装箱船预计将在2025年前实现商业化营运。

2021年8月马士基与韩国现代重工签订了8+4艘16 000TEU双燃料动力集装箱船。首制船将于2024年一季度交付。该船的能效指数将提高20%。这批船全部交付后,每年将能减少100万吨二氧化碳排放量,从而在公海上实现"真正碳中和"的航运方式。

超环保集装箱船(图8-8)——"Super Eco Ship 2030"船的设计完全颠覆了传统集装箱船的设计,上甲板不再装载集装箱,而是将集装箱堆放在上、下两层货舱内,上层货舱采用卷帘式自动舱口盖覆盖,利用岸上起重机装卸;下层货

图8-8 超环保集装箱船构想图

舱的装卸通过侧门，通过多套内置式装卸系统装卸。

船的主动力装置采用 LNG、燃料电池，为了降低对推进功率的要求，尽可能减轻船体重量和船体阻力。船上安装的风帆、太阳能电池大大减少了二氧化碳的排放量。超环保集装箱船构想如图 8-9 所示。

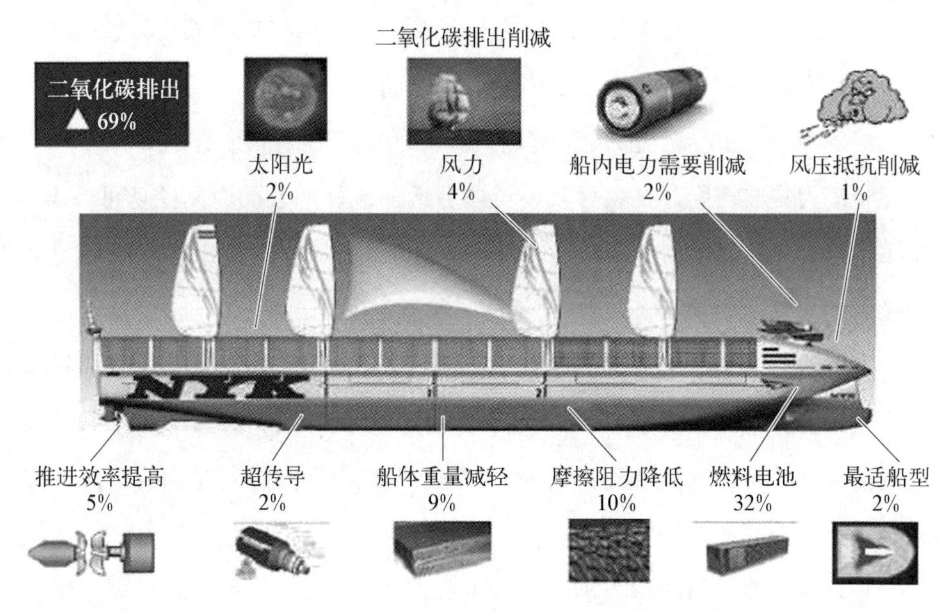

图 8-9 超环保集装箱船构想图

四、构建“虚拟管道”，实现 LNG 罐式集装箱海陆联运

目前，载着 10 个 LNG 储罐式集装箱船“集发黄海”号在山东日照石臼港区集装箱码头顺利卸泊。这是国内首次大批量重载 LNG 罐式集装箱的海陆联运，此举为我国天然气能源供应提供了全新的物流配送方案。

目前，广泛使用的运输船＋大型 LNG 接收站的运输模式，门槛高、投资大、周期长。采取集装箱方式运输 LNG，突破了常规 LNG 运输瓶颈，通过内河、铁路、陆路建立的 LNG 罐式集装箱运输网络将使 LNG 更高效、更快速地分发出去。

LNG储罐集装箱多式联运模式首次实现商业营运，打破原有以管道为主的运输模式，开启了国内绿色能源供给新时代。LNG液罐集装箱船如图8-10所示。

图8-10 LNG储罐式集装箱船

“鲲腾”号集装箱船创新的亮点，是以提高营运效率、降低燃料消耗和营运成本，提高环保性能为目标的，是针对船体设计、动力系统、推进系统、建造材料、货物装卸和操作效率等提出的解决方案，主要体现在航速、船宽、载运能力、组合燃料等诸多方面。降低设计航速是降低运行成本，减轻环境影响的一种有效方式；降低设计航速，并不意味着固化航速；针对不同航线、不同客户需求，同一艘船可以在10节至22节航速范围内，进行灵活调节；采用LNG作为船舶驱动组合燃料，是已有在航船舶实行并被证明是行之有效的方式。以5 500TEU集装箱船为例，在混合燃料中引入LNG，可以将5 000立方米LNG与3 000立方米船用燃油作为混合动力燃料。而5 000立方米LNG装在两个储罐中，每个储罐的容量是2 500立方米，安排在生活区下部。该型船在航运业中曾经历过一段订单高速增长期，但主要集中在大型船舶市场。随着全球经济的复苏，发展中经济体和新兴航线已不再倾向于使用越来越大型的船舶，而是需要较小的紧凑型船舶，吃水浅、冷藏集装箱装载能力大的 5 500TEU 集装箱船已成为航运业的新船型。该船概念设计为一艘狭长单体船，方形系数低，载箱量可提高 10%，设计航速为 21 节，但可以用更高或更低的速度航行，适用于欧洲到南美东海岸之间的航线。南美东海岸航线是未来具有很强增长潜力的航线，因为那里的水果、肉类和其他易腐货物的出口量很大，沿岸港口需要很多吃水浅的冷藏集装箱运力大的船舶。

任何创新从来都是一个持续完善的过程，由概念到现实应用，集装箱船具有较多遐想和完善的空间。“鲲腾”号未来型集装箱船如图 8 - 11 所示。

图 8 - 11 “鲲腾”号未来型集装箱船

为了满足 2025 年以后的未来航运对零排放的要求，德国劳氏船级社(GL)曾于 2012 年提出了一型零排放的支线集装箱船概念。这型船采用氢燃料电池系统，船上配备燃料电池和专门存放液态氢的货舱，可以供船舶航行一个来回。该船设计为每 10 天在沿海燃料站停泊加注一次，并设想沿海燃料站使用风力生产液态氢。该船顶部完全开敞，共可装载 1 000TEU，其中备有 150 只冷藏集装箱插座，服务航速 15 节。

截至2020年，在德国专属经济区内，将安装生产能力达3 GW的沿海风力电场。其中发电量的30%可以用来生产氢(高达3 600 GWh/a)。一个500兆瓦的风电场使用富余电力可以生产6 000吨的液态氢，可以供给3艘支线集装箱船使用。虽然目前液态氢的成本远高于船用汽油的成本，但是当船用汽油的价格超过2 000美元/吨时，液态氢作为燃料才具备经济性。但是到2025年以后，也许那个时候使用液态氢将成为可行的方案。

如今超大型集装箱船的主尺度也完全超越了当时的设定，但是诸如减少甚至取消压载水，采用“三明治”式夹层复合材料可大幅度减轻船体重量，采用新型消波装置和空气动力装置来降低空气阻力等众多创新理念依然尚未完全实现，而氨、甲醇气等新型燃料的探索应用也从未止步。

那么，行业未来会怎样呢？可能无人驾驶的集装箱船可以利用电池运行，并可能会出现营运装载50 000个集装箱的船舶。通过区块链技术分配全球货物，以进一步降低成本。

参考文献

[1] 王海平.中国集装箱运输发展[M].北京：人民交通出版社，1999.

[2] 梁启康.中国船型汇编(2012—2016)[M].上海：上海交通大学出版社.

[3] 黄小燕，王莉.舰船科普丛书·集装箱船[M].上海：上海科学技术出版社.

[4] 邓召庭.船舶概论[M].北京：人民交通出版社.

[5] 俞宝均.大型集装箱船的技术现状及发展趋势[J].上海造船，1998(21)：48-53.

[6] 傅晓红，陆坪，谢宋清，等.超大型集装箱低压配电系统设计[J].船舶与海洋工程，2017，33(2)：35-39.

[7] 傅晓红，谢宋清，周祎隆等.超大型集装箱船冷箱配电系统设计探析[J].船舶与海洋工程，2017(4)：56-62.

[8] 李源.超大型集装箱船的发展[J].中国船检，2011(5)：44-48.

[9] 孙晓东，等.超大型集装箱船的发展趋势与质量控制要点[J].中国水运，2014(5)：44-45.

[10] 蔡敬伟，孙超，刘二森.支线型集装箱船建造市场最新动向[J].中国船检，2018(4)：78-81.

索　引

以数字开头的词条

后 记

1950 年我国年造船量才 1 万多吨。当时江海航行的万吨船，没有一艘是中国自己设计和建造的。70 年来，广大科技人员和造船工人在党的领导下，至 2018 年，中国年造船量已达 6 000 多万吨，我们不仅能设计和建造一般船舶，而且能设计和建造被誉为“造船工业皇冠上明珠”的高科技、高附加值船舶，成为世界第一造船大国。

2021 年是中国共产党成立 100 周年，为展现新中国船舶的发展历程和取得的辉煌成就，中国船舶及海洋工程设计研究院、上海市船舶与海洋工程学会、江南造船（集团）有限公司、沪东中华造船（集团）有限公司、上海外高桥造船有限公司、上海船舶研究设计院、上海交通大学出版社，携手编撰出版“中国船舶研发史”丛书，向建党 100 周年献礼。本套丛书共 10 本：《中国油船研发史》《中国集装箱船研发史》《中国科考船研发史》《中国挖泥船研发史》《中国液化气船研发史》《中国工程船研发史》《中国散货船研发史》《中国客船研发史》《中国气垫船研发史》《中国海洋油气开发装备研发史》。

本套丛书的编写得到中国工程院院士曾恒一及新、老船舶研发设计专家、科技人员的热情支持和积极参与，为本套丛书顺利编写出版奠定了基础。

本套丛书取材翔实，资料数据真实可信，极具原创性，这是本套丛书一大特点。70 多位从事船舶及海洋工程研究、设计、建造的专家和科技工作者参与本套丛书的编写，他们是新中国船舶事业发展和取得辉煌成绩的见证奉献者，他们将自己研发的产品写出来，从领受编撰任务起，就酝酿推敲，不辞辛劳，不舍昼夜，把对船舶科学的追求，对祖国的爱汇聚成书香墨宝。每一分册从提纲到初稿、定稿，均经众人讨论、反复修改，精益求精地出版。

此外，本套丛书所写的典型产品，既是时代成果，也是我国船舶研发珍贵的历史资料和经验总结，对从事船舶研发设计的青年人具有启发和借鉴作用。

本丛书编写过程中得到众多单位及领导的关心和支持，中国船舶集团首席专家虞赉研究员、中国船舶及海洋工程设计研究院邱伟强、傅晓红、程斌、黄维研究员，黄津津、张晓红、张鼎高级工程师。上海船舶研究设计院卢晨、张淇鑫高级工程师。江南造船集团江南研究院研究员朱明华、陈乐高级工程师等参加了本书的编写审稿工作，在此表示谢意！特别要感谢各位编者辛勤的付出和认真卓越的工作。丛书编写中参考了一些书籍和报刊，引用了一些资料和图片，在此表示谢意！由于编者水平有限，特别是历史跨度大和资料收集的难度，有些典型产品未能全部收录，对丛书不当之处，恳请专家、读者予以批评和指正。

张　毅